本书获教育部普通高校第二届人文社科研究成果奖

WENHUA YUYANXUE DAOLUN

文化语言学导论

戴昭铭　著

语文出版社

·北　京·

图书在版编目(CIP)数据

文化语言学导论 / 戴昭铭著. — 北京：语文出版社，1996. 12（2017. 9重印）
ISBN 978-7-80126-069-7

Ⅰ. ①文… Ⅱ. ①戴… Ⅲ. ①文化语言学－概论 Ⅳ. ①H0

责任编辑 郑伟钟
装帧设计 刘瑞祯
出　　版 语文出版社
地　　址 北京市东城区朝阳门内南小街51号　100010
电子信箱 ywcbsywp@163.com
排　　版 语文出版社照排室
印刷装订 河北新华第一印刷有限责任公司
发　　行 语文出版社　新华书店经销
规　　格 850mm × 1168mm
开　　本 A5
印　　张 8. 875
字　　数 222千字
版　　次 1996年12月第1版
印　　次 2017年9月第6次印刷
定　　价 16. 00元

010-65253954（咨询）010-65251033（购书）010-65250075（印装质量）

目 录

下编　文化语言学分论

序

胡裕树

昭铭把他写的《文化语言学导论》样稿寄来请我作序。我惊喜之余，又继之以感慨：昭铭在我这里当研究生时选定的方向是词汇学，毕业后到黑龙江大学工作，在吕冀平先生指导下从事汉语规范问题的研究，发表了不少颇有影响的文章，不料在这期间他又把兴趣转移到文化语言学方面去了，而在词汇学研究方面却似乎未见有所进展——这真可谓“失之东隅，收之桑榆”了。我对文化语言学未作过专门研究，也未发表过什么意见。昭铭向我索序，我想主要还在于看重当年的师生关系，希望能得到首肯。这种心情我们每个人大概都曾有过，所以我能体会得到。接稿之初，对于他的要求我还有所犹豫，然而看稿之后已变得乐于从事了。

为什么会有这样的态度变化呢？主要因为本书所阐述的文化语言学理论比较明达宏通，有较强的可接受性。本来，语言是社会文化的一部分，尽管语言有自主独立的系统性，但是文化是一种由众多要素构成的复杂系统，语言同文化（尤其是精神文化）的许多要素之间天然地存在着互相渗透、水乳交融的关系，因而语言和文化之间的交叉性研究早就存在。且不论国外，就说国内，当代语言学前辈罗常培先生在40年代末就发表过一本专著，书名就叫《语言与文化》，吕叔湘先生40年代也写过一篇《南北朝人名与佛教》（发表于80年代）。罗先生还希望通过自己的示范开出中国语言学的一条新路。80年代，游汝杰发扬罗先生的思想，同周振鹤合写了《方言与中国文化》一书，并提出建立中国文化语言学的设想，曾获得广泛的响应。吕叔湘先生在《中国大百科全书·语言文字卷》的总论中也肯定了文化语言学的提法，把它看作语言学和文化学跨学科的研究。吕先生还把上述文章拿出发表，作为文化语言学的“样板”。这样的文化语言学可以作为语言学的新分支学科，人们是乐于接受的。可是后来有人提出文化语言学的新理论，全盘否定中国现代语言学的成绩和价值，认为中国语言学（尤其是语法学）完全背离汉语特点，已经山穷水尽，只有从“人文主义”立场出发使之回归汉语“本体”，才是唯一出路，这种过甚其辞的论断使文化语言学在人们心目中变得有些不可思议和难以接受。文化语言学从此产生了理论和见解的分歧。昭铭把前一种搞法叫“关系论”，把后一种搞法叫“本体论”。他自己是持“关系论”派立场的，但也酌量吸收了“本体论”派的一些合理见解，他的目的是力求把两派理论融会贯通，使文化语言学理论成为一种明智通达的容易被接受的理论。这个目的他是基本达到了。两派的观点在本书中糅为一体，几乎没有接痕。

做学问最容易犯的因而也最需要警惕的毛病是偏执和武断。攻其一点，不及其余，是谓偏执；不是这样，定是那样，是谓武断。偏执和武断容易耸人听闻，却难以经得起推敲。80年代中国学术界盛行反思，学术反思促进了观念更新和学术进步，语言学界也是这样，这是好事。不过语言学界有些人的反思失之于偏执武断，他们所提出的新理论就难免根基不牢。昭铭此书也提出了一套自成体系的新理论，但是他的理论见解就没有上述毛病。他搞研究，能够尽量从各个方面来分析一个问题，避免顾此失彼，避免绝对化。比如关于语言和文化谁决定谁的问题，著名的“萨丕尔—沃尔夫假说”认为语言可以决定文化、决定思维、决定世界观，赞同者力求证明它正确，反对者力求证明它一无足取，昭铭在本书中就不取这种绝对化态度，他一方面论证语言在建构和传承文化中的巨大作用，另一方面又论证文化对语言的巨大影响。他认为“语言和文化谁产生谁、谁决定谁和谁影响谁，实际上不过是一个先有鸡还是先有蛋的问题，不值得、不必要也不可能求得一言以蔽之的解答。本来，从宏观上、整体上看，二者就是你中有我，我中有你，互相渗透，互相发生，互相制约，互相推动的。人们有时为了强调某一方面，就说它决定了另一方面。然而单纯的‘甲决定乙’的模式是不能成为通达之论的。重要的是进行全面的考察和论证。不过，就某些局部现象和局部材料而言，说某些语言现象是某些文化原因造成，或某些文化现象是由某些语言手段造成，这样的论证还是可以进行、可以成立的。”又如关于汉语语法的“意合”问题，很多人都谈到或探讨过。本书不仅认为确实存在“意合”现象，而且进一步论证汉语的“意合”是一种“意象融合”。但是承认“意合”现象存在是一回事，据此建立“意合语法”又是一回事。真理再前进一步就会成为谬误。针对文化语言学研究者中有人要把汉语语法搞成“意合语法”的做法，本书指出这个问题“需要慎重对待、深长思之”，并列举理由后指出：“不宜把意合现象夸大到不适当的程度，也不宜对意合语法的建立抱有过高的期望。”那么文化语言学对中西方语言差异作比较研究的目的何在呢？“是为了求得对语言结构和语言运用中的文化精神的深刻理解。”从以上引述可以看出，昭铭在论述中的特点是力求全面性，力戒片面性。但是他的全面性不是一种折衷主义，而是要在对各种因素的考察中道出问题的实质所在，所以并不缺乏深刻性。有人认为只有片面性才能达到深刻性，这话至少在昭铭这本书里是不适用的。

语言和文化这两种现象都是人类社会现象中至为复杂的现

象，要谈论这两种复杂现象的方方面面之间的关系，问题就显得更为错综纷繁。本书的宏观结构安排也颇具匠心，合情合理。全书分上下两编，上编为总论，下编为分论。总论的1—3章是文化语言学的本体论和方法论，4—5章是文化语言学的史论。看了上编，可对文化语言学有概括的了解。分论是语言与文化各个主要部门的关系论，依次对语言与思维、哲学、政治、神话宗教、文学艺术、民俗等等方面的有关问题进行探讨。无论是总论还是分论，涉及的问题都相当广泛。但是本书却有广泛而不浮泛的优点。对于所论述的题目大都能有相当深的开掘。比如关于语言和哲学问题，本书论析了语言建构哲学的过程，哲学对语言问题的思辨，语言和哲学的互相渗透互相推动的研究；又如关于语言和政治问题，本书抓住政治的本质"权力"问题，谈到"名分"问题，又谈及语言问题的政治化。这些问题的讨论都需要有广博的阅读基础。可见本书作者为了写作此书，在读书上着实下了一番功夫。这是本书虽然篇幅不很大，但内容却显得厚重的原因。特别值得肯定的是，作者不限于书面材料的引证和他人用例的援引，还亲自到农村作实地调查，收集方言中的民俗词语，这种注重第一手资料的做法丰富了本书的内容，也使我们了解了许多闻所未闻的知识。

总之，这是一本甚有学术价值的好书。本书的出版，无论对文化语言学本身，还是对中国语言学，都是很有意义的。就文化语言学方面说，在这一学科草创初建的过程中，研究者们所提出的理论设想，平心而论，还失之于粗疏浮泛，其中还有不少似是而非、架空谈玄的东西，本书提出的理论比较严谨系统，可以匡补上述缺失。对于中国语言学界来说，本书的出版可以沟通文化语言学圈内和圈外两部分学者的思想，使圈外的人不仅可以消解掉积存已久的一些疑虑，而且还可以获得许多有益的启迪。另外，由于本书论述深入浅出，引例新鲜有趣，行文流畅自然，语言学界以外的人也会感到亲切可读。本书的写成说明文化语言学在理论上正在走向成熟，也说明昭铭在学术道路上正在走向成熟。看到这些，对我来说是至为快慰的，因此欣然命笔作成此序。

愿文化语言学健康成长，并望昭铭在语言研究中做出新的贡献！

1995年3月于复旦大学

编

文化语言学总论

第一章　文化语言学的文化观和语言观

第一节　文化语言学的文化观

“文化”一词在现代汉语中是一个多义词。作为英语的对译词，有时相当于 culture（文化），有时相当于 civilization（文明），有时又相当于 education（教育）或 literacy（读写能力）。中国古代虽然也有“文化”一词，但其意义远没有现代汉语中“文化”一词这样复杂，而是仅指同“武力”“武功”相对的“文治和教化”。比如汉代刘向的《说苑·指武》：“圣人之治天下也，先文德而后武力。凡武之兴，为不服也；文化不改，然后加诛。夫下愚不移，纯德之所不能化，而后武力加焉。”又如晋代束广微的《补亡诗·由仪》：“文化内辑，武功外悠。”《文选》李善注谓：“言以文化辑和于内，用武德加于外远也。”古今汉语中“文化”一词意义差别的主要原因是词源不同：古代汉语的“文化”是汉语的固有词，它在古代被日语用“形借法”借去后，到近代又被日语用来作为英语 culture 的对译词，后来，又被现代汉语用“形借法”借了回来；这样一来，现代汉语的“文化”同日语的“文化”以及英语的 culture 倒有直接的词源关系，而同古代汉语的“文化”则只有间接的词源关系了（如下页图）。至于“文化”一词在汉语中除 culture 以外的意义，则是从日本借入后在使用中滋生出来的。

中国文化语言学是本世纪80年代在中国兴起的以研究语言和文化的关系为主旨的语言学分支学科。“文化语言学”这一术语中的“文化”所对应的就是英语的culture。19世纪以来欧美各国的一些著名学者在研究人类文化（culture）的基础上建立了一门内涵丰富而影响广泛的文化学（culturology）或文化人类学（cultural anthropology）①。在文化学或文化人类学中，“文化”一词通常指人类社会之区别于其他动物的全部活动方式以及活动的产品。就这一概念的核心内涵而言，作为一个术语，它的意义似乎并不含糊。然而在实际研究中，专家们给“文化”所下的定义可以说言人人殊。美国著名的人类学者克鲁伯（Kroeber，Alfred Louis，1876—1960）曾搜罗并列举了西方近现代160多位学者对“文化”所下的不同定义，并从下定义的方法角度进行了分类和研究。如果加上东方学者的定义，数量和种类一定更为可观。不过本书并不拟对这些纷繁的文化定义作具体的讨论，只是想指出一点：在众多的关于文化的定义中，著名的英国文化人类学家泰勒和马林诺夫斯基两人的定义比较受人推崇，也较易把握。泰勒（Tylor，Sir Edward Burnett，1832—1917）认为文化“是一个复合的整体，包括知识、信仰、艺术、道德、法律、风俗，以及人类在社会里所获得的一切能力与习惯”。马林诺夫斯基（Malinowski，Bronislaw Kaspar，1884—1942）把文化看作一种具有满足人类某种生存生活需要的功能的“社会制度”，是“一群利用物质工具而固定生活于某一环境中的人们所推行的一套有组织的风

① 文化学和文化人类学的区别，非本书讨论范围，姑且置而不论。

俗与活动的体系”。这两个定义中，前者着眼于文化的整合性和精神性，后者着眼于文化的功能性和制度性。此外还有两位学者的文化定义值得一提：本尼迪克特（Ruth Fulton Benedict，1887—1948）认为文化“是通过某个民族的活动而表现出来的一种思维和行动方式，一种使这个民族不同于其他任何民族的方式”。这一定义侧重于文化的民族性。弗洛伊德（Sigmund Freud，1856—1939）则把文化和文明（civilization）统一起来理解，看作是同一事物的两个方面。他说“人类文化——我所说的是人类生活赖以超脱其动物性并区别于动物生活的一切，（我不同意把文化和文明加以区分）”①，他所强调的是文化的超自然性。

一般认为，“文化”作为一个专门术语，可以有广义和狭义两种理解。狭义的理解着眼于精神方面，指社会的意识形态、风俗习惯以及与之相适应的社会制度与社会组织。但是，精神或意识并不是能够脱离人类物质生产的社会实践凭空产生和独立存在的，而是人类在改造自然（包括作为自然的一部分的“自然人”本身）的社会实践中产生出来的。人类在这一社会实践中既创造了物质财富，改善了自身赖以生存生活的客观物质条件，也创造了精神财富，形成了人类独有的意识形态、思维能力和生活方式，使自身从“自然人”状态下摆脱出来并获得不断的进步。在使人类生活超脱动物性并区别于动物生活的一切因素中，精神方面和物质方面始终是纠结为一体、互为因果、密不可分的。因此，从广义方面理解，“文化”应当包括精神和物质两个方面，即指人类历史中所创造的物质财富和精神财富的总和。比如远古的原始社会并未给我们留下文字形态的东西，但我们在谈到“原始文化”时，不仅指当时遗留至今而被发掘出来的石器、陶器、骨器、雕塑等物质形态的东西，也指体现在这些器物上的原始的艺术、宗教、神

① 转引自［法］维克多·埃尔著《文化概念》（中译本），上海人民出版社1988年。

话、习俗等观念形态的东西。同样，当我们提到“资本主义文化”时，不仅指能够体现资产阶级意识形态的思想理论以及相应的社会体制，也包括从工业革命以来由于巨大的技术进步而创造的物质文明。不过在通常情况下，一提到“文化”，人们首先想到的往往是它的狭义方面，即文化的精神形态方面。文化语言学所使用的“文化”这一术语的概念，其内涵就是精神形态和制度形态的文化，大致相当于上述泰勒和马林诺夫斯基的两个定义的综合理解。

基于上述理解，我们认为可以对文化的基本性质作如下的描述：

1. **超自然性**。文化是人类独创的，是人类生活和存在的一种特有方式。文化和人是同生共长的东西，是一枚硬币的两面。没有人类，不可能有文化；反之，没有文化，也不可能有人类。人类的祖先在使自己脱离动物界而建立人类社会的过程中创造了文化，才使自己终于成为超越于动物的人。人类身上至今仍然带有作为自然物的动物的一些基本的自然的属性，但是人有文化而动物没有文化，文化性是人类的根本属性。文化是人性的体现而非人的动物性的体现。某些动物，如蜜蜂、蚂蚁、猿猴等，可以有类似人类社会的“组织”，但却没有文化。因此，只要说起文化就一定是指人类的文化，不可能有动物的文化。正因为人的根本属性是文化性，人类生活和行为的一切方面无不带上或终于带上文化的印记。比如吃和繁殖，这本来是生物为了个体生存和种族繁衍的需要的自然行为，而一经在人类身上表现出来，就带上了人性，具有了文化性，成为文化现象了。饮食文化、性文化、生殖文化就是人类在满足自身基本的生物需要的基础上创造出来的独有的文化，其他动物则不可能创造出来。总之，人的文化性和文化的人性是具有本体论性质的命题，而文化的人性也就是它的超自然性。

2. **符号性**。任何文化都表现为一些象征符号或符号系统，也表现为人在创造和使用这些符号过程中的思维和行为的方式。人是一种“符号的动物”，“符号化的思维和符号化的行为是人类生活中最富于代表性的特征，并且人类文化的全部发展都依赖于这些条件”①。人类创造文化的过程，就是一个不断发明和运用符号的过程。人类创造了文化世界，其实质是为自己创造了一个“符号的宇宙”。在人类的文化创造中，人类不断把对世界的认识、对事物和现象的意义和价值的理解赋予一定的具体可感的形式或行为方式,从而使这些特定的形式或行为方式产生一定的象征意义，构成文化符号,成为人们在生存生活中必须遵循的习俗或法则。于是人们就生活在这些习俗或法则的规范之中，生活在自己创造出的充满文化符号的世界之中，一方面承受着文化的制约，同时又通过对文化制约的承受而表现其人生的意义和价值。比如在古代中国封建等级制度的规范中,关于服装的颜色是有等级规定的:帝王服装为黄色，高级官员和贵族服装为朱红或紫色，中下层官员为青绿色，衙门差役为黑色，平民为白色，囚犯为赭色。② 于是，服装颜色就成了特定身份的象征符号。在平等思想普及、等级观念淡薄的今天，服装颜色的等级象征意义固然已不复存在，但在服饰的色彩或式样与年龄、性别、身份、行业、环境、习俗力求协调一致的讲究和追求中，人们又给色彩和式样赋予了丰富而繁缛的审美意义；而在某些必须标明的社会角色（如性别、军警人员等）身上，服装颜色和式样仍具有身份象征的符号作用。再如我们在婚礼、葬仪以及各种庆典中司空见惯的一切，无论是服饰、道具，还是种种程式，也无不具有符号性。正因为文化有符号性，所以对于文化现象的理解和分析，必须借助于符号学的原理和方法。

① 卡西尔著《人论》，甘阳译，上海译文出版社 1985 年，第 35 页。
② 这里所言的规定是就一般封建时代而论，某些朝代与此略异，未能详论。

3. **整合性**。文化是一个由多方面要素综合而成的复杂的整体，是一定区域内的一定文化群体（通常表现为民族）为满足生存需要而创造的一整套生活、思想、行为的模式。在这个整体模式中，各组成要素互相补充、互相融合、互相渗透，共同发挥塑造民族特征和民族精神的功能。同时整个民族文化又有一个或少数几个由价值选择结果为出发点的“文化内核”，这样的文化内核就像遗传因子一样无所不在地渗入该民族的所有文化细胞之中发挥着整合文化的潜在作用，从而使整个文化产生一种保守性、内聚性、排异性和对外来文化要素的同化力。文化的整合性是一种文化得以自我完善和形成独特面貌的动力。它可以保证文化在随时间流程的变迁中在一定限度内维持稳定的秩序。比如在中国延续两千余年的传统文化中，建立在血缘根基上的宗法思想，融自然哲学、政治哲学和伦理哲学为一体的“天人合一”世界观，和以经邦济世为目的的实用理性等精神元素作为中国文化的“内核”，一直在文化传统的形成中发挥着“整合”作用。经过这种整合而形成的中国文化，是一个迥异于欧美文化的独特模式。尽管百年来一再受西方文化的冲击，所改变的也仅是它的某些外在形式，它所塑造的国民性格、思维方式以及心理特征一直递相延续而未能动摇。任何文化都是一个相对稳定的整体模式，无论是大传统文化还是小传统文化莫不如此。①

4. **可变性**。文化的整合性并不能保证文化在历史的长河中恒久不变。既然文化是一种为了满足人类生存生活需要而采取的手段，那么当生存生活条件有了变化，作为观念形态的文化必然要发生变化。这是文化变化的内在原因或根本原因。在人类文化史中，重大的发明、发现（如文字、造纸术、印刷术、蒸气机、电器、电子计算机的发明、地理大发现、天体运行规律和能量守恒

① 大传统指一个社会中占优势的文化模式，尤其指体现为都市文明的文化模式。小传统指复杂社会中具有社区或地域性特色的文化模式。

定律等等的发现）都曾给文化的变迁以巨大的推动力。从一种文化的外部而言，文化传播、文化碰撞可能造成这种文化内部要素和结构的量的变化，也可能促使这种文化发生质的变化，产生进化、退化、没落、重组或转移等结果。比如佛教传入中国，曾经使中国传统文化的结构和面貌发生过深刻变化。中国的儒教、汉字在东南亚不少国家的文化中也曾发生过重大影响。而欧洲文化进入美洲，则导致了美洲本土文化的大量萎缩甚至部分的消亡。

5. **民族性和区域性**。文化不可能凭空产生和存在，必须植根于人类社会，而人类社会总是以相对集中聚居并有共同生活历史的民族为区分单位的，因此，一定的文化总是在一定民族的机体上生长起来的，民族群体是民族文化的土壤和载体，文化的疆界通常总是和民族的疆界相一致，民族的特征除了体质特征之外就是文化的特征，所谓民族性主要也是指文化上的特性。比如蒙古族和我国北方汉人居地接缘，但互相间的文化差别却很明显。再比如，同为上古文明，古希腊、古印度、古埃及和古中国的文化各有独特性；同为当代发达国家，日本和欧美之间、欧美各国之间在文化仍存在着差异。而当一个人口众多的民族分布在广大的地域上时，在文化的各个层次的细节上保持完全的一致性势必不可能，于是民族文化在地域性渐变基础上往往形成一些互有差异的次文化，形成大传统下具有各自特色的小传统。小传统具有区域性，是大传统的组成部分，同时又受着大传统的支配和统摄。于是在民族文化的大范围内常有区域性文化同时并存。比如同为中国上古文化，就有中原文化、齐鲁文化、楚文化和吴越文化的区别。这种区别至今仍有一定程度的保留。再如中国民间曲艺，也是由具有地方代表性的剧种组成。北京的相声、东北的二人转、浙江的越剧、安徽的黄梅戏、广东的粤剧、西北的秦腔、四川的川剧、河南的梆子、山东的大鼓书等等，莫不各具风姿，绝不雷同。就连武术特点也有“南拳北腿”之说。文化的区域性与民族性并不抵触，区域性不仅不会损害民族文化的内在一致性，相反还能丰富民族性的内涵。

以上是文化语言学对于文化问题的基本看法。文化语言学认为，凡是上述关于文化的基本性质，语言也都莫不具备，因此语言也是一种文化现象，是文化的一部分。但是正像法律、宗教等都是文化的一部分，我们照样可以把它们从文化中独立出来，分别就法律和宗教与文化的关系进行研究一样，我们也同样可以把语言从文化中独立出来，研究它与文化的关系。文化语言学的语言观，就是从对语言和文化的关系的总体考察中确立的。

第二节　文化语言学的语言观

文化语言学并不一般地否定其他语言学流派的语言观。比如说，传统语言学把语言看作人类交流思想的工具，结构主义语言学或者把语言看作由能指和所指构成的符号结合而成的形式体系，或者把语言看成由刺激和反应构成的人类行为模式，转换生成语言学把语言看成人类的天赋机制。文化语言学认为这些语言观都是从不同角度对语言的某一方面本质的揭示，它们对于建立各自学派的语言理论是适合的，但是都未能触及和揭示语言的文化属性。文化语言学从文化人类学的角度审视语言，在广阔的人类文化背景中研究语言，对语言的本质属性有与其他语言学流派不同的见解。文化语言学的语言观涉及许多根本性的命题，这些命题主要有：语言与世界观的关系、语言与文化的关系、语言差异与文化差异的关系等。

世界是什么?不同的哲学家和哲学流派曾有种种不同的说法。

有的说世界是神的意志的体现，有的说世界是感觉的复合，有的说世界是绝对精神的体现。以上这些说法被归入唯心主义的范畴。唯物主义认为世界是一种物质存在，具有物质性。此外还有的在唯物主义和唯心主义二者之间折衷，认为世界是由物质和精神二者构成的。文化语言学不是哲学流派，它无意把自己归入上述哲学派别中的任何一派，也并不是要提出解释世界的一种新哲学，而是要提出自己对语言和世界关系的解答，这个解答就是：世界是语言的世界，具有语言性。或者用一种形象化的说法：世界是语言符号构成的万花筒。

说世界是语言的世界，并不意味着否认世界是物质性的。世界是物质存在的命题，是一个本体论的命题。物质世界是相对于人的精神世界的独立存在，这是毫无疑义的。但是，这一命题并没有回答人是怎样认识和把握世界的。从发生认识论的角度看，无论是群体认知还是个体认知，人和作为认识客体的世界构成两极对立的关系。尽管动物没有精神世界，但是在“面对世界”这一点上，它和人类的状况有相似性。然而由于动物没有语言，动物对于外在世界只能被动地感知，人有语言，人一生下来就生活在一个语言世界之中，人在感知、接受和认识、把握外在世界时，并不是像动物那样直接面对外在世界，而必须通过语言这一中介。人、语言和世界构成的实际上是一种三极关系（如下页左图）。或者说，人和世界的两极关系是间接关系，其间还存在一个中介系统——语言符号系统。这个系统构成了既相对于物质世界，也相对于人的语言世界，如下页右图。

语言是人创造的，是一定民族的精神创造活动的结果。人对外在物质世界的感知和认识，人在从事改造物质世界的实践活动（生产活动和社会文化活动）时的体验、感受和经验，莫不反映在语言世界中。语言世界是人所建立的蕴含着人的全部精神创造的关于物质世界的镜象。正因为人和物质世界之间还有一个语言世

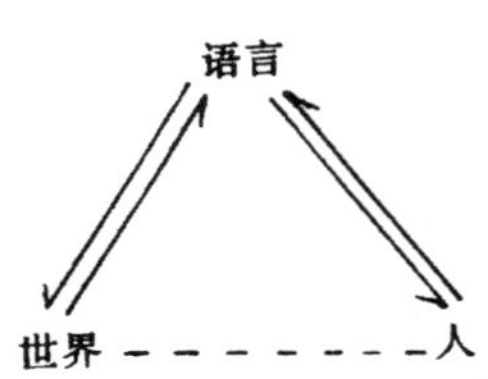

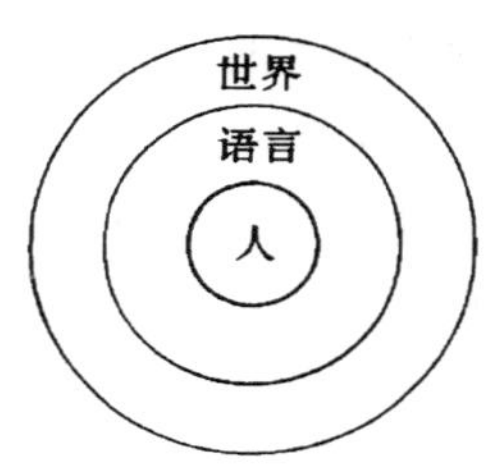

界，人就必须通过语言世界来认识和把握物质世界。人之所以为人，就是因为人有语言符号，符号化的思维和符号化的行为是人类生活中最富于代表性的特征。当一个小孩问“这是什么”，大人回答“这是大象”，另一个小孩问“那个人是谁”，大人回答“是王叔叔”时，孩子就通过“大象”“王叔叔”等词语认识和把握了他原先不认识的对象。这是最简单的事例。复杂现象的原理也是一样。当人们发现了一种新事物、新现象，或形成了一种新概念时，便给它一个名称。命名活动是人占有（认识和把握）该事物（现象、概念）的行为标志，而后来者总是通过先期的命名来认识和把握该事物（现象、概念）的。“正是命名过程改变了甚至连动物也都具有的感官印象世界，使其变成了一个心理的世界、一个观念和意义的世界。全部理论认知都是从一个语言在此之前就已赋予了形式的世界出发的；科学家、历史学家、以至哲学家无一不是按照语言呈现给他的样子而与其客体对象生活在一起的。”①换句话说，客观物质世界（存在）在人面前采取了语言的形式，它提供的是经过语言“改制”过的样本。“语言乃是存在的家园。”②

因此对于人来说，“可以被领悟的存在就是语言”。③

---

① 见卡西尔《语言与神话》，于晓等译，三联书店1988年版，第55页。
② 海德格尔语；③伽达默尔语。转引自甘阳《从“理性的批判”到“文化的批判”》，见卡西尔《语言与神话》中译本（代序），三联书店1988年，第19页、21页。

我们的语言界限也就是世界的界限。物质的世界存在于语言之中，以语言的面目呈现出来，而且非以语言面目出现就不能被人领悟，因此对于认知者来说，世界不仅具有物质性，更具有语言性。既然语言是人类出入于物质世界的根本通道，那么认识到世界的语言性也许比仅仅认识到世界的物质性更切近问题的本质。这就是提出“世界的语言性”这一命题的意蕴所在。

在确立了“世界的语言性”这一命题之后，我们就可以来讨论语言和世界观的关系了。唯物主义认识论的一条基本原理是“存在决定意识”，如前所说，既然独立于我们人的主观世界之外的，除了物质世界还有一个语言世界，那么，所谓“存在”就应当理解为世界的物质存在再加上语言存在。人一生下来就既生活在物质世界中，也生活在语言世界中。这两种世界的存在都对人的思想意识的发生、世界观的形成发生作用。然而，由于物质世界同人的关系是间接的，它必须借助于语言符号才能进入人的意识，构成人的主观世界，所以有时常会出现这样的情形：客观世界是否有认识论上的意义，并不取决于是否有物质“存在”，而取决于是否有相应的语言符号“存在”。比如距离地球亿万光年的某个天体固然是一种物质“存在”，但是假如尚未被编入人类的概念体系，没有赋予一定形式的语言符号，就是说，尚未进入我们的语言世界，那么这样的“存在”也就不能进入我们的主观世界，成为我们世界观的一部分。相反，客观世界中并不存在的许多事物、现象和事件，如上帝、神仙、鬼怪及有关故事，天堂地狱的传说，谎言和谣言，文艺作品中虚构的人物和情节以及某些似是而非的理论，等等，由于已经构成了概念（尽管是虚假概念）和叙说，成了人类语言世界的一部分，却很容易进入人的主观世界，成为世界观的构成因素。这种现象发生的根本原因，就是在人们认识世界的过程中，除了以实践为基础，以客体本身为直接起点外，还有一个重要起点就是语言符号[①]。作为有生命的个体的人，其生存和活动受时间和空间的限制，不可能事事都亲自实践和体验，其认识和知识的很大一部分必然要取自包围着他的语言符号（包括口语和书面语）的世界。尽管从总体上和根本上说，人在客观现实中的实践是认识的出发点和检验途径，但是就大多数个体的人来说，通过语言符号得来的观念、认识和知识在数量上总是要大大超过他亲自的实践经验。在这个意义上我们可以看出语言符号对于思想塑造和世界观形成的不可忽视的作用。

至于语言和文化的关系问题，我们觉得可以从两个方面来谈：一方面，语言是人类文化的重要组成部分，是人类文化得以建构和传承的形式和手段；另一方面，文化又无时无地不对语言有制约作用和决定性影响。

语言日常的功用是交际，在交际中它起着传达和沟通的作用。一个中国孩子习得了汉语，就像他学会了用筷子吃饭；如果他后来又学会了英语或俄语，就仿佛他把筷子换成了刀叉。语言就仿佛是这样一种工具，人们凭借着它得以达成交际的目的，所以一般而言，语言是交际工具的说法并不错。但是，这一说法并没有从文化人类学角度考察语言，因此并不能彻底说明作为交际工具的人类语言同动物交际手段的根本性质的不同。美国语言学家霍凯特（Charles F. Hockett）从人类语言和动物交际的根本区别角度入手进行考察，力图说明人类语言区别于动物交际手段的根本特征，他列出了人类语言具有的十三个特征加以分析说明。这些特征包括：1. 声耳渠道；2. 四散传播与定向接收；3. 迅速消逝；4. 互换性；5. 整体反馈；6. 专门化；7. 语义性；8. 任意性；9. 分离性；10. 替代性；11. 孳生力；12. 传统传导；13. 模式二重性。其中前九种是动物交际系统（如类人猿的叫喊声）所能具有

① 参见肖峰《试论以语言符号为直接起点的认识》，《哲学研究》1988 年第 6 期。

的特征，只有后四种才是人类语言区别于动物交际手段的重要特征。① 但是由于这四种特征主要是作为交际工具的人类语言在构成、传递、孳生和使用等方面的特征，它们仍然未能说明人类语言在属性即本质上与动物交际手段的根本区别。看来，仅仅从交际工具角度无助于语言的根本属性的揭示，也无助于对语言和文化的关系的理解。

语言的根本属性植根于人的本性之中。人是文化的动物，人之不同于动物的根本点在于人有文化，动物没有文化。文化是人创造出来的，人只有在创造文化的活动中才能成为真正意义上的人。人用自己的创造性活动为自己构造了一个文化世界，人就生活在这个文化世界之中，并继续不断地从事着文化创造。如前所述，文化的重要性质之一是符号性，文化世界实际上是一个符号世界，人类的文化创造实际上是一个不断创造符号的活动。在人所创造的所有符号系统中，语言符号无疑是最重要的一种。在一定意义上说，人之有文化与人之有符号、人之有语言，是从不同角度 对人之本性的揭示。文化世界、符号世界和语言世界三者所指固然并非完全同一,但就语言在构成文化和符号中的作用而言，它无疑是文化世界和符号世界的核心部分。语言在人类文化中的重要性，不仅表现在远古时代它使人类祖先得以摆脱动物界和建立人类社会中的重大作用，而且表现在人类社会建立以后，人类文化的许多重要部门，如神话、宗教、文学艺术、科学技术等等，其建构和传承仍然少不了语言。文化人类学家对语言的性质、地位和作用表述过不少精辟的见解。马林诺夫斯基认为:“语言是文化整体的一部分，但它并不是一个工具的体系，而是一套发音的风俗及精神文化的一部分。”② 泰勒在他的《人类学——人及其文

① 见王士元主编《语言和人类交际》(中译本)，广西教育出版社 1987 年，第 3—8 页。

② 马林诺夫斯基《文化论》(中译本)，中国民间文艺出版社 1987 年，第 7 页。

化研究》一书中，用了整整三章来讨论语言，他把语言的发生和文化或文明结合起来考察，认为“在前历史时期中，发生了人类在地球上的初次扩散和大种族的发展，产生了语言，确立了大的语系，文化发展到古代世界东方民族的水平——他们是现代文明生活的先驱者和奠基者”①。美国著名的文化人类学家L.A.怀特(Leslie A. White)的这段话，对于语言建构文化的功能的描述可谓发挥得淋漓尽致：

> 全部文化或文明都依赖于符号。正是使用符号的能力使文化得以产生，也正是对符号的运用使文化延续成为可能。没有符号就不可能有文化，人也只能是一种动物，而不是人类。
>
> 音节清晰的语言是符号表达之最重要的形式。把语言从文化中抽掉，还会剩下什么东西呢？让我们来考察一下。
>
> 没有音节清晰的语言，我们就不会有人类的社会组织。我们可能有家庭，但这种组织形式不是人所特有的，家庭本身并不专属于人类。没有语言，我们就不会有乱伦禁制，就没有规定族内婚与族外婚，多偶婚制与单偶婚制的各种规范。没有语言，我们又怎能限制交表婚，禁止平表婚呢？没有语言，禁止同时占有众多配偶而允许续娶与再婚的规范，又怎么能够存在呢？
>
> 没有语言，我们就不会有政治、经济、宗教和军事的组织；没有礼仪和道德规范；没有法律；没有科学、神学和文学；除了猿猴水平的嬉戏外，不会有游戏和音乐。没有音节清晰的语言，礼仪和礼仪用品就毫无意义。实际上，没有音节清晰的语言，这就差不多等于丧失了使

① 泰勒《人类学——人及其文化研究》(中译本)，上海文艺出版社1993年，第30页。

用工具的能力，我们就将像现在在高等类人猿中发现的情况那样，只是偶然地和无意义地动用一下工具；因为，正是音节清晰的语言，才使类人猿那种偶然动用工具的活动，转变为人类之具有进步性和累加性的使用工具的活动。①

正因为语言在人类文化体系中的地位和作用如此重要，所以我们甚至可以认为，语言不仅是文化的一种形式而已，它其实就是一种“元文化”。语言的这种元文化性质，使从文化角度研究语言的文化语言学得以建立在深厚的根基之上。

然而，以上所论仅仅涉及语言对文化的影响作用，还未涉及文化对语言的影响作用。语言的地位无论怎样重要，它毕竟只是精神文化的一部分。语言不仅不能包括全部精神文化，也不能包括物质文化，更不能包括人类的文化活动史。文化的范畴显然要比语言大得多。那么，文化对语言有无影响作用呢？对这个问题我们不仅可以作肯定的回答，而且还可以说，语言在其产生、发展和变化中，一直受到文化的制约和影响。

从语言产生的过程来看，正是人类的文化创造活动产生了语言。人类起源的历史，就是人类的创造性劳动能力形成的历史。创造性的劳动是作为“文化动物”的人的行为与一般动物行为相区别的根本点，而语言正是在这一劳动过程中产生的。原始人的群体劳动使语言的使用成为需要。改造自然的劳动使原始人对自然获得了新的观念，使人的思维得以发生，使语言构造所需要的意义材料开始形成；直立行走改造了人的发音器官，使语言构造所需要的众多分音节的语音材料得以形成。当某些特定的音节与某些特定的意义在经常的使用中分别成为固定的结合单位，我们的祖先就创造出了第一批简单的词语。语言起源过程同类人猿“人

---

① L. A. 怀特《文化的科学》(中译本)，山东人民出版社 1988 年，第 33—34 页。

化”过程是一致的。人类起源过程所创造的文化通常称“原始文化”。没有原始文化的创造，就不可能有原始的语言。

语言起源很可能不是在一时一地发生的。从现有的资料看，最大的可能是，分散在地球广大范围内的人类祖先的众多远古群落，都先后不齐地产生了各种各样的语言。这些语言在其后的发展变化中，都几乎无一例外地受到文化变迁的影响和制约。语言的分化和统一通常与社会文化的分化和统一在步调和范围上相一致，语言的传播通常是文化远征的结果。语言结构系统的演变和功能系统的改善也都可以从人类文化的进步中找到根源。总之，文化对语言的影响无疑是巨大的。

那么，是否又可以说，语言受文化的决定，语言是文化的产物呢？

我们认为，语言和文化谁产生谁、谁决定谁和谁影响谁，实际上不过是一个先有鸡还是先有蛋的问题，不值得、不必要也不可能求得一言以蔽之的解答。本来，从宏观上、整体上看，二者就是你中有我，我中有你，互相渗透，互为因果，互相发生，互相制约，互相推动的。人们有时为了强调某一方面，就说它决定了另一方面。然而单纯的“甲决定乙”的模式是不能成为通达之论的。重要的是进行全面的考察和论证。不过，就某些局部现象和局部材料而言，说某些语言现象是某些文化原因造成，或某些文化现象是由某些语言手段造成，这样的论证还是可以进行、可以成立的。

既然语言和文化的关系如此密切，那么语言差异和文化差异之间可能存在某种联系，就应该说是一个合乎逻辑的推断。在这个问题上，沃尔夫关于霍比语和印欧语的对比研究是一个很好的例证。沃尔夫把印欧语系语言看作一个同质的群，称为 SAE (Standard Average European)。他详细地考察了 SAE 语言与霍比语中关于“时间”“空间”和“物质”等概念与语言结构的关系，考察了文化的和行为的规范与语言类型之间的关系，认为霍比语和 SAE 语言有天壤之别，其差异不是语音、词汇、语法、语调等等方面的不同，不是外形的不同，而是从不同思维出发的“质”的差异。SAE 语中动词三种时的体系给我们有关时间的全部思维增加了色彩。这一体系跟那个使持续性的主观认识客体化的更为广泛的格式融合在一起，这一格式也体现在语言的其他成素——用于一般静词、具有时间意义的静词、复数和可数范畴的二项式——之中。客体化的结果使我们能够在心里“把各种时间排成一列”。把时间看成是某种序列的认识跟三个时的体系是协调一致的。霍比语在这方面截然不同。动词没有诸如我们的那些“时间”，但是，动词有确认（肯定）形式，有体态，有把句子联起来的形式(式)。所有这些形式使语言具有很大的准确性。霍比语由于不像英语那样在语法结构上区别过去、现在、将来三种时间，也不能将时间客体化，因此也就不能把时间作为一个想象的单位在语言中表现复数。一个霍比人不会说 I stayed five days (我住了五天)，而是说 I left on the fifth day (我在五天后即离去)。欧洲诸语言区分个体名词和物质名词，而在霍比语里一切名词都是个体的。欧洲的语言模型把“物质”“实体”和“形式”相对立，霍比语却没有这种对立。又如，英语区分动词和名词的观念和标准也不能应用于霍比语。在霍比语里，表示短暂性事物的都是动词。英语名词·lightning（闪电）、wave（波浪）、flame（火焰）、meteor（流星）所表示的概念，在霍比语里都要用动词来表达。沃尔夫认为，SAE 语言和霍比语的种种差异是同文化类型上的差异相联系的。①

著名的日本东方学者中村元在他所著的《东方民族的思维方法》中，把语言、思维、文化联系起来考察，得出了许多精辟的

① 参见申小龙著《语言的文化阐释》，知识出版社 1992 年，第 154—165 页。

见解。比如在谈到日本到最近还没有发展出用纯粹的和语来表述的哲学时，认为原因在于纯粹的和语不像梵语或希腊语或德语那样适合于哲学的思索。“最大的障碍看来在于日语没有完全确立起来的抽象名词构成法。日语不存在动词不定式，不定式的特色就是表述抽象的思想，一种不定的状态，一种‘关系’而不是一件‘事物’。”此外，日本人没有把形容词转化为相应的抽象名词的确定构词法。在句法中，日语缺少关系代词，从而使人们用日语进行严密的思考就显得很不方便。他认为，由于这些不足之处，人们很难用日语进行正确的、科学的表述，这妨碍了日本人逻辑的、科学的思维能力的发展。①

那么，语言结构的差异同世界观的差异究竟有没有关系呢？这里的“语言结构”主要指表现在语言形式（词语形式、语法形式）上的概念结构和语法结构。这种差异最明显地表现在民族语言之间。如前所述，作为客体存在的语言，是拥有该语言的人在长期的文化创造活动中对于客观物质世界的反映。在这个意义上语言是世界的镜象。但是，语言的使用是一种智力活动，它体现了人在认识世界和改造世界过程中的思维过程。严格地说来，任何语言对世界的反映都不是简单的反映，而是人们对世界进行智力改造后所作出的语言呈现。既然作为文化内核的思维的方式是有民族差异的，那么反映思维成果并呈现在语言中的“世界镜象”也就不可能没有民族差异。由于各民族关于世界的镜象都保留在各自的语言体系中，同整个语言结构融成一体，那么对于个体的人来说，他一生下来就生活在一定的母语世界里，在逐渐习得母语的同时，也就逐渐获得了融合在母语中的“世界镜象”，形成了与操本族语的人相一致而与操其他语言的人有所区别的世界观。这就是我们关于语言的差异与世界观的差异的关系的最基本的理

① ［日］中村元《东方民族的思维方法》（中译本），浙江人民出版社 1989 年，第 320—322 页。

解。

文化语言学语言观的确立，对于文化语言学理论体系的建设和文化语言学方法论的确立具有根本性的意义。关于语言的本质问题，中国文化语言学与西方现代语言学有着根本不同的理解。导源于索绪尔结构主义的西方现代语言学，尽管流派纷呈，但其共同点是都把语言看成一个自足的封闭的形式体系，似乎语言只是一个已做完的“功”，我们只需对它进行静态共时的结构分析就可达到语言研究的目的。这样的语言观及其派生的方法论是以牺牲了对语言另一方面的重要本质即文化属性的理解为代价的。它在付出这一代价的同时，又切断了语言学科与其他人文学科之间天然存在的密切联系，使得语言学科在整个人文学科体系中日益孤立。文化语言学不把语言看成自足封闭的形式体系，认为语言绝非一种“功”，而是一种“能”，语言的一切都是动的，而不是静的。就语言与文化的关系说，语言具有建构和传承文化的功能；就语言与思维、思想的关系说，语言有形成思维、表达思想的功能。语言中充满了民族的文化精神和文化心理，是一个民族世界观的体现。语言的变化与文化的变化是互为因果的共变关系。分析和研究语言，就是要分析和研究语言作为文化符号的功能，分析和研究特定的语言结构的独特的表达思想的功能，分析和研究语言中所体现的特定民族的文化哲学、文化思维、文化风俗、文化心理和文化史实。即使是分析一般的所谓纯语言现象，也并不是进行孤立静止的纯语言分析，而是把语言现象同文化现象结合起来考察，或者把语言现象作为文化现象来考察。因此，文化语言学的研究不仅可以大大拓展语言学的研究领域，揭示出其他语言学流派未能触及的语言的文化内涵，并且可以在语言学和其他人文学科之间建立起一座新的桥梁。

文化语言学的语言观对于建立具有中国特色的汉语语言学也具有根本性的意义。百年来的中国现代语言学无疑是有成就的。这个成就归结到一点，就是发现并揭示了汉语与西方语言在结构规律方面的某些共同性。这些共同性的存在是语言普遍现象（语言共性）存在的证明。但是，由于过于偏重袭用西方语言学的理论框架，在方法论上带有严重的模仿倾向，使得我们在描写和分析汉语时，所看到的多是汉语与西方语言的“同”的方面，而忽视或放弃了与西方语言的“异”的方面。在这样的方法论基础上建立起来的中国现代语言学，特别是其中的汉语语法学，同汉语的实际状况总难免貌合神离。直到今天，汉语语法理论中的一些基本范畴，如语素、词、词组（短语）、单复句、自由和粘着、词类、主宾语等等，在概念和理论上都没能得到很好的说明，至于把这些范畴应用到语言分析中时更是进退维谷，难以自圆其说。辩证唯物论的认识论认为，任何事物都是共性与个性的统一，就解决某一具体事物的具体问题而言，认识该事物的个性、特殊性往往比认识同类事物的共性、普遍性更有实践的价值。中国文化语言学坚持认为语言的差异反映着文化差异、思维差异和世界观的差异。其中尤其是语法结构的差异同不同民族的思维方法上的倾向性特点的联系更为密切。因此在研究和分析汉民族语言的结构规律时，参照和借鉴其他语种的理论范畴固然有必要，但不能流于模仿和代替。只有一切从汉民族语言的具体事实出发，从汉语本身的具体分析中提取理论范畴，才能建立起真正符合汉语特点的本体论意义上的汉语语言学。因此，中国文化语言学的建立和深入发展，无疑可以深入揭示汉语中深藏的而又独具的文化特质，使处于歧路彷徨中的汉语研究获得新的动力和新的生长点，并从而建立起真正符合汉语特点的具有中国特色的汉语语言学。

第二章　文化语言学的对象、任务和性质

对于文化语言学的对象、任务和性质等问题的探讨，关系到我们要建设什么样的文化语言学的问题。或者换句话说，关系到文化语言学是什么样的语言学的问题。由于文化语言学兴起的历史较短，先此已有人类语言学、民族语言学和社会语言学存在，文化语言学同它们在研究范围上有部分的重叠交叉，难以划清界限；又由于语言和文化内涵的丰富和外延的广大，几乎可以涵盖人类活动的一切领域，而人类的一切行为几乎莫不具有文化性，又几乎莫不与语言有关，于是就使人产生这样一种印象：只有从文化角度切入的语言研究才是真有价值的语言研究，而文化语言学可以包括其他相关的语言学科。比如，申小龙在《汉语人文精神论》一书中提出要使文化语言学成为“一个包括社会语言学、民族语言学、心理语言学、语言民族学、语言人类学在内的”“大学科”；又如邢福义、周光庆主编的《文化语言学》也认为：“文化语言学是具有最广泛的综合性的一门学科，它包括了早期的人类语言学、社会语言学、民族语言学的内容，而后者则可看作文化语言学的分支。这些分支学科从不同的角度研究语言与文化。”此外，高长江在他的《文化语言学》一书中提出：“社会语言学、人类语言学、文化语言学三者是同一学科，但不是并列学科，彼此有总属之别。社会语言学和人类语言学是文化语言学下面的两个分支学科。”以上各家在文化语言学总题下开列出的分支学科有多

有少，但共同特点都是把文化语言学置于总体学科和上位学科的地位。笔者认为这种做法可能引起的问题是：一，一门学科在比其他学科更为年轻，成绩和影响也还不及其他学科的情况下，就宣称自己有统领其他学科的资格，不仅在逻辑上和理论上难以理顺，而且在客观上会造成抢占地位、反客为主的印象，这个资格和地位能否为其他学科所承认就成了问题，至少在目前是个有争议的话题，可能导致毫无意义的纷争；二，把文化语言学置于总体学科或包括其他学科的“大学科”的地位，涵盖的领域过于宽泛，就难以确定自己独具的研究对象和研究任务，其结果所得到的将不是一个体系严整的新学科，而是一些自成体系的原有学科的集合，这些相对独立的学科的统一和协调以及它们与文化语言学关系的处理都将可能成为纠缠不休、徒滋纷扰的难题。有鉴于此，我觉得可以先不论文化语言学与其他相关学科有多少重叠交叉的研究领域，而看看自己能否提出与其他相关学科有所区别而又相对集中相对明确的研究对象和研究任务，并在此基础上确定文化语言学的学科性质。

第一节　文化语言学的对象

文化语言学是从文化学角度对语言进行的研究。它把语言看作民族文化的模式和构成民族文化的符号系统。其旨趣在于揭示隐藏在语言形式、语言结构、语言运用和语言变化背后的文化内涵。文化语言学认为，人类的文化世界也就是语言世界，语言与文化有一种“互塑互动”的作用，要想透彻了解语言的文化属性、语言的文化功能以及文化对语言的影响，就必须深刻揭示语言和文化的关系。因此，语言和文化的关系就是文化语言学研究始终关注的焦点，也是文化语言学的研究对象。语言和文化的关系至为复杂，可以从许多方面观察和论述，而从文化语言学角度而言，似乎可以概括为以下三个方面：

1. **语言作为文化符号的功能**

语言是一种具有工具效能的知识体系，也是人类特有的能力和习惯。就民族文化而言，民族语言则是它最基本最重要的表现形式之一。在一定意义上可以说，民族语言就是民族文化的模式体现，是民族文化的天然“图腾”。习得一种语言就意味着习得一种文化，要想了解一种文化就必须学习表现这种文化的语言。语言对于文化的建构和传承是以符号的体系形式整体发挥作用的，这使二者具有“相依为命”的关系，一种语言的发生、扩布、流传总是与相应的文化的发生、扩布和流传在时间和空间上相一致，一种语言的式微与消亡也意味着一种文化的式微与消亡。

文化是由许多要素整合而成的复杂整体，在这个整体中体现各要素的“文化内核”并对该领域的文化建构起着关键作用的是一些特别的语词，这些语词集中概括了相应文化领域的思想范畴、认识成果、意义体系和价值观念，我们称之为“文化符号”。比如中国古典哲学中的“道”“气”“阴阳”“五行”，中国封建政治伦理生活中的“忠”“孝”“节”“仁”“义”“君臣”“上下”“尊卑”“主奴”，以及体现中国汉族婚姻制度和宗亲关系的称谓词“夫妻”“子女”“父母”“伯叔”“舅姑”“侄甥”等等，就是这样一些文化符号。它们既是一定社会文化思维、文化体制的体现，又制约和规范着相应的文化观念、文化心理乃至一切文化活动，使文化成为一种模式。德国著名的哲学家莱布尼茨说：“人首先学的是符号，其次是观念，再其次才是真理本身。”这句话精辟地说出了文化符号在形成人们的思想观念和自觉行为（按“真理”而行动）中的指令作用。各种语言都有相当可观数量的这一类文化符号。由于语言具有代代相传的继承性和维护规范的保守性，其中的文化符号也就代复一代地发挥着传承文化的指令作用，乃至人们心目中普遍存在着一种源远流长的“文化道统”观念，似乎天地人间古往今来永远就应该是这个样子，一切变革文化道统的想法都是异想天开。这就是由语言的继承性和保守性导致的文化的继承性和保守性。“天不变，道亦不变”的话，虽然是从维护道统的立场上说的，但是从另一角度看，它确实说出了变革文化传统的巨大困难。这种困难除了维护旧道统的政治力量和习惯势力相对强大的原因外，从文化语言学的角度而言，就是因为变革语言中的文化符号是一件困难的事。语言本身就是一种文化力量和文化模式，人们自幼习得了这种语言，也就把其中包含一切文化观念、文化价值、文化准则、文化习俗的文化符号深深地溶进了自己的思想行为之中。在新旧文化的交替时代，激进的革命者要想变革文化传统，首先想到的就是革除这些旧文化符号，换上一套新的文化符号。但是要想把这些因祖代相传、自幼习得而变得根深蒂固、天经地义，已经成为人们的生活法则的文化符号从人们的思想意识中革除，或者改变其中一部分的价值，在保守的人们看来，那简直无异于挖祖坟一样大逆不道。于是新旧势力之间的斗争，常常集中表现为攻击和捍卫某些文化符号的斗争。由此可见，语言本身具有一种建构和保有文化传统的作用，我们把这种作用称之为“语言的文化符号的功能”。语言的文化符号的功能是文化语言学所研究的对象之一。

2. 语言和文化的“共变”关系

以上是就语言和文化的继承性和保守性一面而言的。另一方面，语言和文化又有可变性的一面，语言总是民族的语言，具有民族性，文化总是民族的文化，也具有民族性。但是，无论一种语言和文化有怎样强的民族性，它们都不可能是完全封闭、一成不变的。首先，社会总是在不断发展变化，社会的发展变化，归根到底是社会文化的发展变化，语言既然是文化的表现形式，文化的发展变化就不可能不在语言中有所表现。比如同样对“天”“地”这两个词语，我们今人的理解同古人的理解就不大一样。这是科技进步导致词语理解的深化现象。又如在封建社会中，上下、尊卑的界线分明，老百姓往往称政府官员为“老爷”“大人”，表示敬畏，同时自称“小人”“小民”“小的”“小女”等。随着封建社会的崩溃，这些称谓大多已经消失。“老爷”一词虽仍在使用，但已加上了贬义，含有“脱离群众，高高在上，作威作福”的意味，使用时往往带有讽刺口吻。这是社会政治生活的变化导致词汇成分和词义色彩的变化。甚至有时会出现这样的情况：当社会文化需要进行急剧而深刻的变革时，语言形式的变革竟成为先导或前提。如五四新文化运动中的“废文言，兴白话”就是一例。其次，从文化交流方面看，民族文化交流的先导也是语言，没有语言和语言之间的翻译就无法进行文化交流。语言的翻译实际上是语言符号形式的转换和意义的借入。在这种转换和借入过程中也为译语一方带来了外族文化。各民族语言在同其他民族的文化交流中不仅吸收了大量的外来词，也吸收了不少外语的语法成分和语法手段，有时文化的接触还会导致语言面貌的变化。某些受外来文化影响较深的民族甚至连文字的书写形式也一并借入（如历史上的日本、朝鲜、越南）。总之，语言的变化同文化的变化关系极为密切，其间存在着一种“共变”关系。这种语言和文化的“共变”关系，也是文化语言学的研究对象之一。

3. 语言中的民族精神和民族文化心理

在构成民族文化的诸多要素中，最能体现民族特性和民族本色的就是民族语言。起源于某一民族的神话、宗教和艺术，可以随着文化的交流传播而跨越民族的界限；政治、法律和文学也可以通过借鉴利用而带上跨民族的色彩；至于科学技术的全人类通用性则更是显而易见的事实。唯独语言，由于始终植根于与之同生共长的民族大众之中，就同该民族产生了血肉相依的关系。严格意义的民族概念的界定往往不能没有语言的因素。正因为语言与民族的这种密切关联，民族精神的一切因子无不像血液一样渗透到民族语言的每一个方面，我们也就可以通过对民族语言的分析来认识民族精神的特征。民族精神主要体现于认识和表述客观世界过程中的思维方式、价值观念和审美情趣。比如西方语言明显的形态标记和严密的句法规则，同西方民族比较发达的形式逻辑思维有着密切的关联，而汉语语法的非形态特征、句法的灵活性，又往往同汉民族思维的整体性、辩证性密切相关。就汉语中富有而西方语言中缺少的量词而言，我们也可以用这一独特现象来印证汉人思维的具象性和西方人思维的抽象性。再如，由于汉民族有过长期的封建统治的历史，形成了根深蒂固的尊卑分明、贵贱有序的观念，这种观念表现在词语结构上，就是当用两端对举的方式构成复合词时，往往要按照“先尊后卑”的次序加以排列，如“天地、日月、国家、君臣、父子、男女、老少、夫妇、兄弟、长幼”等词语，前一成分所指的都是“尊者、主导者”，后一成分所指的都是“卑者、服从者”，新近构成的“官兵、干群、师生”也莫不如此排列。这一结构模式也表现在由性质形容词或程度形容词构成复合词时的成分次序安排上，如“善恶、优劣、好坏、强弱、贵贱、雅俗、亲疏、长短、大小、宽窄”。甚至那些表示行为状态的动词组合时也是如此，如“成败、得失、生死、治乱”等等（当然，也有少数例外的，如“阴阳、死活、雌雄、贫富、输赢”等）。汉语复合词成分这种尊卑、优劣的先后次序明显地体现了汉人在言语表述中的价值取向。正因为认为词语次序可以表现价值取向，当某种既成的词语次序不能体现特定情境中的价值取向时，汉族就不惜打破原有的次序结构，比如文革中曾因批判“师道尊严”，而出现过“革命生师”的提法。

语言不是一个静态的结构系统（功），更主要的是一系列动态行为的抽象（能）。当语言表现为动态时，就产生了言语和言语行为。言语既然是心灵的体现，就和言语使用者的心理密切相关。不同的民族由于文化历史不尽相同，所具有的民族文化心理也不尽相同，甚至大相径庭。这些差异往往要反映在言语和言语行为中，比如同样当做出了成绩受到夸奖或赞扬时，西方人的表现，通常是一声“谢谢”，并欣然坦然地接受下来，而中国人即使心里很高兴，也往往仍要表现出一番故作的谦让，在旧时通常要说一声“多承谬奖，愧不敢当”，现在通常是说“这是我（我们）应该做的”或“我（我们）做得还很不够，同上级领导的要求（或同其他同志、兄弟单位等）相比还有一段差距”之类的话，或者一方面接受赞扬，同时把成功的原因归之于客观条件。这种差异各自包含着怎样的社会文化心理，还是一个有待深入探究的问题。再比如，领导者的职务名称用作日常交际的称呼，如何恰到好处地使用，在中国当代是颇有一些不成文的讲究的，这些讲究的具体情况如何，其中反映着怎样的社会文化心理，也尚有待于具体的描述和揭示。

综上所述，文化语言学所要研究的是语言和文化的关系。文化可以分为历史文化和现时文化。历史文化是人们往昔的文化活动的陈迹，现时文化是人们今日所从事文化活动的状态。然而由于文化是属于意识形态范畴的东西，而人们的文化活动又是一个代代相传，连续不断的过程，历史文化和现时文化之间不可能存在判然分明的鸿沟。历史文化是现时文化的渊源，现时文化又是全部历史文化在今日的投影。任何民族的文化的发展和变异都不仅不可能摆脱历史文化的影响，而且还必定要以对历史文化遗产的批判继承为根据和前提。在古今各个文化阶段中连绵不断、一脉相承的成分，就构成了这一民族的文化传统。语言是一种精神产品，是人类心智活动的成果，又是民族文化的表现形式之一，它和人类文化的其它形式一样，具有历史的连续性和继承性。然而语言又有变化发展的一面，这种变化发展的结果形成了古今语言间的明显差异。文化语言学不仅要探讨现代语言和现时文化的关系，还要探讨古代语言和历史文化的关系，不仅要研究现代语言和历史文化的关系，也要研究语言的变化同文化的变化的关系。然而文化语言学对已成为历史陈迹的古代文化的某些方面的发掘，既不是要“发思古之幽情”，也不是为了猎奇览胜，而是出于建设新时代的新文化的需要。

第二节　文化语言学的任务

历史进入本世纪 80 年代以来，无论是客观形势还是人们的主观认识都发生了重大的变化。现代科学技术的飞速发展，新型交通工具和通讯工具的出现，人类社会的信息骤增和接触频繁，使人们普遍地感到地球在变小，时间和空间在缩短。随着人类理解的增进，东西方冷战状态的结束，人们已逐渐认识到过去那种把自己的意志强加于人的做法的错误，认识到重要的问题在于彼此间的尊重和谅解。一个建设多元一体化的多边合作与多边竞争的人类社会的新时代已经开始。在科学研究领域，过去那种分门别类孤军深入式的研究随着不同学科间的交叉渗透已经出现了综合研究的新趋势，于是，一门综合研究人文科学和自然科学，综合研究人类生存环境、生活状态和思维行为方式的科学——“文化科学”成了热门科学。文化科学是研究人本身的科学，是研究人何以成为人的科学，研究不同生存环境和生活状态中的人的思维方式行为方式的科学。随着文化科学研究的深入，人们甚至发现，人类社会以往以及至今的各种问题，包括政治问题和经济问题，都可以归结为文化问题，而未来世界新社会的建设，归根结底仍是新文化的建设。源于西方文化人类学而在80年代中国大地上产生的文化语言学，便是在上述背景下诞生的。它所肩负的任务正是要从语言学角度从事建设中国新文化问题的研究。

文化建设是一个范围极为广大，项目极其众多的总课题，尽管语言几乎渗透到了所有各个文化部门，但由于每个文化研究部门都有各自专属的研究对象和研究任务，文化语言学当然不可能代替它们包打天下，把本来不属自己的对象和任务揽入自己的范围。但是文化语言学却可以从自己的独特角度对其他文化研究部门所特有的语言问题加以观察分析，获得其他文化研究部门用自己的专属方法难以获得的独具只眼的、别开生面的认识和理解。比如传统语言学一般认为，数词的功能是表示数量，然而我们从文化语言学角度对汉语的“一”“二（两）”“三”“五”“九”等数词在历史上的使用情况进行考察，却可以发现它们不仅表示数目，而且是文化符号。由于中国文化史上“天人合一”的数理观念的作用，这些文化符号不仅具有“文化指令”的功能，而且凭借汉民族某些文化人独特的阐释活动，创造出了独具一格的汉族文化，而这种文化中的某些消极成分至今仍根深蒂固地积淀在我们民族的心理结构和思想观念之中，成为现代化建设的阻力。通过对上述数词演变为文化符号的过程作进一步考察，我们还可以发现其中包含着一种穿凿附会的思维方式。这种非科学的思维方式至今在中国文化的某些领域仍颇为活跃，这同中国的现代化建设是格格不入的。据此我们可以进一步推出结论：清除传统文化的消极影响，摒弃穿凿附会的思维方式，培养科学的思维方式，是中国现代化的必要条件。①这样，我们就可以为中国新文化的建设提出可资参考的建议。再比如在我国历史上，职官设置问题的研究，一

① 参看拙文《“数”在中国传统文化中的符号功能》，《学习与探索》1989年第1期。

向都归于史学部门，而且多限于记述性质，因此对于职官设置的实质和职官名称的意义，一直未能予以充分揭示。现在我们用文化语言学的理论进行研究，就可以看出职官的设置实质是统治权力的赋予，职官名称的意义在于它是权力的符号，由此出发，我们不仅可以对我国古代政治家的“正名”思想获得新的理解，还可以为我国当前正在进行的政治体制的改革提供新的思路。

语言是社会联系的纽带，言语交际是语言的社会联系功能在具体场景的实现，是人们社会文化生活的重要表现形式。人们的社交用语渗透了一定民族一定时代的文化精神，成为这一民族这一时代的重要文化镜象之一，也是文化语言学的一项重要研究课题。体现社会上人际关系的社交称谓对于确定交谈双方的身分角色有重要作用，尤其能体现社会文化的风貌。中国近百年来社会动荡十分频繁，社会体制屡经变革，作为这种文化的反映之一，就是社交称谓也几经更易。80 年代实行改革开放政策以来，一方面由于社会体制的变化引起社会生活的更新和人际关系的变动，另一方面由于外来文化的巨大影响，社交称谓又发生了新的变化。但是，一则社交称谓的变化总不免滞后于社会现实，二则社交称谓数量有限而人际关系却是纷繁多样，于是就造成了现有社交称谓在繁复多样的社会交际中穷于应付的现象。陈建民在《语言社会文化新探》一书中把这种现象称为“社交称谓的缺环”。他列举了六个方面的“缺环”，认为“语言学工作者应在大量调查的基础上，引进国际通用的社交称谓词，根据需要，适当启用封闭多年的社交称谓词，并对人民群众不断创造的新的社交称谓词进行必要的规范，并加以语用方面的说明，借以克服当前社交称谓的混乱如缺环现象”。这是一项很有价值的建议。这项工作做好了，也是一项很有意义的文化建设。

上述所言还都是同语言体系本身有关的外部问题。然而这并不意味着文化语言学无需致力于对语言体系本身即语言内部结构的研究。恰恰相反，中国的文化语言学的重要任务之一，正是要站在本体论的立场上，用民族文化的思维特征观照民族语言，概括出符合本民族语言特点的范畴体系，用以描述本民族语言的结构特征，从而全面揭示同民族文化特征相一致的民族语言的结构规律，建立起本体论上的汉语语言学新体系。而在汉语语言学的各部门中，语法学体系的重建问题显得尤为迫切。这一任务的提出是基于这样的认识前提：以《马氏文通》为起点的近百年来建立在对西方语法的生硬模仿基础之上的汉语语法学基本上不符合汉语语法特点。这一认识可以说同伯纳德·科姆里(Bernard Comrie）在广泛深入探讨了关于语言共性和语言类型问题研究的状况后所作的结论不谋而合："简单地搬用一种处理英语句法相当好的模式往往只是造成对那些其他语言句法性质的歪曲。"① 汉语语法研究这种由模仿论向本体论的转移在客观上正好同西方句法理论研究方法论的转变遥相呼应："从本世纪80年代起，无论从形式语法、语言类型还是功能语法的研究方面看都开始出现重大转折，不再依循以英语为中心的观点。人们已经认识到不同的语言在一些对一般语法理论很重要的方面都有差异，而且任何一种语言，如果不能鉴别它在这些方面跟其它人类语言的异同，就不可能对它的结构有完整的认识，不管它是英语、汉语还是其它什么语言。"② 然而，由于汉语语法中复杂而深藏的文化内涵的认识和揭示并非易事，也由于现有语法研究者的知识背景和师承养成了一种理论惰性和思维定势，在学术研究规范上的此类弃旧图新至今尚远未成为汉语语法学界多数学人的共识，甚至还不易得到强烈的响应和共鸣。中国文化语言学在这方面的研究尚处于筚路蓝缕、举步维艰的开创阶段，远未成为普遍一致的学术风气。然而，中国文

① ［美］伯纳德·科姆里《语言共性与语言类型》(中译本)，华夏出版社1989年，第284页。

② 同上书，中译本作者序。

化语言学如果只把注意力投向语言外部的文化世界，如果仅仅满足于汉语和其他文化部门的关系的探讨，而不能很好地解决汉语本身内部结构规律的描述和揭示，最终恐怕仍然难以创造可观的成就。因此，尽管举步维艰，在本体论基础上建立符合文化语言学学术规范的汉语语法学新体系的问题却不能不解决。在这方面，申小龙近几年进行了一系列开创性研究，提出了不少富有启迪性的见解。尽管他提出的汉语语法理论尚有粗疏之弊，但其勇于探索的精神是应该得到肯定的。

为了完成上述任务，文化语言学可以把“语言和文化的关系”这样一个总题目划分为若干个小题目，对语言同各个文化领域的关系逐一进行探讨，比如：语言和思维，语言和哲学，语言和政治，语言和神话及宗教，语言和文学艺术，语言和民俗，称谓和文化习俗，姓名、地名和文化史，语言和文化交流，语言与亚文化社会，语言和性别文化，事物名称和文化心理及文化史，婉辞、讳饰、敬语、客套、谀辞等特殊交际用语同文化心理，等等。当然，也可以从其他角度划分出与上述不同的一组项目。不过上述这些项目大体上可以包括人们心目中“语言和文化”这一概念的范围。另外，文化语言学的方法论问题也应当在此加以讨论。

第三节　文化语言学的性质

1. 文化语言学是语言学

文化语言学要就语言和文化的关系进行探讨，那么它到底是语言学呢，还是文化学呢？文化语言学要揭示的是语言的文化本质，要把语言作为文化模式和文化符号来研究。它着眼的是同文化体制有关的语言现象，而不是该语言所属的文化制度。它必然要涉及文化问题的各个领域，但它是把这些文化领域作为语言活动的背景或场所来处理，并不是要具体描述这些文化领域的实际情形。它也要探讨语言和文化之间的共现共变关系，但是其目的是从语言的形式、结构和意义等方面入手发掘其中的民族文化内涵，从文化变迁方面去寻求语言变化的动因，而不是以语言的变化去印证文化变迁的踪迹，当然，它也可以凭借某些语言材料去说明某方面的文化发展的脉络，但其目的仍是为了获得对语言的文化功能的理解和认识。一句话，它的目的是研究语言而不是研究文化。因此，文化语言学应当是语言学而不是文化学。正如吕叔湘先生所说："我所了解的文化语言学是说某一民族的某种文化现象在这个民族的语言里有所表现，或者倒过来说，某一民族的语言里有某种现象可以表示这个民族的文化的某一方面。照这样理解的文化语言学当然是语言学的一个方面，是值得研究的。"①

有部分学者认为，学科应该分为研究某一事物的本体学科和研究事物之间关系的关系学科两类；文化语言学既不专门研究语言，也不专门研究文化，而是研究语言和文化的关系，因此它不是本体学科，而是关系学科，它既不属于语言学的一个分支，也不属于文化学的一个分支。他们把文化语言学的内涵，扩展为一般所谓的文化语言学加上语言文化学，从而认为其"文化语言学"的"文化"和"语言"是联合关系而非偏正关系，即"（文化＋语言）学"而非"文化/语言学"②。这固然不失为一种提法，但在理论上和实际研究中都会因此而有些麻烦。"本体学科"和"关系学科"的概念划分能否成立就很是问题。因为一方面作为现象固然可以区分为事物和关系，但是作为研究对象，事物的本质及其规律只有在关系中才得以呈现，才能被观察和认识到，如果

① 吕叔湘《南北朝人名与佛教》，《中国语文》1988 年第 4 期。
② 见邢福义主编、周光庆副主编《文化语言学》，第 4—5 页。

仅仅注意事物而不考察关系，那么我们就连最起码的概念和定义也难以产生，更不必说深入的研究；另一方面，世界上没有能够脱离事物本体而存在的纯粹关系，所谓关系不过是事物之间普遍联系的形式，是具体事物的属性和功能在对方获得的印证和实现，因此科学研究也不可能单纯注意关系而不顾事物本身。诚然，由于事物之间的普遍联系就是事物本身的存在方式，科学研究有时可以侧重于对事物之间的联系方式即相互关系的考察，但是这种考察的目的仍是为了更深入地认识和了解事物本身。即便是以比较研究面目出现的学科也是如此。至于交叉性学科，不外是或者借鉴使用其他学科的方法（如物理化学、数理语言学），或者把研究范围扩大或变化到相关领域（如宗教心理学、天体物理学），以求得基础学科研究的新发展。所以“关系学科”的提法似乎缺乏现实的依据，文化语言学是“（文化＋语言）学”、等于一般的文化语言学加上语言文化学之类的提法反而容易模糊这一学科的性质。文化语言学是语言学扩展领域和变革方法而形成的语言学科，仍应归属语言学。这一学科的研究者多系语言文字工作者，这一点也可以印证它的属性。

2. 文化语言学是解释性语言学

科学分类的重要原则之一，是把科学分为描写性科学和解释性科学。描写性科学提供客观对象的具体情形，如要素的分类、特征、构成和关系等等，回答“是什么”和“怎么样”的问题；解释性科学提供关于客体及其状况的各方面因果关系的解答，回答“为什么”的问题。由于切入的角度不同，对同一客体的研究可以得出描写性和解释性两种科学理论。如地理学之于地质学，体质人类学之于文化人类学，其区别就在于描写性和解释性。语言研究也是这样，结构主义语言学是描写性的，文化语言学、社会语言学则是解释性的。

文化语言学所要解释的，是语言和文化之间的因果关联。这种关联可能是单向的，也可能是双向的。所谓单向关联，有两种情形：一是某些文化现象有语言上的原因，比如中国古典诗词的形式同古代汉语的特点（或者再加上汉字的特点）显然有密切关联；二是某些语言现象是某种文化现象的结果，比如汉语成语中凡有“七”“八”两个数词同时出现的都表示“不美、不整齐、不好”等贬义（如“横七竖八、杂七杂八、夹七夹八、乱七八糟、乌七八糟、七上八下、七上八落、七长八短”等），这种现象大概是中国传统文化中以对称平衡为美、以不对称不平衡为不美的审美情趣的产物。所谓双向关联，指某些语言现象和文化现象往往互为因果，比如在中国文化史上“五行”一词成为哲学术语，数词“五”成为文化符号，固然同殷周时代“五方”“五行”等观念有关，但是，词语，尤其是成为术语和文化符号的词语，它们在客观存在面前不仅绝不是被动无力的，相反还有一种引导思维、揭示认知方向、帮助形成观念的指令功能，它能促使思维定势，思想定型，使客观存在的世界获得语词化的改造。于是在中国古人那里便逐渐形成了“所见无非五者”的世界观和“万物一分为五”的方法论。这种世界观和方法论吸收了阴阳学说后，便形成了别具一格的阴阳五行文化。五行文化在语言中留下的痕迹，就是大量以“五”标首总括其所指的词语。语言和文化的关系常常是很复杂的，当出现复杂情况时往往需要做些综合全面的考察分析，从而尽量避免简单化的断言。

以上是就文化语言学面对语言与其外部的文化世界的关系进行的研究而言。当文化语言学面对汉语本体进行研究时，当然免不了要对汉语的结构、形式和意义作具体的描写，如申小龙在《汉语句型研究》中所作的那样。但是这种描写同结构主义的描写方法不同，尤其同作为方法论的描写主义的性质不同。它不讲求对语言结构规律作高度抽象化、形式化的描述，而是力求结合汉族人普遍丰富的语文感受，结合汉语句法中蕴藏的文化内涵，结合汉语句子在建构，调适过程中的语境、心理、音律等诸多因素，对汉语的组织机制作表达功能上的说明。这在本质上仍然是对语言规律的文化解释。

3. 文化语言学是交叉性学科

把文化语言学看作交叉性学科，当然看到并承认以下这样两个事实：一是语言和文化可以离析成两个相对独立的研究对象，二是对这两个对象的研究业已分别形成语言学和文化学这两个相对独立的学科。但是，语言和文化、语言学和文化学（包括各人文学科）的交叉研究本已存在，这也是事实。产生这种交叉研究的基础在于，一方面，语言是渗透、涵盖一切文化领域的现象，语言现象和文化现象的可离析性并不否认它们之间存在交叉点或契合机制，这个交叉点或契合机制，就是语言的文化功能。语言的文化功能的具体表现就是：几乎所有各个文化领域都必须仰仗语言符号的建构作用。这就使得民族语言的各个方面都饱含着和浸透了民族文化的精神内容，也就使得几乎所有人文学科的研究都不能不注意语言问题。另一方面，语言本身又是社会文化的一部分，民族语言的历史和文化的历史密不可分，所以，传统的语言研究历来也往往或多或少地要对语言现象的社会文化背景进行考察、研究和描述。文化语言学与传统语言学、文化学以及一般人文学科不同的是它并不是仅仅注意到，而是完全专注于语言和文化的关系的研究。这就使它的研究领域和学科性质都具有了交叉性。

4. 文化语言学是语言学的分支学科

语言学是一个总体学科的名称。由于语言具有多方面的本质和属性，也由于研究目的、范围和方法的不同，在这个总体学科之下已经形成了门类众多、性质各异的分支学科，文化语言学只是这些分支学科之一。它与其它各分支学科只能建立一种相比较而存在，以互补求完整的兄弟关系。它们有各自的功用和价值，彼此谁也不能取代谁。所以既不能认为只有文化语言学才是语言学，也不能希冀把文化语言学建成凌越所有语言学分支学科之上的理论语言学，更不能设想把文化语言学搞成横跨社会科学与自然科学的大泛系语言学科。不然的话，就既会抹杀其它分支语言学的存在价值，也会模糊文化语言学的研究对象和研究任务，使得文化语言学的内容庞杂不堪。在语言科学的百花园中，文化语言学可以而且应该以蓓蕾初开的姿态令游人感到前所未有的赏心悦目，而不应该企图也不可能压倒群芳，独霸春色。

第三章 文化语言学的方法论

方法论是关于科学研究方法的理论。方法可分为通用方法和专用方法。通用方法是各门科学普遍适用的方法，专用方法是某一学科所使用的方法。因此关于方法的理论也可分为通用的（或一般的）和专用的两种。通常所谓的归纳法和演绎法对于一般的科学研究都是普遍适用的，属于通用的或一般的科学方法。归纳和演绎属于认识层次的思维方法、逻辑方法，任何科学研究都是认识过程，都要遵循思维的逻辑规律，归纳和演绎都是支配思维过程的必然性规律，区别仅在于二者或隐或显，使人产生了只使用某一种方法的错觉。比如演绎方法的大前提，有时似乎可以由假设构成，不必由归纳得来，但是实际上假设前提的形成也包含了一定程度的归纳，如果连起码的经验事实也没有，假设的命题就容易成为伪命题，由这样的伪命题得来的认识就是伪知识。极端的归纳主义固然有缺陷，但不能因此否定归纳法本身的价值。归纳和演绎既然是科学研究中普遍适用的相辅相成的两种方法，它们当然也适用于文化语言学，但是正因为它们是通用的或一般的科学方法，所以不是文化语言学方法论要讨论的内容。文化语言学也没有必要把科学哲学中未能解决的归纳和演绎问题引入自己的讨论范围。文化语言学的方法论的内容，应该包括本学科的总体方法和具体研究方法这两个方面内容。下面分别予以讨论。

第一节　文化语言学的总体方法

语言研究方法论是建立在一定的语言观和对于本学科研究对象、研究任务以及学科性质的认识的基础之上的，而语言观则是这一基础的核心。关于文化语言学的语言观已如前述，据此可以把文化语言学的方法论基础归结为“语言的文化属性”。“语言的文化属性”这一概念包括以下几点含义：

1. 语言是一种文化现象，既是民族文化的重要表现形式，又是民族文化的主要建构手段和传承手段。

2. 语言是民族文化精神的表征，语言中充盈着民族的文化思维、文化观念和文化价值的创造，语言的历史是民族文化历史的见证，语言中蕴藏着民族文化的内涵。

3. 各民族的语言有各自的文化属性上的特点，语言结构系统和言语运用表现上的差异与民族文化的差异有一定程度的关联。

作为一个述语，“语言的文化属性”在概念上同申小龙所使用的“语言的人文性”比较接近。我们在这里之所以没有使用“语言的人文性”这一术语，一方面因为这一术语在申小龙论著的解释和使用中含义不够明确一致，容易引起误会，另一方面是这一术语涉及申小龙作为方法论提出来的“人文主义”以及他作为对立面的“科学主义”，笔者无意卷入前一时期发生的两个主义之争的漩涡中去。笔者认为，“语言的文化属性”是人们比较容易接受的、不易引起误解的概念。在这一概念基础上，文化语言学的总体方法应该是与“解释学”方法相近的“语言的文化阐释法”，简称“文化阐释法”。

解释学（hermeneutics）又译释义学、诠释学，是西方哲学、宗教学、历史学、语言学、心理学、社会学以及文艺理论中有关意义、理解和解释等问题的哲学体系、方法论或技术性规则的统称。解释学认为，一切社会文化现象都是人类精神的创造物，它们构成一个个“有意义形式”，成为在种种符号中固定化了的生命表现，理解和解释这些现象，就是要把握符号创造者的精神世界，使隐藏在符号中的意义显现出来，使其中不清楚的东西变得清楚；语言不是人精心构造起来表达先已存在的思想的人工媒介，它是人类心灵过程的外在化形式，它的起源和发展的过程同人类精神的起源和发展过程不可分割，要理解和解释语言就必须深入到人的精神活动中去，通过“重新体验”而揭示语言形式背后的“内在的东西”即“意义”。解释学的这些思想同文化语言学的旨趣十分相似，可以作为文化语言学方法论的借鉴。二者不同之处在于：1．解释学作为一种哲学方法论，涉及的范围非常广泛，几乎遍及所有人文学科甚至整个世界，而文化语言学的研究范围则限于语言；2．解释学所要探究的“意义”几乎是无所不包的，而文化语言学只限于揭示语言中蕴藏的文化内涵；3．解释学的目的是研究和解释各种人文现象，是一种广义的文化研究，而文化语言学的目的是研究语言，是把文化学引进语言学的语言研究。因此解释学的语言研究和关于语言问题的见解虽然可以给文化语言学的研究以借鉴和启迪，但是他们本身并不就是文化语言学。由于文化语言学同解释学的这些区别，我们把文化语言学的总体方法称为“语言的文化阐释法”。在这一总方法的运用中，文化语言学研究应遵循以下方法论原则：

1．通过描写进行解释

解释性的文化语言学并不一般地排斥对语言事实的描写。它反对的只是为描写的描写，主张的是为文化解释的描写。因为假如没有对语言结构状况的基本了解，没有对语言事实的准确描写，解释就没有基础，没有目标，会成为空中楼阁和无的放矢。其实，结构语言学和转换语言学也有解释性成分，不过它们是就语言来解释语言，而文化语言学是联系文化来解释语言。在文化语言学中，描写是手段，解释是目的。前面提到的申小龙的研究是语法学方面的例子。词汇学方面，史有为的《异文化的使者——外来词》一书是把描写和解释相结合的一个成功的范例。书中各章均有对不同来源的外来词的文化背景的综述，在对每一条目进行解释时，先将其异体一一列出，然后对该词项的文化内涵进行解释。兹引一条为例：

> 菩萨，是菩提萨埵的略称，意译为"大士"，梵语原词 Bodhisattva，菩萨又作扶萨，扶薛，菩提索多，菩提索埵。"菩提"(Bodhi)，义为道、觉，是佛教彻悟的途径和境界；"萨埵"(Sattva)，意为有情、众生。二者都是佛教用语，连接合一后，义为大觉有情，以佛道成就众生，并成为实行大乘宗普度众生思想者的称号，佛祖释迦牟尼在未成道为佛时也称菩萨。
>
> 菩萨中最著名的就是"观音菩萨"，也称"观音大士"。观音（菩萨），又称观世音（菩萨），译自梵语 Avalkitesvarabodhiśattva，音译则为阿缚卢枳低湿伐罗。该词原应译为观自在，由于初期翻译的缺陷而误译为观世音或光世音。更有趣的是，观世音原来是男身，至少是性别不明的，但进入中国以后，慢慢就变了性别，到了宋末完全讹变成了观音娘娘。她柳眉弯弯，凤眼微睁，手持插有杨柳枝的净瓶，赤足立于南海的莲花之上，不但是大慈大悲、救苦救难，而且还真有点亭亭玉立的神态。这可能是中国佛教糅合人性和人情的一大创造。大概由于天上的菩萨们都是清一色男的，显得过于单调，因而中国人就创造一位女菩萨，让上天世界也来点多样化，

这样也才像个世界。传说观音可化身，所以由女观音而又演变出个千手观音、送子观音。人们需要什么，他们就会在宗教中创造一个什么来膜拜。神和菩萨不过是人们的理想和希望在另一种水平上的折射和凝固。

2. **宏观和微观兼顾**

文化语言学是宏观语言学呢，还是微观语言学？有人认为文化语言学既然着眼于语言与文化的关系，那么它一定是属于宏观语言学，而不能涉及语言的微观层次的研究。其实这是一种误解。固然，从语言的整体系统的形成和演变方面去探讨它与文化背景、文化历史的关系，从语言的文化符号性探讨它在建构文化中的功能，这些都属于宏观性质的研究。但是文化语言学的含义不止这些。语言系统的宏观结构是由语音单位、词汇单位和语法单位这些微观层次的单位有机地结合在一起构成的。微观和宏观是辩证统一的关系，在研究中必须兼顾，不应偏废。宏观的描述和解释必须有微观层次的事实为依据，微观的研究既要以宏观的文化阐释为指归，又要考虑到它在整个宏观解释体系中的合理性。这样，文化语言学才既可以克服结构主义汉语研究的那种只见树木不见森林、微观描写头头是道而宏观体系上缺乏解释力的缺陷，又可以避免“小本钱做大买卖”，只根据不充分的语言事实就架空议论的理论化倾向。在这个问题上，周振鹤、游汝杰所著《方言与中国文化》处理得很好。从该书的整个体系来看，是一个宏观解释的体系，它把汉语方言放在整个中国文化大背景上加以研究，阐述方言区形成和方言特点形成的文化历史原因以及方言在某些文化部门中的建构功能，但是由于其解释性论断建立在微观层次的大量语言事实的基础之上，达到了微观研究和宏观研究、内部研究和外部研究的有机统一，整个体系显得严谨而厚实。

3. **为语言的而不是为文化的研究**

尽管语言也是文化，但是文化语言学是联系民族文化对语言的研究，其中主要是联系汉民族文化对汉语的研究，目的是为研究语言而不是研究文化，因此提“把文化学引进语言学”当然可以，但若提“把语言学引进别的人文学科”① 则似乎欠妥。因为前一种提法还是以语言学为本位，后一种提法则是以其他学科为本位。“把文化学引进语言学”在中国语言学界还是新方法，而“把语言学引进别的人文学科”的做法国内外文化人类学家早就实行了，不必由中国语言学家再来提倡。文化语言学应该是“为语言而就文化研究的语言学”，而不应该是“为文化而就语言研究的文化学”。二者的界限有时是不大容易划清的，但是如果不留意，文化语言学就可能变成语言文化学。

4. **求异的而不是求同的研究**

求同的研究指对于各种语言的共性的研究，求异的研究指对于不同语言的个性的研究。语言共性的研究当然有必要，有意义，但那是理论语言学研究的任务，而不是汉语语言学或其他具体语言学研究的任务，尤其不应是以阐释语言的文化内涵和文化功能为目标的文化语言学的任务。如果这一说法言之有理，那么就可以说，在文化语言学兴起之初，有的人针对文化语言学强调语言尤其是汉语的特性而指摘它不该放弃了共性研究，这种指摘其实是不着边际的，因为这无异于指摘苹果为什么吃不出水果的普遍性味道来。至于说共性研究能够指导个性调查，因而“加强共性研究更是当务之急”②，这只不过是出于个人兴趣而对共性研究的强调，而不是对共性研究和个性研究之关系的辩证解说。我们也可以反过来问：如果不作个性研究，关于语言共性的概括的基础在哪里？在这方面再听听对语言共性作了独到研究的伯纳德·科姆里的体会也许有益：“一般语言研究（按：指共性研究）和具体

---

① 游汝杰《中国文化语言学刍议》，收载于《语言·社会·文化》，语文出版社1991年版。

② 陆丙甫《加强共性研究更是当务之急》，《汉字文化》1990年第1期。

语言描写之间最大的共同利益将产生于这两个方面最大程度的结合——每一方离了对方都不能兴盛。总之，换句话说，语言学研究语言，而语言是民众实际所讲的语言。”①

第二节　文化语言学的具体方法

具体方法是方法论基础和方法论原则的实践方式，它表现为研究者对于研究客体的把握方式、处理方式和导出结论的方式。如果说，方法论基础和方法论原则对研究者的作用是方向性指引，具体方法就是对研究者在研究实践中的操作法的提示。如果说，方法论基础和方法论原则是对一门学科理想形态的理论建构，往往带有相当程度的思辨色彩和先验色彩，那么，具体方法就是有所创获的研究者对于研究实践具体过程的经验概括，因而也就不可能带有先验性和思辨性。正因为具体方法的这一特性，所以前此一些文化语言学的主要著家关于研究方法的论述多为这一学科在披荆斩棘的开创过程中值得重视的经验之谈。由于不同学者的学科观念、研究兴趣、研究范围和研究过程不尽相同，他们所开列出的具体研究方法也不尽一致，这是自然而且正常的现象。比如陈建民提出的方法是：对比法、投影法、文化结构分析法、文化心理分析法②；邢福义、周光庆等提出的方法是：实地参与考察法、共层背景比较法、整合外因分析法③；申小龙提出的方法有：文化

---

① ［美］伯纳德·科姆里《语言共性和语言类型》（中译本），华夏出版社 1989 年，“前言”第 4 页。

② 陈建民《文化语言学说略》，《语文导报》1987 年第 6 期。

③ 邢福义主编、周光庆副主编《文化语言学》，湖北教育出版社 1990 年，第 17—25 页。

镜象法、文化参照法、常态分析法、多元解析法、心理分析法、异文化范畴借鉴法、“从抽象上升到具体”的方法、传统阐释法①。然而当我们把申小龙对他提出的八种方法的具体论述同他提出的方法论原则相比照，却发现颇有可议之处。首先，申小龙在书中论述这八种方法之前专有一节文章论述他的方法论原则——作为描写主义和科学主义对立面的人文主义方法论，但是通观他在“多元解析法”“异文化范畴借鉴法”和“‘从抽象上升到具体’的方法”等项目下的具体内容，却总觉得这些内容似乎正是他一直批判的描写主义和科学主义的方法。尽管申小龙事先已声明他的人文主义方法论是一个“开放的体系”，“它的活力在于它不排斥其他的研究范式”，但是把同他的方法论原则如此明显对立的研究范式“开放”进来的结果，却一方面使得他的方法体系显出了逻辑上的矛盾性、内容上的拼凑性和杂糅性，另一方面又使得他一贯坚持的对所谓描写主义和科学主义的批判失去了意义和立足点。其次，他的第八种方法“传统阐释法”所讨论的是传统语文学的价值问题，尽管传统语文学对于文化语言学研究确有不少可继承借鉴的成分，但是对语文研究传统的研究毕竟不是对语言的研究，因此把“传统阐释法”列为文化语言学的具体研究方法也显得有点文不对题。总之，申小龙提出的方法论体系的这种内部矛盾严重地损害了他的那些具体方法的可把握性、可操作性和可传授性。

笔者以为，文化语言学的具体方法可有以下几种：

1. 文化符号解析法

如前所述，语言中的文化符号对于民族文化的建构和传承具有至关重要的作用。这种作用其实大多不是作为文化符号的语词的本然的或原初的功能。语词作为语言结构体系的单位，其原初是语言符号而不是文化符号，其功能是表述概念而不是建构文化。

① 申小龙《中国文化语言学》，吉林教育出版社 1990 年，第 228—456 页。

尽管概念体系本身也是人类文化实践的认识成果，属于文化内涵的范畴，但是从散漫无涯的概念到整体系统的文化思想、文化体制和文化模式，还有一个文化建构的过程。在这个过程中，民族文化的思想家们为了得到理论建构所需要的术语，往往用日常的语言符号通过隐喻的方式来指称他们所认识到的一些范畴，于是就把日常的语言符号改造成了文化符号。这样的文化符号在文化的观念形态体系中有一种“内核”的功能，可以由此推衍、发生、建构成整个文化理论大厦。文化语言学要认识语言的文化符号的功能，就要解析这些文化符号，揭示它们的内涵，并且广泛搜集有关语言材料并加以分类整理，描写并解释在一定文化思想影响下产生的这些语言材料中包含的意义体系。比如“气”就是这样一个文化符号。作为日常词语，是云气、蒸气、烟气以及呼吸之气的总称。《说文解字》：“气，云气也，象形。”段玉裁注：“象云起之貌。”但是中国古代思想家认为一切有形的客观存在都生于无形，这种无形之物就是“气”，“气”是不可见的、无所不在的、无定状的，它充盈于天地之间，是构成宇宙万物的原始材料。《周易乾凿度》说：“夫有形生于无形，则乾坤安从生？故曰：有太易、有太初、有太始、有太素也。太易者未见气也，太初者气之始也，太始者形之始也，太素者质之始也。”王充《论衡·自然》说：“天地合气，万物自生。”《庄子·知北游》说：“人之生，气之聚也，聚则为生，散则为死。”总之，在中国古代哲学中，“气”是表示物质存在的基本范畴，又是生命的本原。“气”由日常词语通过隐喻变成了哲学术语，成了文化符号，既是概念范畴，又是价值范畴。许多文化领域都以“气”为核心概念和价值尺度，于是在语言中形成了众多用“气”作语素构成的词语，其中有的本身又是某一文化领域的术语，有的则是一般词语。如：

在自然气象方面，“气”指与岁时有关的冷热阴晴等现象，“气”的变化形成气候。《左传·昭公元年》：“天有六气……曰阴、阳、风、雨、晦、明也。"《素问·六节藏象论》:"五日谓之候,三候谓之气,六气谓之时,四时谓之岁。"有关的合成词有:阳气、阴气、天气、地气、暑气、寒气、节气、气象、气候等等。古代方术家则把云气和术数结合,创立了"望气"说,附会于对王朝兴替的观测,又构成了一系列专门用语,如:气数、气运、王气、天子气、吉气、凶气等等。

在生理和医疗方面,中医用"气"指与"血"相对的、流动于人体内使各器官正常发挥机能的精微物质。《灵枢经·决气篇》:"上焦开发,宣五谷味,熏肤充身泽毛,若雾露之溉,是谓气。""元气""伤气""气色""气血两亏"等词语中的"气"即指此。又指脏腑组织的活动能力,如五脏之气、六腑之气、经脉之气。"五气"即五脏之气,见《周礼·天官·疾医》郑玄注。有关的词语有:肝气、肾气、经气、胎气、气虚、气实。由于认为人体的"气"兼有性质和功能,那么通过"调气""运气"便可健身,于是形成了我国特有的一种健身术"气功"。正因为"气"对人体健康至关重要,所以就认为某些疾病是"气"的故障所致,于是就用"气"来指某些病象,如:湿气、疝气、痰气、脚气、气臌、气滞。

在文艺美学方面,由于中国古人持"天人合一"的世界观和"文道一统"的艺术观,认为文学家艺术家的才情禀赋得之于天,文艺作品的思想艺术是天道即自然之道的表现,于是就用"气"指作者的才情、气质以及由此形成的作品的风格。如曹丕《典论·论文》:"文以气为主,气之清浊有体,不可力强而致。"钟嵘《诗品序》:"气之动物,物之感人,故摇荡性情,形诸舞咏。"韩愈《答李翊书》:"气,水也;言,浮物也。水大则物之浮者大小毕浮。气之与言犹是也。"由于赋予"气"以这样的内涵,在中国古代美学中形成了以"气"为核心概念的理论体系,"文气""气韵""气势""气骨"都是古代文论和画论的重要术语。作品表现出动人魂魄的力量和风格称为“回肠荡气”。在更广泛意义上的日常审美活动中使用的评价尺度用语也常以“气”为中心语素构成，如：秀气、生气、洋气、土气、傻气、俗气、老气、稚气、书卷气。

“气”既然是生命的本原，而人的生命力的重要表现则是人的精神活动，于是中国古人又用“气”指人的精神。《孟子·告子上》说：“我善养吾浩然之气。”并说这种气“至大至刚，以直养而无害，则塞于天地之间。其为气也，配义与道；无是，馁也”。孟子所说的“气”，是指由志向、抱负、道义、修养等综合而成并持之以恒所达到的精神境界和心理状态，本身包含了积极正面的价值成分，即通常所谓“志气”“正气”。没有或失去这种气就是“气馁”，所以形容气馁常说“垂头丧气”“灰心丧气”。但是，“气”并非只有一种。董仲舒把天地之气同道德情感联系起来，赋予阴阳二气以不同的道德功能和情感功能，认为“阳气予而阴气夺，阳气仁而阴气戾，阳气宽而阴气急，阳气爱而阴气恶，阳气生而阴气杀”（《春秋繁露·王道通三》），并据此推及人的性情：“人有喜怒哀乐，犹天之有春秋冬夏也……皆天然之气也。”（《春秋繁露·天地之行》）这种推断固然带有附会性，缺乏科学性，难以经得起究诘，但却成为后世人们以禀气不同来评判人的性情品格的理论依据。如王充认为：“禀气有厚泊，故性有善恶也。”“气有少多，故性有贤愚。”（《论衡·率性》）汉末魏初的任嘏则进一步按五行给“气”分类，认为“木气人勇，金气人刚，火气人强而躁，土气人智而宽，水气人急而贼”（《道论》，《全三国文》卷三十五）。基于“气”的这种观念，汉语中形成了表示人的精神、气质、心理、性情和态度的大量词语。如：

a. 气概　气魄　气宇　气节　气量　气度　气性　气焰

b. 浩气　豪气　才气　朝气　勇气　锐气　硬气　神气
义气　稚气　孩子气　书生气　客气　和气
大气（相对于“小气”）

c. 傲气　骄气　娇气　狂气　霸气　蛮气　怒气　火气
傻气　杀气　小气　脾气　暮气

d. 意气风发　盛气凌人　大气磅礴　老气横秋　颐指气使
趾高气扬　低声下气　怪里怪气　平心静气　小家子气

以上仅是粗略的分析，尚未能面面俱到，但已可略窥汉族人“气”文化的建构大略以及围绕“气”文化所产生的词语系统、意义系统和价值系统之一斑。

2. **文化思维认同法**

“文化思维”是指具有类型性的人类群体在文化建构中表现的倾向性思维。人类文化发源于人类的思维，同时又与人类思维在互相推动的状况中获得发展。语言既是文化的重要形式，又是思维的外化形式，语言结构类型上的特点必然具有这样的双重性：一方面，它是民族文化思维方式特征的体现，受民族文化思维方式的制约，另一方面又构成一种思维框架，规范着民族文化思维的运作和发展。既然世界上众多民族的文化不是均衡同质的统一体，而是具有深刻差异的个体，那么其语言结构的特点必然与民族文化的思维方式的特征具有某种关联，如果能够结合对民族文化的思维方式的分析来认识本民族的语言结构，就可能获得对民族语言的更为深刻的认识。这里的“结合”就是认同，即既从民族文化思维出发分析语言，又使语言分析落脚于对民族文化思维的分析。

近几年哲学界、文化学界和语言学界对汉族人和西方人的思维方式的差异进行了比较深入的研究，获得了比较一致的认识。一般的看法是，汉族人的思维方式带有整体的、辩证的、具象的、综合的特征，西方人的思维方式具有逻辑的、形式的、抽象的、分析的特征。当然，这里所说的思维方式的特征，是就两方面的思维表现的总体倾向而言，是一种此强彼弱的相对比较，而不是此有彼无的绝对差异。在中国文化史上具有深远影响的阴阳五行学说是汉族人思维方式最具有代表性的产物。这种思维方式通常只在经验直觉的层面上对事物及其关系进行总体把握，其长处是强调功能和统一，其缺点是忽视对实体作元素的分析和对现象与本质之间的关系作逻辑分析，因而往往失之于笼统性和模糊性。希腊哲学家发明的形式逻辑体系和西方文化建立在实验科学基础上的现代科学技术是西方思维方式最有代表性的产物。这种思维方式要求把直觉印象抽象为公理性的假设并进行具体的验证，其长处是对实体和规律的观察精细入微，所建立的知识系统规则性和可操作性强，其弱点是容易导致机械性和片面性，忽视事物和现象之间的整体关联。中西方思维各自的优缺点具有一种互补的性质，所以不宜于做简单的价值判断。

汉语和西方语言相比，各自的特点也是十分鲜明突出。首先，在语音上，汉语由以辅音为声母和以元音为主要成分的韵母拼合成的单音节为基本的语音单位，由音高变化构成的声调是区别意义的超音段成分；西方语言的语音只能分析出辅音和元音，而不能得出汉语那样的声母和韵母，也没有汉语那样的声调，其具有区别意义作用的超音段成分是汉语所没有的由音强构成的词重音。其次，在词法上，汉语中带声调的单音节是语素或词的基本形式，就是说，一个音节基本上就是一个意义单位，构词词缀很少，复合是主要的造词手段，地道的构形词缀（词尾）则更少；西方语言一个音节不一定具有语素的资格，大量的语素和词是由多音节构成，构词词缀和构形词缀（词尾）丰富，形态发达，构造新词的主要手段是派生。至于在句法上，两种语言的差异就更为深刻，西方语言中具有句法功能的语法范畴如性、数、格、人称等在汉语中都不存在，古代汉语动词基本上没有时态意义，现代汉语表示动词时态意义的语法成分也与西方语言动词表示时态意义的形态成分性质不同。因此，汉语组词成句的规则中并不存在西方语言中所必不可少的“一致关系”，语句的成立主要靠词和词意义的配合，语句的正误主要依据于句意所示的事象在逻辑事理上能否成立，而不必顾及形态规则的使用得当与否；而西方语言在组词成句时除了顾及词义相配和事理成立之外，还必须注意保证形态规则使用的准确无误，即必须使一句话乃至一段话之中在性、数、格、时、体、态、人称等范畴的形态表现上维持着“一致性”，这些范畴中的任何一项在形式上的使用不当都是语法错误。由于这些原因，西方语言的语法形态外显，规则性强，灵活性不如汉语，汉语语法没有外显的形态，只靠词序和虚词表示词和词的关系，规则性没有西方语言强，灵活性则超过西方语言。因此，不少人认为西方语言是“形合”的、“法治”的语言，汉语是“意合”的、“人治”的语言。

西方语言与汉语在结构形态上的这些巨大差异以及近百年来借鉴西方语言理论来分析汉语语法而不够成功的无情事实促使我们思考其所以然。这个“所以然”是一个非常玄奥的论题。它涉及怎样看待文化思维同语言结构的关系，怎样看待语言结构同语言研究的理论与方法之间的关系等根本性问题。这些问题是研究者们人人意识到其存在而又普遍感到困惑的难题。它们之所以难，主要因为文化、思维、语言结构的起源或发生本身就都是玄而又玄的奥秘，一般的解答大抵是思辨的成分大于实证，要谈论它们之间的关系则更是几乎不得不全凭形而上的思辨，思辨性的结论要有说服力必须求助于例证，而对例证加以解释的观点又往往来自思辨的结论，于是就每每使整个谈论过程不是流于循环论证，就是一场机械比附，其结论难以成为广泛的共识。然而话说回来，除非我们对这些问题采取回避方式，否则只要谈论它们，循环论证和机械比附的缺陷固然应该小心避免，但思辨方式仍然势不可免。因为归根到底，科学不过是对世界的一种看法，科学理论不仅包括通过假设——推理之类正规程序而发现和证实的知识，也包括那些从内省的洞察力或个人经验的条理化基础上形成的知识①。这后一类知识则基本上属于思辨类型。

在这样的认识前提下来谈文化思维和语言结构特征的关系，我们就可以作这样的思考：尽管语言并非纯粹理性的产物，语言的结构规则并不像法学家制订法律条文那样是一种人为的规定，然而语言结构类型上的特点同民族文化思维方式的特征之间具有的类同性却似乎并非纯属偶然。西方人的思维方式要求对思维客体进行元素分析，进行逻辑化、形式化的表述，追求的是表现的规则性、系统性和精确性，即达到所谓刚性定位、固化指谓（rigid designation）的目标，西方语言丰富的形态变化和条分缕析的系统化规则同西方人的思维方式是非常契合的，对于达到西方人的思维目的和表达效果是比较适合的。汉族人的整体思维同时又是主体性思维，强调天人合一，物我不分，以人为中心看待万物，把自然人格化，因此其辩证思维不具有分析性，而是综合性的，是在辩证两端中求融会中和。汉语的单音节表义、缺少形态变化、词类界线模糊、词的语法功能不固定、句法关系的灵活多变等等特点，给语言使用者以较大的自由度，使他可以根据主体表达的需要对语言单位进行灵活多样的排列组合而没有西方语法那种形式上的束缚感。汉语语言结构的特点同汉族人的思维方式也是比较契合的。汉语的特点适合于叙事、写景、状物、抒情，西方语言则比较适合于科学表达。有人认为西方语言是科学型语言，汉语是艺术型语言，尽管不很贴切，还是有一定道理的。至于中西方语言和思维为何会有这样大的差异，成中英认为是“原始选择的结果”。他说：“语言就是思维。从原始思维的发生而言，语言是最原始的思维方式。当选择了某种语言的时候就意味着选择了某种思维方式。整个原始人类的生活经验决定了表达工具——语言

① 参阅［英］约翰·齐曼著《元科学导论》中译本，湖南人民出版社 1988 年，第 267 页。

的产生，语言则规定了思维方式。”[①] 但是，“原始选择”仍然不是最终的答案，因为人们仍然要追问：为什么会是这样的选择，而不是另一种选择？刘长林用“文化基因”的作用来解释。他认为，一切系统的发育都受系统控制，物质世界进化的过程中存在着“宇宙基因”，人类社会的发展亦明显地受一定社会基因的控制，文化系统发生和演进的基因表现为民族的传统思维方式和心理底层结构，而决定每一民族思维方式的条件则是民族的生理基础和民族生存的自然环境；现代脑科学和体质人类学证明，人的思维方式受其生理基础首先是脑结构的制约和影响，不同民族脑结构的差异直接导源于遗传基因的不同，人类社会和人类文化的基因与人类躯体的遗传基因以及民族生存的自然地理条件，特别是人类早期的自然环境，有一定的联系；中国文化具有阴性的特征，中国民族文化基因具有阴性偏向，同西方文化共同构成对立互补、相反相成的均衡对称的格局，这种奇妙而严整的对称不是偶然的，一定与地球自然生态环境的某种对称性有关。[②] 就是说，思维方式及其所决定的文化（包括语言）系统的倾向性特征，归根结底是造物主安排的结果。

无论成中英的“原始选择”说和刘长林的“文化基因”说的解释力如何，我们由此已足可看出语言和文化的中西方差异的深刻性。因此，关于汉语结构的理论只有紧密结合汉语本身的特点并认同于汉民族的文化思维，才能具有概括力和解释力。比如关于汉语语法结构的基本单位问题，几十年来受西方语法理论的影响，一直以词为基本结构单位，又一直困扰于词的划界问题。吕叔湘 1964 年就曾经指出：“汉语里的‘词’之所以不能归纳出一

---

① 参阅张岱年、成中英等著《中国思维偏向》，中国社会科学出版社 1991 年，第 193 页。

② 同上注，第 201—219 页。又见刘长林著《中国系统思维》，中国社会科学出版社 1990 年版，第 573—584 页。

个令人满意的定义，就是因为本来没有这样一种现成的东西。其实啊，讲汉语语法也不一定非有‘词’不可。”① 赵元任 1975 年则进一步指出：“汉语中没有词但有不同类型的词概念”，“在中国人的观念中，‘字’是中心主题，‘词’在许多不同的意义上都是辅助性的副题，节奏给汉语裁定了这一样式”。② 这些论断都是极富启迪意义的。徐通锵近几年围绕这一问题进行了一系列独到的研究，提出了比较深刻而系统的见解。他认为“语言的结构特点集中表现在词的音型上”，“汉语词音型的特点就是一般所说的单音节”，因此“‘字’是汉语句法结构的基本单位”；汉语是一种“语义型语言”，其句法是“语义句法”，语义句法的结构框架是“话题——说明”(topic－comment)；这种语法的思维基础是语言对于现实的“直接编码”原则，即“临摹性原则”，因而要做到“语序跟思维之流完全自然地合拍”；其句法控制的手段是前字对后字的字义选择，层层递进，“因而句子的结构呈现出开放性的特点”。③ 徐通锵虽然没有标示自己的研究属于文化语言学范围，但其工作旨趣同文化语言学是一致的。在文化语言学的研究者中，近几年不少人从文化思维角度切入研究，也获得了与徐通锵大致相近的见解。④

3. 文化背景考察法

语言植根于文化之中。民族文化不仅是民族语言活动的广大舞台，更是民族语言形成、发展和演变的根本动力。我们通常都

---

① 吕叔湘《语文常谈》，三联书店 1980 年版，第 45 页。

② 《中国现代语言学的开拓和发展——赵元任语言学论文选》，清华大学出版社 1992 年版，第 246 页、248 页。

③ 见徐通锵《语义句法刍议》，《语言教学与研究》1991 年第 3 期；《“字”和汉语的句法结构》和《“字”和汉语研究的方法论》，《世界汉语教学》1994 年第 2 期、第 3 期。

④ 参见下列论著：李先耕《汉语的单音孤立性》，《学术交流》1994 年第 4 期；申小龙《汉语句型研究》，海南人民出版社 1989 年出版；邢福义主编、周光庆副主编《文化语言学》，湖北教育出版社 1990 年出版；俞咏梅《汉语像似法简论》，收于《建设中国文化语言学》，《北方论丛》编辑部 1994 年 12 月出版。

承认，语言是随着社会的产生、发展、消亡而产生、发展、消亡的。其实，这句话中的“社会”应该理解为“社会文化”，才更加切合问题的实质。语言的历史和民族文化的历史是紧密地交织在一起的，因此，无论是对语言历史的研究或语言现状的理解，都必须紧密结合说这种语言的人民的文化历史背景加以论析。

语言和方言的宏观演变几乎都是由社会文化方面的原因造成的。其中根本的原因在于语言和文化在发生上的同一性。语言宏观演变的基本形式——语言的分化和统一的过程不仅与民族文化的演变同步，而且后者总是前者的动因。以英语为例，从形态类型上看，古英语是典型的屈折语之一，词形变化很丰富，如名词、代词和形容词都有五个格（主格、生格、与格、宾格和工具格），各个格不一定有不同的形式（与格和工具格往往形式相同），形容词有强变化和弱变化之分，并在性数格上和所修饰的名词一致，动词分强动词和弱动词两类，各有变化方式。英语从 5 世纪中叶至今，历时 1500 多年，词形变化大大减少，词序越加固定，已经由综合语变成分析语，在屈折语中已不具有典型的性质。从语体功能上看，直至 16 世纪，英语和意大利语、法语、西班牙语一样，都是各自国家的民族语言，当时英语在文化上的影响还不如意大利语和法语，在使用范围上不如西班牙语，而在 4 个世纪后的今天，英语已成为世界上分布通行最广的语种之一，并且日益成为国际交往的通用工具，不再为一个国家一个民族所专有，是一种中性的信息媒介。由于分布广泛，遍布各大洲的各种互有差异的英语变体也随之产生。美国语言学家加兰·坎农的研究表明，英语面貌的巨大变化的根本原因在于英吉利民族的文化历史以及世界近现代的文化历史，古代英语时期（449—1100 年）是以日耳曼民族的裘特人、盎格鲁人和撒克逊人对不列颠的占领为开端的。在这期间，从 8 世纪下半叶到 9 世纪，斯堪的纳维亚人几次大规模入侵英国，占领了大片土地，1016 年丹麦王克努特称王于英国。在这期间，英语曾与斯堪的纳维亚语融合。中世纪英语时期（1100—1500年）以诺曼人征服不列颠为开端，法语成为英国官方语言，英语又同法语融合，英语从法语中吸收了大量词汇，词尾变化大量减少，句法上形成了固定的词序，实现了由综合型向分析型的过渡。现代英语时期（1500—1900年）以文艺复兴作为开端的标志，教育的发展和文学著作的流传使英语的文学语言有了统一的规范；产业革命的成功使英国成为世界强国，英语开始走向世界，大规模的移民把英语输送到了澳大利亚、北美、西印度群岛、南非、南亚次大陆和香港等地，语言远征的结果是英语变体出现，其中最为突出的是美式英语。1900年以后为当代英语时期，由于美国跃升为世界强国和以美英为代表的西方文化影响的进一步增强，英语在世界范围内进一步扩展。加兰·坎农所论尽管是英语的演变历史，但我们在研究汉语、汉语方言乃至国内少数民族语言的历史时也可以从中得到方法上的借鉴。①

汉语地域广大，方言分歧严重，但南北两区的方言各有鲜明的特色：南方方言语音复杂，包括词汇、语法在内，保留古代成分较多；北方方言语音系统较简单，包括词汇、语法在内，保留古代的成分较南方方言少，是现代汉民族共同语的基础方言。北方方言演变速度快的一个主要原因，是中国历史上规模较大、历时较久的动乱多发生于北方，动乱发生的原因又多是北部或西部的游牧民族侵犯汉族居住区，甚至入主中原；在游牧民族与汉民族杂居共处阶段，不可避免地要发生语言接触和语言融合。也就是说，是汉语北方话与北方或西北少数民族语言的接触和融合造成了汉语向现代形态的演变。南方方言区由于动乱较少，因而得以较多地保留汉语的古代特征。② 而在北方方言区内的北京话的

---

① 参阅［美］加兰·坎农著《英语史》（中译本），中国对外翻译出版公司1987年出版。

② 参阅周振鹤、游汝杰著《方言与中国文化》，上海人民出版社1988年出版。

形成则又有着更为特别的文化历史背景。北京城区话虽然处在河北省的中心，但是和河北省方言的关系反而没有和东北各省方言接近。这一奇特的现象是怎样形成的呢？林焘的一项极有价值的研究论析了这一问题：从辽至金，北京一直是北方少数民族政权的南方重镇，金代又定都燕京（今北京），大量的北方少数民族涌入北京地区，和该地区的汉族人民长期杂居，而该地区的汉人同宋朝统治的中原地区的汉人在政治上完全分离，交往也受到严重阻碍，而同我国东北地区的联系却得到了加强，这种状况达 300 年之久，燕京话和外族语言发生了密切接触，和广大中原地区的本族语反而关系疏远，于是形成了以燕京话为中心的幽燕方言，这种方言和东北汉语方言来源相同；自辽至明，两地区人口不断大量流动，两种方言始终保持密切联系；17 世纪中叶清八旗兵进驻北京，又给北京地区带来了当时的东北方言。这就是北京话和东北方言接近的原因。换句话说，北京话的源头是汉语的东北方言。① 由于是建立在对北京话形成的文化历史背景详细论析的基础之上，这一结论具有充分的可靠性。

语言的微观层次的演变有一部分是由语言系统内部的原因造成的，但也有一部分是由文化上的原因造成的。就音位系统而论，音位的聚合群是一个严密的系统，系统的演变一般都遵循音变规律，具有齐整性的特点，但有时部分词语的音位也可能产生不合规律的变化。南方方言中普遍存在的“文白异读”就是一种不规则的音变。所谓不规则，一是指同音的字有的有文读音，有的没有文读音；二是指同一字在有的词中有文读音，而在另外的词中没有或一般不用文读音；三是有的文读音又有异读。如笔者家乡的天台话中“热”“业”二字白读同为［niæʔ］（阳入），“热”有文读音［ʑiæʔ］（阳入），“业”尽管也是常用字，却没有文读音；

① 参见林焘《北京官话溯源》，《中国语文》1987 年第 3 期。

“打”字白读为［taŋ］（阴上），文读为［ta］（阴上），“生”字白读为［saŋ］（阴平），文读为［səŋ］（阴平），在书面语的很多词中这两个字都用文读音，但在“打生”（陌生义）一词中两字皆用白读音，一般不折合成文读音；“鱼”［ŋ］（阳平）的文读有［ny］［ɦy］两音（皆阳平），“人”［niŋ］（阳平）的文读有［ʑiŋ］［ləŋ］两音（皆阳平），“吃”［tɕ‘yuʔ］（阴入）的文读有［tɕiʔ］（阴入）［ts‘ɿ］（阴平）两音，“肥”［bi］（阳平）的文读有［vi］［vei］两音（皆阳平）。这种不规则现象只有结合文读音产生的文化背景才能得到解释。“文读音是唐宋时代开始实行科举制度以后，受到当时考试取士的文化浪潮的冲击而逐渐产生的。”① 由于产生的时间早晚不一，产生的机制又是当时当地读书人对北方话部分字音的模拟性折合，不是系统性的音变，所以带有离散性，不易形成严整的规律。

词汇单位的消长包括新词的产生、旧词的隐退和消亡、词语的替换即新旧名称的更替，这些现象的发生都有一定的社会文化背景，不必细述。词义的变迁也常有社会文化的因素在起作用。比如日语中“牛乳”一词原指一切牛奶，包括鲜牛奶和用奶粉或炼乳冲成的牛奶，但是现在仅指鲜牛奶了，而用ミルク指奶粉或炼乳冲成的牛奶；“ご飯”一词原指米饭，但是现在在日本西餐店里用盘子盛的米饭却叫ライス。这是因为现代随着西方文化进入日本，日语从英语中借用了ミルク（milk）和ライス（rice），从而缩小了“牛乳”和“ご飯”两词的所指范围。②

探讨语言演变的文化背景的主要困难在于如何在语言变化和文化事项之间建立联系。语言的现状是外显的，语言过去的状况则已隐入历史，研究者首先要考证出语言的历史面貌，然后要寻

---

① 游汝杰《汉语方言微观演变的文化背景》，收载于陈建民、谭志明主编的《语言与文化多学科研究》一书，北京语言学院出版社 1993 年出版。

② 见刘德有著《现代日语趣谈》，辽宁人民出版社 1983 年出版。

绎出语言在某一阶段的历史状况同现状之间的变化脉络，最后还要找出产生这一变化的原因。原因可能有一种，也可能有多种。无论是一种还是多种，都要区分开哪些是文化背景方面的，哪些是非文化背景方面的。然后才能在语言变化和文化事项之间建立联系并进行论析。在这个过程中特别需要注意的是不可生搬硬套、牵强附会，不可把不同的现象一概而论。比如同为方言区划，大方言和次方言形成的文化历史背景并不相同。周振鹤、游汝杰在《方言与中国文化》一书中提出的看法是：北方方言可以粗略地看成是古汉语数千年来在广大的北方地区发展的结果，其余六大方言是由于历史上北方居民的不断南迁在南方逐步形成的；而大方言以下的次方言，则往往与历史行政区划，特别是府（或州、郡）等二级行政区划有密切的关系。由于有翔实的材料和具体的分析，他们的见解是令人信服的。

4. **文化差异比较法**

文化差异比较法是通过对不同民族的语言在结构上和使用上的差异的研究来揭示产生差异的文化根源的方法。语言的民族差异是明显的、容易感知和容易引起关注的现象，因此不同语种之间的比较研究早就存在。比如 19 世纪的历史比较语言学和近世的对比语言学就是用比较的方法来研究语言的。但是历史比较语言学的目的是建立语言谱系和构拟语言的早期状况，因此比较的对象仅限于有亲属关系的语言；对比语言学的目的或者在于探讨语言的普遍现象，或者在于探讨有效的外语教学法，在研究中也有一些文化背景的比较，但并不像文化语言学在研究语言差异时那样专注于文化精神方面差异的分析。文化语言学继承洪堡特关于语言和民族精神的关系的学说，认为语言是民族精神的外在表现，一个民族的精神特性和语言形式的结合极为密切，因而把分析不同民族文化精神上的差异作为解释语言结构和语言使用的差异的原则性方法。在比较的对象上注重于不同结构类型或亲属关系较远的语种，在比较的方式上深入到文化精神的内在的层次（而不是止于一般的文化背景的描述），这使文化语言学的比较研究有别于其他语言学的比较或对比的研究。

然而，民族精神或民族的文化精神作为一个概念，其内涵本身就是一种既广泛又玄奥因而十分难以说清的东西，其外延究竟包括哪些项目往往也难以一一开列；而那些似乎可以开列的项目，不同民族之间常常并不是此有彼无地泾渭分明，而是或隐或显地有程度差别；语言结构和语言使用上的特点究竟是由文化上的哪些因素造成则更是难以究诘的问题，探讨时常会出现“瞻之在前，忽焉在后”的不确定状况——由于这些原因，要在语言差异和文化差异之间建立起对应性的关联，是一项极为困难而又必须小心从事的工作，一不小心就会失之于轻率武断。然而这是一个饶有兴味、引人入胜的话题，所以仍然吸引了不少研究者从事探讨。由于世界上语言种类繁多，文化类型也是形形色色，一般研究者不易掌握多种语言，熟悉多种文化，在语言和文化的比较研究方面目前人们多集中于中西尤其是汉英语言与文化的比较研究上。

关于汉语和西方语言的最大差异，目前已有许多说法，比如“艺术型”还是“科学型”，“人治”还是“法治”，“意合”还是“形合”等等。但我觉得最能概括二者根本差异的，还是“意象”和“法则”。语言单位的构成和使用的主要控制因素是“意象”还是“法则”，这是汉语和西方语言的根本差异。“意”指意思、意念、意义，“象”指形象、样子，“意象”指包含意念的形象或带有形象的意念，“法则”即语言结构（包括词结构、词源结构、句法结构和语义结构等）的规则。任何语言都是由意象和法则构成的统一体，不过不同语言在营造语言单位时“意象”和“法则”的控制作用有强有弱。“意象”强的语言，语意丰满，形象外显，而“法则”隐蔽、模糊，控制作用柔弱，语法灵活多变；“法则”强的语言，表示语法意义的形态丰富而外露，语法规则强硬而少变通，语言意义虽然明确，但形象感稍差。汉语可以称为“强意象语言”，西方语言则可以称为“强法则语言”。

汉语这种“强意象性”在词语的发生、构成、孳乳和词义的引申、分化、演变过程中表现得最为充分。汉语语词的意义来源，有一部分与被称为“语根”的声音形式有较密切的关系。这是训诂学中“声训法”的现实依据。清代小学家段玉裁、王念孙等发扬了声训法的合理因素，主张以声音明训诂，因声求义，探求语源，成就巨大。今人王力又继承清儒成就，撰著《同源字论》和《同源字典》，清理出汉语的语源系统。他所说的“音义皆近，音近义同，或义近音同的字”，其实就是同源词。同源词的系列构成词族。汉语的同源词表面上似乎以声音为纲，但是实际上在声音之外另有所本。王力说：“如果专靠语音的近似来证明，就等于没有证明。双声叠韵的字极多，安知不是偶合呢?”“除非我们已经有了别的有力的证据，才可以把‘一声之转’助一臂力。”① 陆宗达也说：“单靠声音主观地推求语源，并不是最可靠的办法。”“必须从实际语言材料中，找出‘信而有征’（可靠又有证据）的线索。”② 然而，书证只是材料的来源，并不就是同源词的语源。同源词的语源就是一族词共同的理据，或谓之“词的内部形式”或“词源结构”，也就是这一族词指称的事物共同的“得名之由来”。一个词族的各个词（至少有两个）所指称的事物可能是不同类属，概念上的意义可能相差很远，但是这些词之所以同源，不仅在于词的声音相同或相近，更在于共同有一个既宽泛而又明确的理据，这个理据就是共同的“意象”。正如骆鸿凯说：“盖太初语言以一意一象为纲，若意象相符，则寄以同一之音，故声类韵部同者义为近。”③ 王力把同源字在词义方面互相联系的情况分成三大类。

---

① 王力《龙虫并雕斋文集》（第一册），中华书局 1980 年，第 320 页。
② 陆宗达《训诂简论》，北京出版社 1980 年，第 116—117 页。
③ 骆鸿凯《尔雅论略》，岳麓书社 1985 年，第 147 页。

第一类是“实同一词”，第二类是“同义词”（又分“完全同义”和“微别”两种），第三类是有“各种关系”的词（共分十五种“关系”）。“意象”在这三类词中的系联作用都十分重要。第一类是同一词的不同写法，即“分别字”，不必细论。第二类的“微别”一种（如“读”和“诵”、“盈”和“溢”之类），意象共同的作用已显示出来。第三类由于“并不是同义词”，仅是因为“它们的词义有种种关系”，才“使我们看得出它们是同出一源的”①。这“种种关系”就是靠既相对宽泛而又可指明的意象构成。如“枯”是草木缺水，“涸”“竭”是江河缺水，“渴”是人缺水，“缺水”就是“枯”“涸”“竭”“渴”这四个词共同的意象。由于汉语是孤立语，在由根词孳生新词新义的过程中可以不必加词缀，有时只需改变词的用法、写法，有时在改变用法、写法的同时通过“音转”而改变词的部分声音形式（声母、韵母、介音或声调），所以汉语同族词不仅有意象的共同性，还有语音上的共同性（双声、叠韵或音同、音近）。汉语构造新词的另一主要方法是复合，即由两个或两个以上的词根合成一个词。这样就把各词根所包含的意象融合进了新词中，使复合词的意象比单纯词更为丰满。

西方语言在根词的基础上形成新词新义，很少用汉语这种同源孳乳的方法，复合法也不如派生法重要。最普遍的是用派生构词法，即在根词的基础上加词缀。比如英语由根词 act 构成的派生词系列（词族）②：

---

① 王力《同源字论》，见《同源字典》第 20—38 页，商务印书馆 1982 年。

② 此例采自潘文国《汉英构词法比较研究》，见《汉语论丛》，华东师范大学出版社 1990 年。

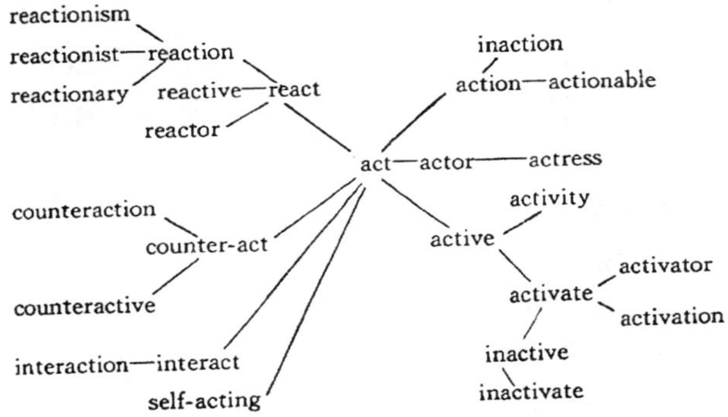

在这个词族的各个派生词中，只有作为词根的act具有比较实在的意义和比较明确的意象，词缀的意义一般都比较虚泛，自然就缺乏鲜明的意象，由于act本身就是一个多义词，每个派生词在构词时只能使用其中的一个义项，于是从词族全体上看就使act的意义和意象的明确性受到了一定程度的削弱；加上有的派生词是二次或三次构词形成，即在派生词基础上再加词缀构成（如act——active——activate——activation），另有些派生词是既有前缀又有后缀（如inactivate、reactionist等），这就使词缀音段的线性长度超过了词根，词根的意象受到了过长的词缀的掩盖。总之，派生词往往缺乏清晰丰满的意象。当然，尽管如此，由于派生词的意义由词根和词缀综合而成，意象不够清晰丰满并不影响词义的明确。这是因为词义的核心是概念意义（理性意义），意象是附加在理性意义上的形象色彩，形象色彩并不是理性意义的构成要素。

虽然派生构词在某种程度上削弱了词的意象，但是派生词的词性都是明确的。从上举的这个以动词act为根词构成的词族中，我们可以归纳出以下几条规则：

1. 凡是由act加前缀构成的词是动词；

2. 凡是由 act 加后缀构成的词，不论其有无前缀，均可由后缀的形态确定词性：其中后缀是-or、-ess、-ion、-ism、-ist、-er的词，是名词；后缀是-ive、-able 的词，是形容词；后缀是-ate 的词是动词①。

这就是说，在英语派生词构成中，词的语法意义（词性）的明确化是一个重要的前提目标，这个目标是通过对不同的词缀的选择来实现的。于是在构词的结果（派生词）上，词缀的形式类别同词性之间有一定的对应规律，我们也就可以根据词缀来辨认词的语法类别。这是西方语言“强法则性”的一个重要表现。

在吸收外来词方面，汉语的意象性和西方语言的法则性也表现得很明显。汉字不表音，音译不方便，吸收外来概念主要用意译方式；西方文字表音，吸收外来概念主要用音译或转写方式。这虽是与文字类型有关，但也与语言特点有关。汉语的每个音节不仅有意，而且有“象”，音译词使汉族人觉得无法从词语的音节或字形上获得意义的领会和意象的推想，当不得已而用音译法时，汉族人常想方设法使这个音译词“汉化”，使之听起来或看起来“像”汉语的词似的。“汉化”的途径就是表意化和形象化，于是形成了三种具有汉语特点的“音译词”。一种是“音译兼表意”，又可再分两类：

A 类	B 类
苦力（<英 koolie）	葡萄（<古大宛语 bādaga）
乌托邦（<英 utopia）	玻璃（<梵语 sphatika）
的确良（<英 dacron）	酚酞（<英 phenolphthalein）
盖世太保（<德 Gestapo）	佛（<梵语 buddha）
可口可乐（<英 Coca-Cola）	塔（<梵语 stūpa）

A 类词不仅顾及字音和原词各音节大体对应，还力求使各字

① 在其他场合，以-ate 为后缀的词也有名词和形容词。

字义按汉语的语义关系组合后能够形成一个新的意念和形象。B类词一方面减省了原词的音节数，使之合乎汉语词形简短的特点，同时用特造的形声字来对译原词减省后的音节，形声字的形旁可以揭示义类，使人产生意象联想。除“酚酞”外，B类其余四个词历史悠久，汉化程度很深，已经几乎看不出外来的痕迹了。

第二种是“半音译半意译”，如“冰激淋”（<英 ice－cream）、“米老鼠”（<英 Mickey Mouse）；第三种是“音译加类名”，如“大丽花”（<英 dahlia）、“保龄球”（<英 bowling）、“拖拉机”（<俄 трактор）、“啤酒”（<英 beer）。这两种词由于音译部分已被汉化（意象化），又有汉语语素，已不能算严格的音译词，实际上是中西合璧的“汉外混合词”，颇像一个混血儿，外来的特征也已很不鲜明。当然，汉语中的音译词未被这样汉化的仍不少，但大多为专名，而且不常用。

西方语言的文字不是表意文字，无法把音译的外来词表意化和形象化。但是外来词进入西方语言也要“民族化”。由于西方语言富于形态变化，西方语言使外来词民族化的一个重要方式就是把外来词纳入本族语言的语法轨道，使之具有与本族语言一致的语法形式并遵从本族语言的变化规则。比如汉语名词没有性、数、格的变化，而俄语中来自汉语的音译词 чай（茶）、жэньшэнь（人参）是阳性名词，фа́нза（房子，中国农舍）、фанза́（纺绸）是阴性名词。“汉人”这个词在汉语中没有语法意义上的性别，而在俄语中则分成阳性的 китаец 和阴性的 китаянка 两种形式。这些词在进入句子时，都要按照俄语的性、数、格变化规则发生变化。形态变化的强制性是西方语言同化外来成分的强大力量。从词汇来源说，现代英语的词汇具有混合的性质，固有的英语词不及英语词汇的一半，但是在英语里，从形式上可以看出是来自外语的词比较少，绝大多数的词在现代英语里，不论其真正的起源如何，都被一般人认为是英语词。这是因为有很多外来词在英语里已经被同化，它们受英语语音和语法规则的支配，失去了外语的面貌。一种语言中外来词占这样大的比例仍能保持本族语的面貌，对汉语来说是不可想象的事。1984 年出版的刘正埮等编的《汉语外来词词典》共收录古今汉语外来词一万余条，基本上可代表汉语外来词的面貌，可是古今汉语的词汇总计达 37 万条（《汉语大词典》收录词数），外来词所占比例不到 3%，而且其中不少已被汉化。假如汉语中“德谟克拉西”“布尔乔亚”“盘尼西林”“苦迭打”之类的词占了一半以上，汉语能否维持汉语本色姑且不论，人们在语言运用中的不习惯感不方便感一定会很强烈的。

汉语“强意象性”的特点在句法结构中也有所表现。比如国内语法学界有些学者一再强调的汉语语法的“意合”特点，就与汉语的“强意象性”有关。“意合”是针对“形合”而言。“形”在西方语言中，主要是指可以表示词在句中的语法地位、语法功能的形态成分，同时也包括词序和虚词。汉语既然缺少形态成分，那么控制句法规则的主要手段就成了词序和虚词。可是人们发现，作为句法规则体现者的词序和虚词，它们在组词成句过程中的强制作用也要比英语弱。比如在 SVO 型句法结构中，S 是施事，O 是受事，可是在汉语中，S 不一定是施事，O 不一定是受事，可以是其他种种，句子照样成立。最奇特的如：

王冕七岁上死了父亲。

一锅饭吃三十个人。（＝三十个人吃一锅饭。）

再比如，按照西方语言的规则，主语如果是受事，就应当用有被动关系标志的“被动句”，可是在汉语中，表示被动关系的虚词不一定有，有时甚至以不用为好。如：

自行车骑走了。

对于这一类看起来似乎是“越出”了人们头脑中通常的语法规则（或者说是语法学家所定的语法规则）的现象，我觉得不妨从“意象融合”这个角度来解释。汉语是孤立语，语词的句法功能有不确定性，词序所表示的句法语义关系也多种多样，有常有变，语词的组合主要是意义的组合，句子中每个词都有自己的“意象”，句子的产生过程也就是“意象融合”的过程，句子成立的要素是融合成的意象与现实或观念中某种事件、情景的契合，从而听起来“成话”，可以领会和理解。比如上面的例句，动词“死”“吃”“骑”究竟是自动还是他动并不是造句者必须明确的“法制观念”。它们前面的“王冕”“一锅饭”“自行车”既已构成句首的叙述起点（话题），就成了句中动词所表示意象的有关事项，当动词及其后面的词语所构成的意象与它们前面话题主语所提示的意象融合而成一个完整的、可领会的新意象时，句子就成立了。因此，“王冕七岁上”“王冕七岁上死”“一锅饭吃”“自行车骑”都不成话，因为构成的意象不完整，不成情景，不可领会。“王冕七岁上死了”成话，但此时“王冕”是行为主体（固然不合文本原意，那是另一回事），而当句末出现“父亲”时，人们头脑中又出现一个意象，于是把它与前面的“王冕”“七岁上”“死了”几个单位显示的意象综合起来，融合成新的意象，“死了”的行为主体只能是“父亲”了。“饭吃人”固然成话，但不合事理，而如果“饭”和“人”前都加上数量词，构成了数量的意象，这时“吃”的“他动”意象中的语义指向不言自明，人们从“一锅饭”“吃”和“三十个人”三个意象的综合中所领会到的是人的数量和饭的数量的关系情景，而不会理解成“饭吃人”。因此这句话必要时也可把“吃”改成“是”，或者干脆不要动词（一锅饭三十个人）。同样道理，即便不出现“被”字，“自行车”在上句中只能是受事。如果把“骑走了”改成“跑得快”，构成的是另一种意象，“自行车”就是施事了。

由上述分析可以看出，汉语语法的“意合”是一种“意象融合”，它要求语言运用者根据语言情景进行综合知解。由于这一特点，汉语语法灵活多变，规则往往讲不胜讲，而且很多规则都有不少“例外”，缺乏强制性，而语言运用中意念、节律、声气等方面的考虑都可成为句法选择的因素，于是就给人一种“人治”的印象。这种“强意象”而“弱法则”的特点也正是动词和宾语语义关系多样性产生的原因。例如：

割麦子（受事）　来人（施事）　打败仗（结果）

跑买卖（目的）　跑江湖（处所）　养病（原因）

吃大碗（工具）　吃三碗（数量）　倒胃口（使动）

等等。近来又产生一种动宾结构的动词又带宾语的现象，其实是删除了处所补语中的介词而形成的，如：效忠（于）王室、驰名（于）中外、求教（于）名人，或者是把目的状语的介词删除又将介宾移位于动词后形成，如：服务大众（＜为大众服务）。

汉语这种“意象丰满，法则薄弱”的特点，最能适合于诗歌艺术形象的营造。特别是在古典诗词中，不用或少用虚词和人称代词是突出意象的重要手段。如毛泽东词《清平乐·六盘山》开头两句“天高云淡，望断南飞雁”译成英语是：

The sky is high; the fleecy clouds are bright.

We watch the southbound wild geese out of sight.①

原诗中全用实词，语意凝炼，意象超远，正是得益于不用系词、介词和人称代词，而英译句中把原诗中九个实词提示的意象分散到缺乏意象的冠词（三个）、系词（二个）、代词（一个）、介词（一个）之间去，意象便显得离散而缺乏蕴涵，尤其是人称代词 we 的使用更使句意显得浅而直。但是这些冠词、系词、代词和介词无一不是英语句法所必须有的。旅美台湾学者叶维廉曾举“松风”“云山”“岸花”“风林”等中国古典诗中常见的词语，认为这类词语“利用未定位、未定关系或关系模棱的词法语法，使读者获得一种自由观、感、解读的空间，在物象与物象之间作若

① 见赵甄陶译《毛泽东诗词》（汉英对照），湖南师范大学出版社 1992 年。

即若离的指义活动”，构成一种“置身其间，物象并发”的审美艺术境界。而在英译中，“松风”大多译作 winds in the pines（松中之风）或 winds through the pines（穿过松树的风），“云山”常被解读为 clouded mountain（云盖的山）、cloud like mountains（像山的云）或 mountain in the clouds（在云中的山），原诗所表现的物象间欲定不定的空间关系被确定了，艺术境界反而被破坏了①。其实，英文中多种译法的产生，正因为中文中意象是融合的、整体性的、不可分解的，强为分解并确定关系，正是英语“强法则性”所必然。汉语诗歌语法这种意合特点发挥到极致，就可以写成“回文诗”。回文诗固然带有游戏性质，并非常规语言，但是这种顺读、倒读，甚至由任一起点读都似乎能通顺成句的现象，似乎也只有汉语（尤其是文言）才可能产生。现代汉语词语形式双音节较文言多，词性也较文言更明确一些，以“字”为单位的“回文”难度加大了，但是若以词为单位仍不难造成“回文”，如广告语“长城电扇，电扇长城”即是。

汉语语法的“意合”现象在一定范围内（特别是在艺术语言中、在某些惯用形式中）是客观存在的。但是能否在意合现象的基础上建立起一部“汉语意合语法”，还是一个需要慎重对待、深长思之的问题。一则因为无论古代汉语还是现代汉语，作为形式手段的词序和虚词，一直是支撑汉语语法的骨架，而且现代汉语比古代汉语在语法上对这类形式手段的依赖进一步加强，正是汉语语法日益严密化的发展趋向；二则语言的线性特征决定了在表达中语言单位决不可能是毫无规则的随意堆合，只能形成一定次序的排列组合，即便次序再灵活，决定次序的原则再隐蔽，总不能完全背离支配思想的事理逻辑，从语言的深层结构到表层结构之间总有一定的控制因素在起作用，而发现这些因素并总结成具

① 叶维廉著《中国诗学》，三联书店 1992 年，第 18—19 页。

有普遍意义的规则，正是语法研究的目标，在这个目标下建立的语法，即便是以语义规则为基础的语法，也只能表现为形式规则。所以在语法研究中不宜把意合现象夸大到不适当的程度，也不宜对意合语法的建立抱有过高的期望。

文化语言学对中西方语言差异的比较研究的目的并不是为了建立“意合语法”，而是为了求得对语言结构和语言运用中的文化精神的深刻理解。我们不宜对比较的结果作决定论式的推断，认为西方语言的“强法则性”和汉语的“强意象性”一定是各自文化精神的某方面因素的结果，因为从根本上说，语言本身也是文化。即便分开来说，语言和文化也具有互塑互动的作用，语言塑造了民族精神，体现了民族精神，反过来也一样，因此可以说语言特性和民族文化精神具有一致性。如果从这个角度看问题，我们就可以看到，实用理性和思辨理性的差异正对应着中西方语言的“强意象性”和“强法则性”的差异。

中国传统文化的主流精神是实用理性精神。这种精神的主要表现可归纳为三个方面：一是天人合一的整体世界观，二是阴阳五行的方法论，三是非逻辑倾向。由于认为天人合一，物我可以不分，“万物皆备于我”，人道只是天道的表现，所以中国人在认知和表述世界时表现出十分强烈的以人为出发点的主体精神，认知的目的主要是为了对人有用（小至衣食问题，大至经邦济世），那么只要把人的主观精神外化到世界，世界便可以改造得合乎实用的目的。表象本是人类认知的一个阶段，一种形式，然而由于中国人坚信天人合一，强调主体精神，于是就把物象和表象合而为一，把主观感知的表象世界认作世界的真实面貌和本质规律，把阴阳五行之象普泛化到所有领域。在中国古代哲学思想中，象、意、言三者以象的地位最为关键。“圣人立象以尽意”。[①] “夫象者出意

① 《易·系辞上》。

者也，言者明象者也。尽意莫若象，尽象莫若言。”① 立象既是尽意的手段，又是言说的目的。因此无论八卦的制定、文字的创制，在仰观俯察之际，原则和目的只是“取象比类”。但是由于物象毕竟只是事物的外在形式，造字不妨根据物象，而作为认知手段的哲学方法论仅仅建立在阴阳五行之象上，势必弱化理性，排斥逻辑。过于推重象的功能，认为言只是为了明象，只有象才能尽意，这样构成知识系统固然有形象生动的优点，但无庸讳言也带有笼统模糊的弱点，难以避免机械比附的弊端。作为儒家群经之首的《易经》，整个是一部“象论”。又由于“意”“象”关系密切，于是影响中国的艺术理论，形成了“意象”理论②。通观中国文化，几乎可以根据其特点概括为“意象文化”。汉语词族的基础是意象的同一（而非概念核心的同一），汉语语法结构和语言运用都有重意象、轻形式的倾向，这些也都不是偶然的，它们同中国传统文化的实用理性精神都是一致的。

西方文化的主流精神是思辨理性精神。在作为西方文化之源的古希腊文化中，最具有思辨理性精神的是古希腊的自然哲学、数学和逻辑学。最初的古希腊哲学家同时也是自然科学家。他们也从无限多样的自然现象中看到了它们的统一和联系、矛盾和对立、变化和发展。但是同“天人合一”的中国整体观不同的是，他们把自然界作为人类需要认识和改造的对立物进行冷漠的知性分析，力求把世界万物还原成最简单的始基并对其构成和变化关系作抽象的形式化的描述。在他们眼中，世界是由最抽象的单元和法则构成，因此人们对世界的知识也只能由形式思维的推理方法获得。从德谟克利特提出的著名的原子论到现代原子物理学，从经典数学公理系统的代表欧几里得几何学和经典逻辑学的代表亚里斯多德《工具论》到现代数理逻辑，西方思想史上这条主流思

① 王弼《周易略例·明象》。
② 参见袁行霈著《中国诗歌艺术研究》，北京大学出版社 1987 年。

想路线所体现的都是通过思辨达到抽象、通过假设进入演绎推理的辩证理性精神。同重实用的中国古代辩证法不同的是，西方重思辨的辨证法在认知中不停留在固化在表象上，而是力求揭示出隐藏在表象之后的法则和原理，因此不仅思维要排除表象的干扰，按法则和原理来进行，语言的构成和使用也要遵从法则和原理，避免意象干扰的不确定性。西方语言从构词到造句都有一套由形式单位构成的规则系统，这套系统组织严密，使用中具有强制性。这样的特点正是思辨理性精神在语言结构上的表现。

以上所谈的主要是汉语和西方语言在宏观结构方面的文化比较。要想细致而具体地了解语言之间的文化差别，还需进行语言的微观层次以及语言交际过程中的比较研究，而且可以在多种语言之间进行。毕继万《汉英句子结构差异所引起的思考》和高一虹《对“同志”和“个人主义”的不同理解——词义的文化差异与演变调查》[①] 就是语言微观层次比较研究的两个范例。邓炎昌、刘润清合著的《语言与文化——英汉语言文化对比》一书中对大量实例的分析，也是从微观角度进行的。

5. 文化心理揭示法

文化心理揭示法是对语言的结构和语言的使用中所隐含的心理机制进行分析和揭示的方法。语言是思维和表达的工具，思维和表达的基础是一系列的心理过程，因此无论语言还是言语都和社会的和个人的心理现象有密切的关系。不仅普通语言学关注语言学和思维的关系，传统语言学、结构语言学、转换语言学和语言风格学也都从不同角度，在不同程度上把语言研究和心理研究结合起来进行。[②] 语言学和心理学交叉渗透的结果已经产生了边

---

① 见陈建民、谭志明主编《语言与文化多学科研究》，北京语言学院出版社 1993 年。

② 参见［瑞典］B·马尔姆贝格《心理学和哲学对语言研究的贡献》，收载于岑麒祥译《国外语言学论文选择》，语文出版社 1992 年；又见桂诗春编著《心理语言学》，上海外语教育出版社 1985 年。

缘性的心理语言和语言心理学。但是这些研究主要涉及的是语言发生、语言习得、语言（包括外语）学习、语言理解和语言生成等环节上的认知心理过程，这些心理大多不属于我们这里所说的文化心理。

语言中的文化心理指的是在一定的文化背景作用下群体或个人从事语言价值判断和语言选择时的心理机制。心理机制一般是隐蔽的，而选择的结果则是外显的，研究者根据选择过程中的取舍情况可以推测和分析语言使用者当时的心理动因。语言的发生、习得、学习、理解和生成的心理过程一般属于认知心理或学习心理的范畴，其中不包含由文化心理造成的语言价值判断和语言选择过程，因此不属于文化语言学的研究范围。只有语言风格的造成多少与文化上的选择有关，可以纳入文化语言学的研究范围。

尽管文化心理通常由一定的文化背景造成，但是由于人类的共性、文化的共性以及语言的共性，语言中的文化心理也有一些超越民族、种族或国界的共同性表现。我们把语言中具有共同性的文化心理称为共同文化心理，而把与之相对的，仅与某特定民族、种族或国家、区域相联系的语言文化心理称为特殊文化心理。

语言使用中的共同文化心理表现如：

（1）**母语优越心理**。一般人总认为自己从小习得的母语（包括方言）是正确的、标准的、好听的语言（或方言），而视母语以外的语言（或方言）为古怪的、可笑的、难听的语言（或方言）。赵元任所举的那个老太婆嘲笑外语的例子①，尽管是编造的故事，但确实生动地表现了一般人初次接触其他语言（或方言）时的惊

---

① 见赵元任著《语言问题》，商务印书馆 1980 年，第 3 页。原文是：从前有个老太婆，初次跟外国话有点儿接触，她就希奇得简直不相信。她说："他们的说话真怪，嗄？明明儿是五个，法国人不管五个叫'五个'，偏偏要管它叫'三个'（cinq）；日本人又管十叫'九'（ジュー）；明明儿脚上穿的鞋，日本人不管鞋叫'鞋'，偏偏儿要管鞋叫'裤子'（ヶツ）；这明明儿是水，英国人偏偏儿要叫它'窝头'（water），法国人偏偏儿要叫它'滴漏'（de l'eau），只有咱们中国人好好儿的管它叫'水'！咱们不但是管它叫'水'诶，这东西明明儿是'水'嘿！"

异和排拒心理。这种心理甚至可以强化到排斥相邻土语的细微差异的程度①。母语优越的心理是固化语言分歧、造成语言分化的心理基础，在推广和普及民族标准语时则成为学习和掌握标准语的心理障碍。在一定条件下，母语优越心理可能被普泛化、理论化为语言地方主义和语言民族主义，甚至导致语言纷争。

（2）**从众入时心理**。“从众”和“入时”是互相联系的两个方面。“大家都说的”往往也是“流行的、时髦的”。在这方面语言有点像服装，如果违众背时，就要受到嘲笑，众人和时尚是决定个人语言价值判断和语言选择的至上权威。但是“众人”有范围大小之分，“时尚”也有或雅或俗之别。小范围的从众使语言选择向亚文化、边缘文化、方俗文化的语言运用标准看齐，大范围的从众使语言选择向主流文化、中心文化、权威文化的语言运用标准看齐。最终的结果由需要和可能等各种因素综合而成。标准语、大城市语言代表雅文化，对于代表俗文化的地域方言或乡村语言具有较大影响力，但是多数人总是以当地人和家里人为交谈对象，如果说标准语或大城市语言未能在当地成为普遍时尚，那么最好的时尚还是土话。尽管受教育较多的青少年更容易接受外来的新事物，因而地域方言的特征总是在一代一代的磨损中缓慢地向标准语靠近，然而由于地域方言是个自足的封闭体系，而经济文化较发达的大城市方言尤易产生离心作用（如近些年的广州话），所以在我国南方方言区很多地方说标准语反倒是违众背时的。

（3）**性别认同心理**。人类两性有根本的自然差别，但是在大多数文明社会中，如何说话“像个男孩子”或“像个女孩子”，如何说话“有男人味儿”或“有女人味儿”，其中的观念和标准主要还是由人类社会中男女两性的社会分工和文化角色的不同需要造

① 比如笔者家乡浙江天台县的村子称“我”为［ɦɔ］214，“书”为［ɕy］33，而邻县则称“我”为［ŋa］214，同县仅距十五里的某村称“书”为［sɥ］33。而各方均自以为是，以对方的发音为可笑，甚至用此类材料编成口诀加以嘲笑。

成的，并由家庭教养分别固化成男女两性的言语习惯。一般地说，男女两性说话在发音、用词、语气、语法、态度、内容等项目上都有一些差别，但这些项目并不一定在任何民族、阶层、地域和场合都有一致的表现，而究竟如何表现则需作具体调查和具体描述，不宜一概而论。比如就民族而言，日本女性的语言特点比一般民族的女性更突出，以致形成了一种“女らしさ”(女性语)。但即使在日本，所谓“女らしさ”也并非在所有阶层普遍存在，而主要表现在城市居民中流以上的社会阶层和知识分子女性的讲话中。不过总的说来，在风格和态度方面，男子语言的共同特点是比较粗直、果决，女子语言则比较柔婉、谦恭、含蓄。男子说话带上女性特点被讥为“娘娘腔”，女子说话带上男性特点则被斥为“野调无腔”。这种观念形成的规范力量使得男女两性向各自的性别语言特点认同。应该指出的是，由于性别语言特点往往与权力、地位、文化教养等情况相联系，当这些情况变化时，语言特点也会变化，特别是女性语言。比如，缺乏文化教养的妇女其言语的粗直程度可能超过一般男子；农村未婚少女在言语上多能自我检束，而已婚妇女则常常表现为无所顾忌，其中尤以北方农村妇女表现突出；在日常交谈中女性通常表现谦和，而在冲突吵骂中女性的粗野甚至不让须眉。张廷兴在一项研究报告中指出，在山东中部特别是沂蒙山区，女性“在家中能骂的对象比男性多，可以对所有的晚辈施加骂的行为，民俗不给以任何禁约”，甚至“儿媳骂公婆已不是新鲜事”①。女性语言粗直化也许是在男子中心社会中女性不甘于从属地位的心理表现。

(4) **避秽求雅心理**。在各文明民族中，都普遍存在对以下两类词语的忌讳：①表示排泄物、排泄行为、排泄器官、排泄的用具和场所的词语；②表示性器官、性行为的词语以及可能引起此

① 张廷兴《民间詈词詈语初探》，《民俗研究》1994年第3期。

类联想的词语。避免直接说出这些词语被认为是文明的、有教养的表现，不得已需要说出时则要换用委婉语，不然就会被认为粗野、下流、缺乏教养（如《红楼梦》中薛蟠的表现）。这种言语禁忌的心理基础是认为排泄和性都是肮脏的、下流的，与基于语词魔力信念的愚昧迷信有所不同。不过，即使在文明民族中，城市和乡村、上层社会和下层社会对这两类词语忌讳的程度仍有很大差异。乡村和下层社会不仅不甚避忌，而且可以公开露骨地说出，有时为了追求俗趣和刺激，甚至故意多说第②类词语。近几年中国文学创作界也有不少作家故意渲染这两类词语及其有关行为，追求恶趣，以致为人诟病。

此外，如趋吉避凶的心理、避免触及隐私的心理、切合自己身分的心理等也都是许多民族在语言使用中的共同文化心理。

语言使用中的特殊文化心理如：

（1）**汉人重和谐，西方人重真率，日本人则尽量避免交锋**。中国历史上历来重视“五伦”的和谐关系。现代“五伦”中的“君臣”固已不复存在，但上下级关系依然存在。无论古今，利益和见解不一总是要发生的，中国人推重的是“忍让”“求同存异”，实际上多数情况下是要求弱者忍让，这样的和谐往往是假象，但是中国人觉得相安无事就好。西方人性格外向，肚里有想法一定要说出来，对方听从与否不一定很当回事，所以我们常见西方人各执己见，照样共处共事。日本人与人说话虽然心存异见，嘴上仍然可以不停地说はい、はい（是的，是的），使中国人和西方人都莫名其妙，甚至误以为是得到了赞同。在日常会话中日本人只有在两种情况下才能说いいえ（不）：一种是在自谦的时候，另一种是在鼓励和安慰对方的时候。①

（2）**汉族人特别容易耽于语言幻想**。语言可以反映现实，也

① 参见［日］金田一春彦著《日语的特点》（中译本），外语教学与研究出版社 1985 年。

可以构造幻境。所谓“语言幻想”是指把愿望寄托在语言构造的幻境中。语言幻想是每个民族都可能有的，这是语言魔力造成的语词迷信效果。但汉人在这方面表现得特别普遍、执着。其一如汉人特别重视命名中的含义。无论什么名称，包括人名、地名、街名、山水名、庭园名、商品名、商标名、食物名，如非自然形成而需特定的话，汉族人都喜爱煞费苦心，把所能想得出的“好”的意思，包含在那小小的名称之上，使之成为一种价值和愿望的寄托形式。因此，中国人可以把只有十平米的书店命名为“环球书店”，这可能使西方人感到有趣，而当中国人看到美国的大旅店、大医院也只用 HOTEL、HOSPITAL 作标志，也会感到有些不可理解。其二如汉族人特别喜爱讨口彩，即在生活中尤其是民俗活动中使用吉利话。如前所说，趋吉避凶心理是语言运用中的共同心理，但汉族人表现得尤为强烈认真，几乎用尽了可以想得出的手段来构成口彩，如生日吃的面条因其长形而称为“长寿面”（象征），婚床上撒枣、栗、莲子即可“早立子”（谐音）等等。节日庆典中说话可以不雅洁，但决不可以不吉利。其三如中国人特别相信标语口号的字面意义以及它对现实的指令作用。从旧时代的“姜太公在此百无禁忌”到文革中的标语海洋和语录海洋，都是一脉相承的民族语言心理的表现。耽于语言幻想大概是李泽厚所说的中国人“乐感文化”的国民性表现之一。

（3）**汉族人特别喜欢在语言文字中作机械的比附联想**。梁漱溟说：“中国人讲学说理必要讲到神乎其神、诡秘不可以的理论，才算能事。若与西方比看，固是论理的缺乏，而实在不只是论理的缺乏，竟是‘非论理的精神’太发达了。”他举例说，中医说的血、气、痰都不是实在的血、气、痰，心肝脾肺都不是指具体的东西，“乃是某种意的现象，而且不能给界说的”，并认为这是

“东拉西扯联想比附与论理乖违”。①

梁漱溟说的“非论理”就是现在说的“非逻辑”。中国的文化典籍中几乎随处可以见到这种非逻辑的论说方式。有许多理论，比如五行学说、天人感应论、天人合一论，看似构思精巧，头头是道，但是经不起逻辑推敲和事实验证，原因就是由于比附联想，穿凿的成分太多。至于等而下之的谶纬方术，就更是全凭穿凿成说。如果说这些都发生在科学不发达的古代，可以不必苛求，那么在科学昌明的现代，中国在引进西方思想（包括马克思主义）过程中的曲折经历，则又是在另一个层次上对古人故事的重演。特别是在极“左”思潮泛滥的年代，生拉硬套、比附穿凿的做法泛滥成灾，几乎全社会都得了“理论”迷狂。直到前不久，对于中国的经济体制改革问题，理论界一些人还要在“姓资姓社”问题上纠缠不休，全然不顾活生生的经济现实。中国的理论界很多人对舞文弄墨、纸上谈兵的爱好远远超过彻底解决实际问题的兴趣，除了私利上的原因外，从心理上讲，就是从对语言文字作比附联想、穿凿附会而成的文章中，能获得一种“自圆其说”的满足感。

（4）**中国人特别喜欢引经据典和依傍圣贤**。中国古人的祖先崇拜和圣贤至上思想表现在著书立说中就是讲究引经据典。《文心雕龙》特辟专章分别讲“宗经”“征圣”的意义。“代圣贤立言”是中国学子历来的为文准则。凡立一说最好要有经典或圣贤著作的出处。古人依傍儒家经典和儒家圣贤，今人则不过换了一批经典和圣贤，总之是要有所依傍，才算学有根底。空无依傍的学说往往被视为离经叛道和异端邪说。结果是个人的见解消融在古人和时贤的语录中，理论思维陈陈相因，继承多而创造少，学术思想少个性。平头百姓说话也好说“古人说过”云云，以加强说服力。这是中国人对个体自我的价值缺乏信心的语言表现。西方人自信

① 梁漱溟《东西文化及其哲学》，商务印书馆1922年版，1987年影印。

而有个性，爱表现个人价值和突出个人见解，所以文章和说话中少有上述现象，思想理论有创新的活力。不过由于西方人过于求新求异，也不可避免地制造出许多“明日黄花”。

由于文化心理是民族精神的最深层的东西，而一个民族特有的文化心理则更能体现该民族的内在特质，所以对语言中民族文化心理的揭示也是对民族特性的揭示。以上所论仅仅是几方面显见的现象。关于这方面的研究，文化语言学只是开了个头，今后还大有用武之地。比如寒暄、问候、待客、交谈、避忌、称呼、客套、命名等，各民族几乎都有自己独特内容或方式。对这些内容、方式以及隐含的文化心理综合研究的结果，可以建立起一门跨文化交际心理学。

第四章　文化语言学的学术渊源

尽管文化语言学在中国兴起是本世纪 80 年代以来的事，但是它并不是凭空产生的，而是有着自己的学术渊源的。这种渊源可以追溯到上古时代。由于语言和文化的天然联系，谈论语言不可能不涉及文化，谈论文化也很容易联系到语言，所以尽管上古时代并没有现代这样的语言学和文化学的概念和理论，但是东西方的古代学者在对许多问题的探讨中都涉及了同语言有关的文化问题或同文化有关的语言问题。古希腊人走上语言分析的道路，是由哲学家们研究思想同词的关系、研究事物同名称的关系来推动的，而且当时的语言研究完全是以哲学为转移，尤其是以逻辑学为转移的。在我国上古时代，从春秋至秦汉数百年间学者们曾对“正名”问题、名实关系和言意关系问题进行探讨。这些都给文化语言学的研究者们以非常有益的启迪，不过我们这里不拟详论中国文化语言学同上述这些探讨的思想联系，仅就中西方学术中对中国文化语言学理论建设中最有影响的几个方面来看文化语言学的学术渊源。

第一节　文化语言学的西学渊源

对中国文化语言学最有影响的西方学术思想有以下几个方

面：

1. 欧美文化人类学理论

人类学是一门根据人类的生物特征和文化特征来综合地研究人的科学。它起源于地理大发现时代欧美学者对当时西方技术文明以外的被称为“野蛮”“原始”的社会的研究。现代的人类学已不限于这一范围，也包括对现代文明社会内部的人的研究。人类学分体质人类学和文化人类学两大分支。体质人类学研究人类体质的生物学特征，它同语言问题关系不大。同语言问题有关系的是文化人类学（大致相当于通常所称的文化学或文化科学）。文化人类学研究人类社会中的行为、信仰、风俗、习惯、语言、社会组织等等的文化特征。在文化人类学家看来，语言是文化的一部分，而且是人类接受社会文化的主要通道；语言是和整个社会文化一起代代相传并不断演化的；语言还是政治凝聚的重要力量，语言和社会不可或缺。文化人类学对语言的这些见解给中国语言学家提供了看待语言的新视角。文化人类学理论流派众多，其中对中国文化语言学影响较大的有以下三家：

（1）**以英国学者泰勒**（E. B. Tylor，1832—1917）**为代表的文化进化论学派**。泰勒在《原始文化》一书中为“文化”下的经典性定义（见本书第一章第一节）构成了文化语言学研究者们关于“文化”问题的基本概念。就是说，文化语言学把文化概念的内涵规定在精神文化范围内，这一观念首先主要是受之于泰勒。泰勒在《原始文化》一书中所探讨的文化主要也是精神文化。文化语言学的文化概念能够同泰勒的文化概念相契合，其深层的原因则在于语言本身是人类精神的记录、镜象或表征。泰勒在被称为《原始文化》的姊妹篇《人类学——人及其文化研究》一书中，用三章篇幅专论人类语言的起源、发展、分化对人类文化形成的重大意义和作用。另用一章专论语言的记录形式文字以及印刷出版技术对现代文明形成的作用。此外，泰勒在探讨人类文化中的巫术、宗教、信仰、习俗、神话等问题时，用了大量词源分析的例子来证明文化观念的起源。比如在一些原始部族中对灵魂和精灵的信仰经常同“影子”“形象”等概念关联，使用同一个词；另外一些语言中灵魂、心灵等概念常和“呼吸”的概念使用同一个词。据此可以推断原始思维和原始宗教观念的特点。又如在希腊和罗马的古典书籍中，命运女神是以三个智慧妇女的形象出现的，她们是过去、现在、将来的化身，她们的名字就有“过去”“现在”“将来”(Urdhr，Verdhandi，Skuld)的意义。这说明对现代人来说只是表现在语言中的概念的东西，在古人的思想中却采取了个人的形式。在泰勒的理论中，“进化”的观点和“痕迹”的概念具有重要地位。现代文明社会的文化是由远古野蛮社会和蒙昧社会的文化进化而成的，其中仍然保留着远古文化的某些“痕迹”，这些“痕迹”丧失了最初的意义，成了荒诞无稽的陈规陋习，而文化学正是要从这些“痕迹”中洞察出意义并作出解释，并用比较的方法探求出从远古到现代、从野蛮文化到文明社会的进化脉络。这一旨趣和方法与文化语言学的旨趣和方法部分相近，所不同的只是文化语言学侧重于文化体系中的语言部分。这正是文化语言学研究者推重泰勒的原因。此外在文化进化论学派中还有一位深受泰勒影响的英国文化人类学家弗雷泽(J. G. Frazer，1854—1941)，对于文化语言学的研究也有一定影响。弗雷泽以对原始社会中的巫术、宗教和习俗的广泛深入的研究而著称。其研究成果早在 30 年代就经李安宅的编译以《语言底魔力》和《巫术与语言》二书被介绍到国内(后一书 80 年代曾影印再度发行)，1987 年弗雷泽的代表作《金枝》中译本在中国出版。《金枝》一书中对文化语言学最有直接影响的是第 22 章《禁忌的词汇》，其中用丰富的材料介绍了未开化社会中对个人名字、亲戚名字、死者名字、国王及其他神圣人物名字以及神名的禁忌。这些材料不仅引起了中国文化语言学研究者们对中国社会包括避讳在内的言语禁忌的研究兴趣，而且还使他们对言语禁忌的起源与本质获得了较为深刻的认识和理解。

(2)**以马林诺夫斯基**(Malinowski,1884—1942)**为代表的功能主义学派**。马氏是欧洲功能主义文化人类学的大师,一生著述丰富,影响巨大。其学说于30年代已经由吴文藻、费孝通、李安宅等学者传译到我国。功能主义学派认为,人类的目的是生活,而文化则是人类用以达到这一目的的手段;不同社会的文化在形式上可以有种种变异,但就其满足人类生活需要的功能这点而言则性质都是相同的;所谓"功能"就是某一文化要素位于文化整体之中并且为文化整体的延续所起的作用,即所谓"经常满足需要"的作用,因而文化的研究就是要阐明每一个别的文化构成要素在现实存在的社会或文化中的相互关联和它们在文化整体中所发挥的作用(即功能)。马氏把文化分成物质的和精神的两大部分,而他所特别看重和着力研究的是精神文化。精神文化"这部分是包括着种种知识,包括着道德上,精神上及经济上的价值体系,包括着社会组织的方式,及最后,并非最次要的,包括着语言"。① 在作为马氏功能主义文化理论纲领性著作的《文化论》一书中,他专立一节讨论了语言在整个文化体系以及在个体的人的成长过程中的作用,认为"说话是一种人体的习惯","语言是文化整体的一部分,但它不是一个工具的体系,而是一套发音的风俗及精神文化的一部分"。②在马氏的文化学理论中,有三点最为文化语言学的研究者所重视:一是强调文化的整体,即认为文化是由各要素经过整合而成的体系,而语言是这个体系的一部分;二是文化具有满足人类需要的功能,是人类生存生活的一种手段;三是看重文化要素间的关系,"文化的意义就在要素间的关系中"③。文化语言学把语言放到文化整体中,考察它在文化建构中的功能,考察它与其它文化要素间的关

① 马林诺夫斯基《文化论》(费孝通译),中国民间文艺出版社1987年,第5页。
② 同上书,第7页。
③ 同上书,第14页。

系，都是受了马氏理论的影响而形成的思路。另外，马氏关于语言属性的观点，对于促使文化语言学研究者们摆脱工具论语言观的束缚，建立强调语言的文化属性的文化论语言观，无疑具有根本的意义。

（3）**本尼迪克特**（Ruth Benedict，1887－1948）**的“文化模式论”**。本尼迪克特是著名的美国人类学家。她提出的“文化模式”的学说，使人们对文化的整体功能有了新的理解。本尼迪克特认为，马林诺夫斯基虽把文化视为一个整体，但并没有讲清楚文化的内在有机联系是如何形成的以及在多大程度上有这种内在联系；而发现和描述这种内在联系并论述各种文化既具有个性又行动一致的统一表现形态，正是文化人类学家要做的事。她通过对北美印第安民族的不同部族以及日本民族的文化特性的独特研究，证明了文化都是一些充满独特个性的“模式”。在一种文化模式中被认为是“异常”的、无价值的或遭到唾弃的行为，在另一种文化模式中反倒会被认为是值得自豪的、很有价值的或受到尊崇的行为。各种文化模式由互不相同的价值秩序制约着，呈现出多样性；从文化内部给这些多样性定性的，是表现为民族精神的文化主旋律。这个主旋律即是使文化成为模式的东西。她曾把自己从事实地考察的几个印第安部族的文化命名为“日神型”“酒神型”和“妄想狂型”，又曾把日本的文化模式概括为“菊花和刀”。本尼迪克特的名著《文化模式》、《菊花和刀》也是在80年代被译介到中国的。她的理论不仅给中国的文化语言学研究者以“模式”看待文化的观点，而且使他们能以“模式”的观点来看待语言。这种看待语言的“模式”观点完全不是由类推得来，因为在《文化模式》一书中，本尼迪克特在论述文化模式的形成过程时，就曾直截了当地拿语言打比方。她认为文化的特性取决于对围绕文化群体的一道巨大的弧上的某些被认为有价值的节段的选择，语言也是这样。“每一种语言必须作出选择，并在承受可能完全不为人理解的痛苦中去服从这种选择。”“另一方面，我们对与自己的语言无关紧要的那些语言的大量误解，是在我们企图将异族语言系统作为研究我们自己语言的参照框架时发生的。”① 因此，正像在一种文化中视金钱为基本的价值而在另一种文化中却几乎没有意识到金钱的价值那样，对于一种语言是至关重要的范畴在另一种语言中可能变得无足轻重。对不同文化、不同语言之间的这种深刻的差异性和不可通约性的认识强化了文化语言学的比较研究和求异研究的观念。

2. 洪堡特的语言学说

洪堡特（W. F. Humboldt，1767—1835），西方著名语言学家，德国人。他一生研究过许多语言，终生致力于探讨语言的本质和功能、语言与思维的关系、语言的文化内涵等具有普遍理论意义的问题，在普通语言学领域有独特的贡献，他提出的语言哲学体系为现代语言学的理论奠定了基础，现代语言学的许多流派都受到他的语言学说的深刻影响。他最为著名而影响巨大的是作为三卷本著作《论爪哇岛上的卡维语》一书的导论《论人类语言结构的差异及其对人类精神发展的影响》，这篇长达 200 余页的导论被后人誉为“第一部关于普通语言学的巨著”，“言语哲学的教科书”②。“导论”包含有极为深邃丰富的理论思想，其中对文化语言学研究最有影响的是这样几个方面：

(1)**关于语言的本质问题**。洪堡特有一个一再被人引用的著名论断：“语言绝不是产品（Ergon），而是一种创造活动（Energeia）。”（或译为：“语言不是一种‘功’，而是一种‘能’。”）他认为语言的真正定义只能是发生学的定义。语言的生命在于讲话，讲话是一种活动，语言就存在于这种活动中。“语言实际上是精神不断重复的活动。”因此“我们不应把语言视为一种僵死的制成

① 见《文化模式》（中译本），华夏出版社 1987 年，第 18 页。

② 此处引语及以下简介，根据胡明扬主编《西方语言学名著选读》中伍铁平、姚小平的译文及有关评介，中国人民大学出版社 1988 年出版。

品”，不能把语言看作“一大堆散乱的词和规则”，因为“这种个别的东西永远是不完全的，需要有新的活动发生，方能认识到生动的讲话本质，并提供一幅活语言的真实图景”。因此“在真实的、根本的意义上说，只能把讲话的总和视为语言”。他尤其反对把语言的形式仅仅看作所谓的语法形式，一再强调要把语言看作精神力量的创造活动。

(2)**关于语言与人、世界三者的关系**。洪堡特认为，语言处在人与世界之间，人必须通过语言并使用语言来认识世界。“没有语言，就不会有任何概念；同样，没有语言，我们的心灵就不会有任何对象，因为对心灵来说，每一外在的对象只有通过概念才会获得真实的存在。”词不仅仅是传达思想的被动的标记，它对人类精神具有反作用。“词在心灵面前借助于附带的自身意义而重又成为客体，并将一种新的特性赋予感知。”每个民族都不可避免地把自己独特的主观意识带到自己的语言中，“因此每一语言里都包含一种独特的世界观”，“每种语言都包含着一部分人类的整个概念和想象方式的体系”。这种“语言世界观”又可以反过来影响人的思想行动：“人跟事物生活在一起，他主要按照语言传递事物的方式生活，而由于他的感情和行为受制于他的观念，我们甚至可以说他完全按照语言的引导生活。”人创造了语言，同时又“把自己束缚在语言之中”。在洪堡特那里，语言和思想的关系极为密切，每种语言都表达记录了各自的思维范畴和意义内容，由此形成了表现为独特的语法结构和语义结构的“内在语言形式”，各民族的人们就是通过这种潜藏在语言底层的“内在语言形式”来整理和划分经验世界，使观念和思想得以明确化、现实化的。

(3)**关于语言和民族精神的关系**。上述两点决定了洪堡特对语言和民族精神关系的根本看法。既然他认为语言的使用过程是一种精神的创造活动，那么一个民族的语言创造过程也就是精神创造过程。“语言仿佛是民族精神的外在表现；民族的语言即民族的精神，民族的精神即民族的语言。二者的同一程度超过人们的任何想象。”民族语言既然对内同一于民族精神，那么对于不同民族来说，语言的差异也就势必对应着民族精神的差异。造成语言差异和民族精神差异的原因复杂多样，其中有些是无法从理性和纯概念上说清的。既然一定的语言与一定的民族特性和文化特征相联系，那么对语言的研究就必须同对民族的历史文化、风俗习惯的研究相结合。

洪堡特关于语言问题见解的深刻性，使他的理论有一种“钻之弥坚”的性质，因此文化语言学的研究者都乐于在他的著作中寻找思想资料。我们如果把洪堡特的语言学说和文化语言学的语言观相比较，不难看出二者之间的相似性和源流关系。

3. 美洲人类语言学

人类语言学是人类学和语言学相结合的产物。促成这种结合并使之形成一种研究传统的客观事件有三项。一是本世纪初人类学家对美洲印第安人的语言和文化研究的热心。美洲印第安语种类繁多，分布极广，相互之间差别又很大，又几乎全部处于无文字的状态中，其中有一部分由于讲的人太少正在趋于消亡。巨大的研究任务和迫切的使命感吸引了大批语言学家投入了人类学家所关注的研究课题，促进了语言学和人类学的结合。二是传教的需要。由于新教教派要对国外传教，为此要培训懂得该地语言的传教士，于是学习各地土著语言问题提到了首要地位，语言学习的需要刺激了语言研究的兴趣。三是第二次世界大战中，美军要统治太平洋的许多岛屿，为此要学习各岛的土著语言，他们请了语言学家来帮助他们从事语言培训工作。这也刺激了语言学家研究土著语言和文化的兴趣。在研究印第安人和其它土著部落的文化和语言的过程中，语言学家发现了语言、思维、文化之间的某种直接联系，从而建立了人类语言学的研究规范。美洲人类语言学的主要代表人物和有关思想是：

(1)**博厄斯**

博厄斯(F. Boas,1858－1942)是美洲人类语言学的先驱,近代人类学的创始人。他原是德国人,23 岁获得博士学位,25 岁到北美从事人类学研究。他深入印第安人部落学习他们的语言,记录他们口授的历史。他以前的语言学家在研究中往往习惯于按照印欧语系的模式来描写其它语言。博厄斯的研究方法与此不同,他认为每一种语言不应依据一些预定的标准来描写,而只应依据它本身的语音、形成意义的模式来描写。因此,他训练印第安人学会记音的方法,让他们记下自己的语言,申述他们对自己语言的看法,然后从中归纳出该种特定语言的模式。在他倡导下形成的这种研究方法,发展成为美国描写语言学的研究规范。以往欧洲语言学家曾认为,语言演变的模式是由一种"始祖语"演变成许多种语言,博厄斯发现美洲语言与此不同,往往是许多毫不相关的语言聚在一起,互相影响,每一种语言都有自己所受的文化影响。他说:"对于印第安语言的理论研究,似乎和对于印第安语言的实际知识同等重要;纯粹的语言研究似乎是对世界各民族心理的彻底研究的重要部分。"博厄斯一生著述丰富,还创办过三种论述人类学和人类语言学的期刊。他编写的包括北美印第安人的 19 种语言的论集《美洲印第安语言手册》成为这一学科的必备参考书。他倡导的把语言研究和文化研究结合起来的理论原则影响了其后几代学者,并由他的学生萨丕尔和萨丕尔的学生沃尔夫加以发展,形成了被称为"语言相对论"的"萨丕尔—沃尔夫假设"。

(2)**萨丕尔**

萨丕尔(E. Sapir,1884—1939)是美国著名的语言学家兼人类学家,人类语言学的奠基人和美国结构主义(描写)语言学派的主要建立者。他以对北美印第安语言的卓越研究成果而著称于世。同以布龙菲尔德为代表的建立在行为主义和形式主义基础上的语言观不同的是,萨丕尔强调语言模式的心理基础,他认为"语言是纯粹人为的，非本能的，凭借自觉制造出来的符号系统来传达观念、情绪和欲望的方法”。“言语是一种非本能性的、获得的、‘文化的’功能。”[①] 关于语言和思维、语言和文化的关系，萨丕尔认为，人们主要是通过语言去理解世界，因此不同的语言表达方式会对同一客观世界提出不同的分析和解释。他认为种族、语言和文化的分布不平行，语言和文化的历史不能直接用种族来解释。语言形式跟种族和文化没有必然的联系，而语言的内容跟文化是有密切关系的，特别是词汇能比较如实地反映出它们所服务的文化。不过他又强调切不可把语言和词汇混为一谈。他的主要著作是《语言论》，此书对语言类型有许多精细独到的分析。

(3)**沃尔夫**

沃尔夫(E. L. Whorf，1897—1941)，美国语言学家，1914 年进麻省理工学院学化学工程，1924 年起先后研究过希伯来语、墨西哥阿兹特克方言和古代玛雅语，1931 年到耶鲁大学跟萨丕尔学习人类学，1932 年开始研究美洲印第安人的霍皮语。在语言和文化的关系问题上，沃尔夫深受洪堡特和萨丕尔的影响。他在对美洲印地安语的实地调查中发现，霍皮语并不像英语那样在动词的语法结构上区分出现在、过去和将来三种时间，这说明霍皮语和英语的时间观念不一样，英语可以把主观意识到的时间客观化，而霍皮语则不能。他据此提出，人们看待时间和严守时刻的方式可能受他们动词的时态类型的影响。[②] 在动词和名词的划分上，霍皮语也和英语不同。英语的 lightning(闪电)、wave(波浪)、flame(火焰)、meteor(流星)等都是名词，而在霍皮语里却要用动词表示这些概念。而温哥华岛的奴脱卡(Nootka)语甚至连动词和名词也不区分，听起来好像所有的词都是动词。比如把“房子”说成“住”之类。沃尔夫据此认为英语对自然的动词、名词两极划分法并不能说明自然本

① 萨丕尔《语言论》(中译本)，商务印书馆 1964 年，第 6 页、第 3 页。
② 参见桂诗春《心理语言学》，上海外语教育出版社 1985 年，第 174—175 页。

来就应当这样划分，而是因为英语中有动词、名词这样的语法范畴。而对于语法范畴的定义，不同语言各不相同。在霍皮语中，表示短暂性事物的都是动词，因此英语中“闪电”“波浪”“火焰”“流星”等词在霍皮语中都是动词。而奴脱卡语中并无名词、动词这样的语法范畴，所以他们并不区分名词和动词。沃尔夫根据这些材料和观点，提出了一种被称为“语言相关性”的理论。这一理论又被称为“萨丕尔—沃尔夫假说”。

萨丕尔—沃尔夫假说认为，语言的结构能够决定操该语言的人的思维方法，因此，各种不同的语言结构导致说这些语言的人用不同的方法去观察世界。作为人们的行为体系的文化，只能存在于人们对周围世界的观念之中，语言包含着人们关于周围世界是由什么组成的各种观念，也包括人们在社会中应如何行动的观念。人们只有了解这些观念是什么，才能了解文化是什么。这些观念既然被包含在语言之中，那么只有通过语言才能接受和了解文化。因此，语言表达文化，决定着文化，支配着人们的思维，并形成人们的世界观。

美洲人类语言学从博厄斯到萨丕尔和沃尔夫，在各方面都取得了独特的成就，形成了自己独具的理论系统和研究方法。但是，由于本世纪三、四十年代以后，以布龙菲尔德为代表的注重形式分析的描写语言学成为美国语言学的主流，萨丕尔、沃尔夫的学说未能在美国语言学界占主导地位，但这一学派在国内外始终有影响。沃尔夫去世 10 年后，美国学者对萨丕尔—沃尔夫假说重新感到兴趣，曾多次召开专门会议进行讨论。这一假说尽管经过长期的争议，有人支持，有人批评，但是至今既没有被完全证实，也没有被完全推翻。这一情形本身就表明它具有相当的理论价值和深厚的根基。萨丕尔—沃尔夫假说提出的一些根本原理也许可以不断争议下去，但是人类语言学把语言和文化一起进行考察研究的传统却已经得到普遍的肯定和发扬光大。50 年代以后，美洲人类语言学又有了新的发展，人类语言学家对文化类型和语言类型进行了比较研究。H.E. 德利菲尔的一项研究结果表明，北美土著的文化组合和民族组合是相当一致的。无论如何，语言决不仅仅是一个形式系统。语言和思维，语言和文化之间即便不存在等值关系，语言在形成思维和文化过程中的巨大作用也是毋庸置疑的。迄今为止我们对这个世界的认识都反映在我们的语言里，我们确实是根据我们的语言来理解这个世界的。语言在形成我们的世界观的作用问题，仍然是一个很有探讨价值的问题。即便从萨丕尔—沃尔夫假设为我们提出了一个富于启发性的课题，为我们指出了一个极有探讨价值的领域这一点看，我们对这一理论至少也不应采取否定态度。

除了上述西方学术思想外，还有卡西尔的符号论哲学思想和伽达默尔的释义学思想，对文化语言学的理论建构也有很大影响，因前文已有引述，这里不再赘述。

第二节　文化语言学的中学渊源

1. 中国传统文化中的文道一统观

“形而上者谓之道，形而下者谓之器。”中国古典哲学把“道”看作是世界的本原、本体、规律、法则或原理，是一种抽象无形的东西，而把那些具体有形的、可以感知的器用之物，包括一切自然物质，都称为“器”。语言属于道、器二者的哪一种呢？中国古代思想家无论哪家哪派，从根本上都是崇奉“天人合一”的世界观的，天道和人道是混而为一的，人道只不过是天道在人的世界的体现而已。

语言文字是天道和人道的表述者、体现者，是人性的一部分。[①]“人之所以为人者，言也。人而不能言，何以为人？”[②]“言谈者，仁之文也。”[③]“道者，文之根本。文者，道之枝叶。唯其根本乎道，所以发之于文，皆道也。三代圣贤之章，皆从此心写出。文便是道。”[④]道产生了文，文又体现了道，文、道便浑然一体了；而文又是从“此心”（主观世界）写出的，于是客观世界的本原和法则（道）、主观世界（“此心”）和它们的表现者（文）便成了一体化的东西了。中国传统文化的这种文道一统观同西方人类语言学关于语言即世界、语言决定思维、决定世界观、决定文化的语言、世界、思维、文化一体观的主旨相当接近。语言文字在中国古人心目中并不是形而下的器用之物，不是纯粹的工具，而是具有本体性质和地位的“道”。语言的本原在乎天道，在乎天地之心的人心。刘勰的《文心雕龙》是阐述文章（书面语言）写作规律的论著，其开篇《原道》把中国古人的语言文字观阐述得相当透彻而精辟：

> 文之为德也大矣，与天地并生者何哉？夫玄黄色杂，方圆体分，日月叠璧，以垂丽天之象；山川焕绮，以铺理地之形。此盖道之文也。仰观吐曜，俯察含章，高卑定位，故两仪既生矣；惟人参之，性灵所钟，是谓三才，为五行之秀，实天地之心。心生而言立，言立而文明，自然之道也。

2. 内涵丰富的“小学”传统

与中国古人心目中语言文字的崇高地位相一致的是研究语言文字的学问“小学”在中国古代学术中的显要地位。

小学的显要地位是经学的显要地位造成的。在漫长的中国封建社会中，科学技术事业不发达，知识分子的主要学问就是经学。

---

① 参见张汝伦、申小龙《论文化语言学》，《复旦学报》1988 年第 2 期。
② 《春秋谷梁传》。
③ 《礼记正义·儒行》。
④ 《朱子语类》卷百三十九。

所谓“经”就是指儒家的经典著作。“经学”就是研究儒家经典的学问。“经”和“经学”的形成和发展的历史，几乎就是一部中国传统文化发生发展的历史。中国上古本无“经”这一名称。春秋末期，孔子为宣传和保存西周奴隶制的思想文化和典章制度，创办私学，招收门徒，把他所收集并编定成集的一些周代文献传授给弟子，这些文献集包括《诗》《书》《礼》《乐》《易》《春秋》等六种，称为“六艺”。关于六艺的社会功能，“孔子曰：‘六艺于治一也：《礼》以节人，《乐》以发和，《书》以道事，《诗》以达情，《易》以神化，《春秋》以义。’”①总之是治国平天下的道理，属于“文治教化”一类方法。文治教化的施行者是文官，所以“六艺”也是培养读书人和造就文官队伍的教科书。但是由于春秋时期百家争鸣，战国时期列强纷争，“六艺”并未被社会真正重视。“六经”的名称虽在战国后期已出现，但是，真正被定为一尊，成为儒家经典著作则是汉武帝罢黜百家，独尊儒术以后的事。由于到汉代《乐》经已经散失，只存《乐记》一篇，被并入《礼经》中，于是“六经”变成了“五经”。到了唐代，《春秋》按照《左传》《公羊传》《谷梁传》分成三种，《礼经》也分为《周礼》《仪礼》《戴礼》(《礼记》)三种，于是有“三礼”“三传”的名目。“三礼”“三传”再加上《易》《书》《诗》合称“九经”。到了宋朝，又把《尔雅》《孝经》《论语》《孟子》四种加上去，于是便有了“十三经”。“经”字的本义是织布机上纵向的线。由于经线有规定织物宽度的作用，所以引申出“常规”“常道”的意思，汉班固在《白虎通》一书中首先将“经”解释为“常”。刘勰在《文心雕龙》中说：“经也者，恒久之至道，不刊之鸿教也。”正因为经书有这样的作用，所以在我国古代文献的“四部分类法”分出的“经、史、子、集”中，“经部”被列于首位，其用意即在于尊儒重道，以儒家思想为正统、常道。正如《隋书·经籍志》所言：“夫经籍也者，机神之妙旨，圣哲之能事。所以经天地，纬阴阳，正纪纲，

① 《史记·滑稽列传》，中华书局1959年版。(按：“春秋以”下疑有脱字。)

弘道德。显仁足以利物，藏用足以独善。学之者，将殖焉；不学者，将落焉。”而子、史、集三部的著作，都被看作是从不同角度，体现、维护和阐扬经书思想的书籍。

经学的地位如此，中国古代读书人的唯一出路，就是通经致仕。要通经首先得读懂经书，经书都是古书，越到后代越难读懂，于是研究经典文献中的语言文字，引导人们读懂古书的古代语文学应运而生。“小学”本是周代贵族子弟的初级学校。许慎《说文解字叙》说：“周礼八岁入小学，保氏教国子，先以六书。”到了汉代，“小学”一词被借用来作为古代语文学的代称。《汉书·艺文志》所开列的小学十家都是文字训诂之类书籍。《隋书·经籍志》在四部分类的“经部”下开列易、书、诗、礼、乐、春秋、孝经、论语、谶纬、小学等十个项目。小学书虽被列为末尾殿后的项目，但已进入经部，地位在其它三部之上，可见当时学者对语言文字学的重视。小学的这一地位一直保持到近代。隋唐以后，小学类的书籍在文字、训诂之外，又增加了音韵一门。《尔雅》是中国古代第一部训诂学专书，由于它和儒家经典的关系比其它小学类书籍更为密切，宋代以后又进一步把它升格，列为“十三经”之一。正因为小学是通经的门径和阶梯，所以尽管究其实质不过是一门工具性学科，但是历代士人从不敢轻视。不仅读书人必通小学，而且由于其地位和作用的重要，历代都有不少一流学者专门研究小学。其中清代的小学研究更以其辉煌成就而足以彪炳千秋学术史。

如果把有关文字、音韵、训诂的专书看作狭义的“小学”的话，那么还存在三个范围更大的广义的“小学”：首先是散见于各类古典文献的注疏，其次是历代学者的为着某种实用的目的而编的各种“类书”，第三是散见于古代文论中大量的有关汉语词法句法的论断。第一类材料性质同狭义的小学相近，只不过随文而行，并未汇总，形式上散漫无涯，方法上没有作为专著的小学严谨；第二类材料虽然不是从真正的文字学、训诂学、音韵学角度对语言单位的研究和解释，但却是历代书面语中对某一语言单位的实际用例的汇总，可以看作是一种用例辞典；第三类材料虽未系统化，但由于大抵出自古人的切身体验和深厚经验，颇具烛照洞见，同汉语句法规律比较契合。如果我们把狭义的和广义的“小学”加在一起的话，那么可以说中国的传统小学简直是既包括中国传统语文学思想，又包含着中国传统文化全部信息的一片无限广阔、无限深邃的汪洋大海。

文道一统，文以载道，不仅在援笔为文时，就是在对语言符号作研究诠释时，中国古代学者都大抵坚守这一信条。因此，语言符号在中国小学家的眼中笔下，就不仅是一个个一般的音义结合的语词单位，而且是一个体现道统的文化符号，其诠释的角度和结果，自然与今人大异其趣。比如许慎《说文解字》对“一”“玉”两字的解释：

> **一：**惟初太极，道立于一，造分天地，化成万物。

“一”是最简单的数码，许慎为什么要这样解释呢？是他有意作迂曲之说吗？不是。如果证之于先秦诸子，我们不得不佩服许慎解释的精当。在先秦许多思想家那里，“一”这一语言符号是当作文化符号来使用的。作为文化符号，“一”指的是宇宙天地间无所不在的道体、本原、太初、太极、元气之类东西。《老子》说：“道生一，一生二。”《庄子·天下》引惠施语说：“至大无外，谓之大一，至小无内，谓之小一。”王弼《老子注》说：“一，数之始而物之极也。”《淮南子》说：“一也者，万物之本也，无敌之道也。”

> **玉：**石之美有五德者。润泽以温，仁之方也；䚡理自外，可以知中，义之方也；其声舒扬，专以远闻，智之方也；不挠而折，勇之方也；锐廉而不忮（zhì，狠也），絜（xié，圆转也）之方也。像三玉之连。“丨”，其贯也。

玉只是一种好看的石头，它当然不可能有什么“五德”。这是不能也不必同许慎细论的。但是这条释文却足以使我们认识到玉在中国古人思想观念中的崇高象征意义，从而对玉在古人文化生活中的地位有了理解，对汉字汉语中那么多用“玉”构成的字、词的美好意义的文化根源也就有了新的理解。再看《尔雅·释亲·婚姻》中的释例：

> 妇称夫之父曰舅，称夫之母曰姑。姑舅在，则曰君舅君姑；没，则曰先舅先姑。谓夫之庶母为少姑，夫之兄为兄公，夫之弟为叔，夫之姊为女公，夫之女弟为女妹，子之妻为妇，长妇为嫡妇，众妇为庶妇……

我们从这些释文中可以看到上古中国的婚姻制度、亲属关系和称谓系统，从而认识到称谓词与婚姻的关系。再看朱熹《诗集传·硕人》首章：

> 硕人其颀，衣锦褧衣。齐侯之子，卫侯之妻，东宫之妹，邢侯之姨，齐公维私。《诗集传》：赋也。硕人，指庄姜也。颀，长貌。锦，文衣也。褧，禅（dān，单衣）也。锦衣而加褧焉，为其文之太著也。东宫，太子所居之宫，齐太子得臣也。系太子言之者，明与同母，言所生之贵也。女子后生曰妹，妻子姊妹曰姨。姊妹之夫曰私。邢侯、谭公，皆庄姜姊妹之夫，互言之也。诸侯之女嫁于诸侯则尊同，故历言之。

我们从朱熹的释文中所见到的是上古贵族妇女的服装（衣锦褧衣）、王族的居住制度（东宫）、亲属称谓（妻、妹、姨、私）的含义，以及门第、等级观念等古代文化现象。

正因为传统小学中包含了丰富的民族文化内涵，所以我们就可以充分利用来研究汉语词义的产生和发展的文化依据。民族文化往往是词语意义形成的背景和依据，又决定着词义引申发展的方向。比如“龙”这个词，从概念上讲，它只是传说中的一种具有神性的动物。但是由于龙是远古时代华夏民族的图腾，是被人们崇拜的神灵之物，不仅有至高无上的地位，还有无比广大的神通，主宰着人类的命运，因此“龙”这一词在使用中通过隐喻就获得了“帝王”的意义，有关词语如：龙飞（帝王即位）、龙兴、龙体、龙颜、龙心、龙袍、龙庭、龙种、龙子龙孙、攀龙附凤等等。“龙”又成为中华民族的象征，如“龙的传人”“龙的子孙”。由于认为龙有广大的神通，又被喻为具有远大前程的优秀人物，如“望子成龙”“鱼龙混杂”“藏龙卧虎”。由于在许多传说故事中龙有时也给人带来灾害，所以“龙”也用来喻指凶恶的坏人，如“降龙伏虎”“龙潭虎穴”。由于传说中的“龙”善于飞腾变化，于是又形成了“龙腾虎跃”“生龙活虎”等词以表示生动壮观的姿态和形势，形成了“龙飞凤舞”来表示书法笔势的雄壮奔放。在中国，以“龙”命名的人名、地名、事物名称更是不可胜数。而在西方，龙(dragon)却是一种能吐烟喷火的怪物，性情凶残，常受巫师或魔怪的驱使为他们守护财宝，在西方社会 dragon 就不会形成像汉语中这样多的褒义词，这是文化背景不同造成的词义发展方向的差异。

第五章　文化语言学的建立和发展

第一节　学术反思和学科建立

西方的人类语言学和中国的传统“小学”只能是文化语言学汲取思想和材料的渊源，它们本身并不就是文化语言学。文化语言学有本身独具的对象、任务和方法，它的性质既不同于人类语言学，也不同于传统“小学”。

建立中国文化语言学的问题，是在对中国近百年来的语言学研究传统的深刻反思的基础之上提出的。

中国的现代意义的语言学史，是以晚清变法维新、谋求富强的时代浪潮的推动下出现的“切音字运动”和汉语语法研究为开端的。1892 年出版的卢戆章的《一目了然初阶》和 1898 年出版的《马氏文通》分别被看作汉字现代化和汉语语法研究的开山之作。其后，切音字运动发展成为现代的汉字拼音化运动，现代汉语语法学则蔚然成为现代汉语语言研究中的超等强国。中国语言学已具有近百年的发展史，已经以其具有相当水平的研究成果和一定规模的研究队伍而成为现代中国众多社会科学中的一个独立部门。然而到了本世纪 80 年代，一批具有创新意识的中青年语言学者回顾历史，环顾四周，却突然产生了一种极为强烈的失落感，他们感到语言科学已经成了社会科学中最脱离实际，最无补于事，因而也最不受重视和最少人问津的“冷门”，其地位和影响甚至不如封建时代由于可以“通经致用”而成为经学附庸的“小学”。在这种失落感的基础上，他们对中国语言学的现状和前途深感忧虑，产生了强烈的危机感。在这种危机感的迫使下，“中国语言学向何处去”的问题被提了出来，一时之间成为中青年语言学者的热门话题。围绕这一话题，大家对业已形成一定研究传统的中国语言学进行了一系列的反思。这些反思集中在以下几个基本问题上：

(1)**关于语言学的对象和方法问题**。论者认为，中国语言学深受西方语言学以索绪尔为开端的结构主义语言学的影响。自从索绪尔提出区分语言和言语、共时和历时、内部语言学和外部语言学等概念以来，他的语言学的唯一对象是“就语言和为语言研究的语言”这一名言已被20世纪大多数语言学家奉为圭臬，由此形成了对语言的内部结构系统作共时的、静态的、形式主义的纯正描写的结构主义传统。结构主义语言学在世界范围内取得了巨大的成就，然而随着研究的深入，它也日益暴露出根本性的缺陷。因为语言并不是完全脱离社会文化的、静止封闭的自足的系统，结构主义语言学所研究的只是一种设想中的理想化的语言，这种语言在现实中并不存在，真正的语言只存在于每个人的日常运用之中，它和整个民族的文化、历史、社会环境、言语环境、使用者的个人特点都有割不断的联系。把理想化的语言作为研究的唯一对象而进行精密分析的结果，是语言不再被作为一种文化现象，而只被作为一种形式系统来研究，这就忽视甚至抛弃了语言属性的一个重要方面，致使研究路子越走越窄。

(2)**关于语言学的本体性问题**。传统语言学只把语言当作一种工具，当作一种外在于人的客体。这种语言观导致对语言这一工具的结构和性能的详尽描写，研究的目的只是为了帮助人们掌握这门工具。这种过于偏狭的看法和做法在中国语言学界表现得尤为严重。于是中国的语言研究就带上了纯粹实用的功利性目的，缺乏站在语言本体论高度的理论概观。其重要表现之一就是语言研究的主要目的就是为了语言教学，作为体现现代汉语研究成果的现代汉语教材只能充当普通话的教科书。这样的现代汉语语言学只能算是狭义的应用语言学。然而在现实社会中人们掌握共同语并不仰仗现代汉语教材，况且现代汉语教材又起不到帮助人们掌握这门工具的作用，于是轻视语言科学的心理便由此产生。据此，论者认为，工具性并不是语言的根本属性，语言研究也决不应仅仅为了语言教学。语言是民族文化的结晶，是人性和人的心灵的体现，语言的模式就是民族文化的模式，只有从文化角度切入，把对语言的研究和对人的研究合而为一，才能确立语言的本体论地位，它的研究成果才能为其它各门社会科学所重视和利用，语言科学才不致成为自绝于其它社会科学的孤家寡人。

(3)**关于汉语的特殊性问题**。论者认为，汉语迥异于西方印欧语系，这种差别是民族性的差别，是文化上的差别，汉语同西方语言有格格不入的根本特性。西方语言学理论是建立在对印欧语系的透彻研究的基础之上，对印欧语系是适合的，但是不切于研究汉语的需要。可是从《马氏文通》开始，中国的语言研究一直是搬用西方语言理论，力图削汉语的足去适西方语言学的履，其结果是抹杀和歪曲了汉语本身的特点。由于西方语言理论不适于汉语研究，一方面使汉语研究建立在虚弱的理论基础上，受到扭曲的框架的束缚，难以正常发展，同时又使一部分搞具体研究的人对理论语言学持冷漠态度，只忙于琐屑饾饤的考证或无穷无尽的归纳描写，对本身的工作缺乏语言哲学上的观照和升华；而搞理论语言学的又只是满足于对西方理论的译介和修补，未能从对本土语言的研究中抽象出适合汉语特点的理论和方法来。这样的结果是理论工作和具体工作严重脱节。

(4)**关于历史问题**。论者认为，传统小学中具有深厚渊源的人文精神在现代中国语言学中未能得到继承和发扬，几十年的语言学论争（包括如何发现汉语特点的论争）都是如何使汉语研究更切合西方理论，而不是如何发扬汉语研究传统中的文化阐释传统。在中国语言学沿着结构主义的描写方向越走越远时，也曾有几位西方汉学家如葛兰言、马伯乐、劳费尔、伯希和等把人类语言学的方法带入中国，曾试图把汉语和汉族文化结合起来研究，并发表过一些成果，但他们的研究领域还不够宽广，缺乏深入性、规律性和系统性。50年代初，我国语言学前辈罗常培曾发表过一本《语言与文化》小册子，可以称为文化语言学的先声，但是由于50年代初对萨丕尔和沃尔夫思想学说的政治批判，语言和文化的关系这一本是大有价值的领域成了无人敢问津的禁地，文化语言学研究规范未能形成。

在进行上述反思的过程中，一批中青年语言学者怀着强烈的历史使命感，提出了关于更新语言观、语言学观，拓宽语言研究领域，改变以往语言研究规范的一系列主张，其中一个重要主张，就是建立中国文化语言学。经过近十年的努力，尽管目前还不能说这门学科已建设成功，但至少可以说作为一门语言学分支学科的文化语言学已经建立起来了。

第二节　文化语言学的发展

尽管文化语言学的开端可以追溯到本世纪初一些西方汉学家把中国语言与中国文化结合起来的研究，而且三、四十年代原中央研究院历史语言研究所一些学者的语言研究也多少杂有文化学的成分，但是真正堪称文化语言学的先声而被公推为文化语言学的“开山之作”的，是罗常培在50年代初出版的《语言与文化》一书。

表现在此书中有两点可贵的自觉：一是主动接受萨丕尔、帕默、泰勒和马林诺夫斯基的语言学和文化学思想，二是明确指出“语言学的研究万不能抱残守缺地局限在语言本身的资料以内，必须要扩大研究范围，让语言现象跟其他社会现象和意识联系起来，才能格外发挥语言的功能，阐扬语言学的原理”。为此作者要以自己的研究“给语言学和（文化）人类学的研究搭起一个桥梁来”，给中国的语言学开一条“新路”。然而，尽管如作者所说，“这本小书对于中国语言学的新路已经把路基初步地铺起来了”，可是由于种种原因在此后的 30 多年中这条路上却一直人迹罕至，作者寄予厚望的语言和文化的结合研究一直未能进行。这不能不说是一桩巨大的“历史的遗憾”。

80 年代最先自觉走上语言和文化结合研究这条道路上来的人，是方言学家游汝杰。游氏在 80 年代初发表的《从语言地理学和历史语言学角度试论亚洲栽培稻的起源和传播》一文，已初步显示出作者其后坚持的这一方向的潜能。稍后，作者与历史地理学者周振鹤合作，于 1984—1986 年间联名发表了五篇文章和一部专著《方言与中国文化》。其中刊于《复旦学报》1985 年第三期上的《方言与中国文化》一文首次提出了建立文化语言学的设想。此文以及同名专著以深厚的功力、广阔的视野、丰富翔实的材料和严谨务实的态度展示了一种新型的学术风范，颇受语言学界内外的好评，对文化语言学的建立和研究热潮的形成起到了极大的感召和推动作用。

受游、周二人的影响，一大批在 80 年代初期就对中国现代语言学的研究传统有所反思的中青年学者归到了文化语言学的旗号之下。1987 年发表的关于文化语言学的文章约有百篇左右，在中国语言学界形成了一股规模不小的文化语言学的新潮。这股新潮与以 1979 年陈原的《语言与社会生活》发表为开端的社会语言学在 1987 年 12 月召开的首届社会语言学学术讨论会上正式汇合。

从这年起，文化语言学由于陈建民和申小龙的加入既显出了声势和实力，也形成了流派的特色和分歧。尽管由于申小龙连篇累牍的理论鼓吹和对中国现代语言学不无偏激的批判给文化语言学招致不少非议，但文化语言学的吸引力并未因此减弱。短短几年中，已有数百篇论文和 30 余本专著发表，其中不乏开创性的理论成果和独到深入的专题研究。

下面分两个方面简述文化语言学的现状。

1. 流派和理论建设

众多的文化语言学研究者按其理论主张和研究特色而言大体上有两派：关系论派和本体论派。前一派的人数较多，较有代表性的是游汝杰、陈建民、邢福义等，后一派的代表是申小龙。两派在语言观、学科性质和方法论等一系列问题上各有不同见解。关系论派认为，语言是民族文化的重要表现形式之一，语言现象在文化中、文化现象在语言中都互有表现，文化语言学的对象就是语言和文化的关系。邢福义等人把这种关系概括为“语言是文化的符号，文化是语言的管轨”。这一派的研究模式是“从语言看文化、从文化看语言”。游汝杰认为文化语言学的主要目标是：(1)在中国文化背景中研究语言和方言；(2)把多种人文学科引进语言学；(3)把语言学引进别的人文学科。这一提法中包含了方法论原则。至于具体方法，各家所述略有不同。陈建民列出的有对比法、投影法、文化结构分析法、文化心理分析法；邢福义等列出的有实地参与考察法、共层背景比较法、整合外因分析法。本体论派认为，语言“具有世界观和本体论的性质”，“本质上是一个民族的意义系统和价值系统，是一个民族的世界观”，它“制约人类的思维和文化心理”，“语言是文化产生的基本条件，语言决定文化”。语言的这种属性叫做“语言的人文性”，它是语言的根本属性。文化语言学的研究对象是语言的文化功能，包括“语言统一文化各领域的功能”“文化渗透语言各领域的功能”和“人文科学各领域特有语言的功能”三大方面。这一派特别强调汉语独特的人文性，认为汉语的这一特性使它特别不适合于西方语言分析的一套范畴和方法，从而把《马氏文通》以来的中国现代语言学看作是模仿西方语言学、脱离汉语本体、背离传统文化形成的“文化断层”，文化语言学的历史使命就是使汉语研究回归汉语本体，建立起真正符合汉语特点的语言学，使中国语言学在本世纪内实现“由描写型走向人文型的历史性转折”。为此论者提出了作为描写主义和科学主义对立面的以揭示汉语的人文内涵为主旨的人文主义方法论，在这一方法论原则下开列出的具体研究方法有：文化镜象法、文化参照法、常态分析法、多元解析法、心理分析法、异文化范畴借鉴法、“从抽象上升到具体”的方法和传统阐释法。

上述两派是我们就双方的理论主张和研究风格而作的相对区分，实际上二者并非泾渭分明、水火不容，而是你中有我、我中有你，这一点从双方在论著中往往有共同的引证和互相的引述可以见出。尽管关系论派不像本体论派那样注重同语言有关的哲学问题的讨论，本体论派也不像关系论派那样对中国现代语言学的缺陷持冷静温和的批评态度，但在不少具体问题上，双方的方法和结论仍十分相近。

2. 具体问题的研究

对于一门新兴学科来说，在具体问题上的研究成效是衡量其理论主张的标尺，也是判定学科的潜能和活力的依据。文化语言学在几年中已经取得了用其他的理论和方法难以取得的成绩。较为重要的方面是：

方言学。游汝杰、周振鹤合著的《方言与中国文化》打破了以往方言描写的旧框框，把方言同中国文化史的许多方面结合起来研究，获得了关于方言分化与中国文化背景之间关系的新认识。如认为现存方言分布的类型同历史上移民的方式有关：占据式移民造成了大面积一致性的方言，墨渍式移民造成了蛙跳型方言，蔓延式移民造成了渐变型方言，杂居式移民造成了掺杂型方言，闭锁式移民造成了孤岛型方言，板块转移式移民造成了相似型方言；又如汉语方言地理跟历史上的人文地理（特别是行政地理、交通地理和经济地理）的关系很大，用“历史地理分析法”参照唐宋以来州府辖区划分次方言区，可以解决“同言线法”所难以决断的疑难。作者还利用众多的文献资料拟测出了中国古代的方言地理。关于方言与民俗的关系，本书讨论得也很有特色。另一篇讨论山西方言词语与山西民俗的关系的文章是温端政的《方言与民俗》。

词汇学。语言中的词因其具有作为文化符号显著表征的特点，最容易引起关注，因而其研究者和研究成果都较语言的其他部门多一些。宋永培在古汉语词义研究中颇出新意。他研究《说文》词义系统的结果是：其中表示“聚合”的义位大大多于表示“分解”的义位（369∶133），而其词义系统又主要表现为对立义系构成或转化为统一。据此他探求了中国古代社会统一多于分裂的思想依据。这种从宏观角度作系统性研究的方法比那种仅据一些零散材料就作“心证”式结论的方法更好。宋在另一文中提出了建立中国文化词汇学的设想，并已发表了一系列有价值的论文。周光庆、苏新春对汉语词汇的文化内涵的研究在系统化方面与宋相近，且更以论断的稳妥平实见长。苏新春已出版了一部从文化角度研究词义的专著《汉语词义学》。关于某些与文化关系密切的词语类别的研究较有成绩者有：(1)人名：吕叔湘写成于40年代、发表于1988年的《南北朝人名与佛教》是一篇力作，资料丰富，考证翔实，堪为“样品”；王建华、郑宝倩在这方面的研究也颇为人称道，王已有专著《文化的镜象——人名》出版。(2)外来词：以史有为的专著《异文化的使者——外来词》为代表。(3)颜色词：以刘云泉的研究为代表。(4)隐语：以曲彦斌的专著《中国民间秘密语》为代表。此外，关于禁忌语、敬语、谦词、称谓词、数词、地名、店名等的研究也有不少文章发表。语词与民俗的关系密切。曲彦斌《民俗语言学》一书古今兼载，收罗赅备，范围几乎遍涉与语词有关的所有民俗领域，且作了一程度的理论探讨。

语法学。申小龙在中国语言文化通观下，以其对《马氏文通》以来的汉语语法学传统的彻底否定为指归而提出的汉语句型理论在中国语言学界独树一帜。申氏从哲学和文化心理学角度切入研究，认为在汉族人“整体思维、散点透视、综合知解”的致思特点观照下，汉语语法所体现的总规律是“句读本体、逻辑铺排、意尽为界”。在摒弃西方语言的焦点视、主谓视、单域视等心理视点的同时，他揭示并强调了汉语心理视点的散点视、非主谓视和双域视；在指出西方语言受形态制约的“法”治特点的同时，他指出并论证了在汉语表达中表现在弹性实体、流块建构和神摄方法中的非常灵活的主体意识。在表达功能论的总原则下，他采用“层次——视点”切分法分析判定句子结构模式，对《左传》和中篇小说《井》进行穷尽式分类描写，得出了关于汉语句型系统的新认识。尽管在范畴、术语和句法结构的微观层次等方面，申氏的句法理论还有许多未尽如人意之处，尚需进一步周密化，但申氏的句法理论无疑能为真正符合汉语特点的语法体系的建立提供有启迪意义的新思路。关于汉语语法的意合性和灵活性问题，早已有不少学者提出并研究过，近几年中发表的徐静茜、萧国政和吴振国、沈锡伦、张黎等人的文章，则表现出把这两方面问题同汉族人的思维和文化心理的特点联系起来研究的努力。

言语交际。陈建民在 1987 年曾出版一本小册子《说话的艺术》，尽管其总体设计不是从文化角度研究言语交际，但其中已有不少篇幅分别从交际角度、身分、文化心理和文化传统等方面讨论问题。他于 1989 年出版的《语言文化社会新探》一书中有《称谓》一章，专门讨论亲属称谓和社交称谓在言语交际中所体现的社会文化观念以及所受到的文化习俗制约。值得一提的是，其中基于当前社交称谓中有六种“缺环”现象的看法所提出的关于新型称谓建设的设想很有文化建设的价值，可以引出进一步的讨论。陈氏于1990年第一期《汉语学习》上又发一文讨论这一问题，已引起人们的关注。此外，李晋荃的《人际关系与称呼语》和胡明扬的《问候语的文化心理背景》两文也都是从文化角度来研究交际用语的。邓炎昌、刘润清的《语言与文化——英汉语言文化对比》一书从词义、日常谈话、成语和典故、谚语和格言、比喻和联想、委婉语和禁忌语、敬语和谦语、文体、言语变体、身势语等各方面探讨了英语国家的人与中国人之间的文化差异。由于例证丰富，又处处从交际和对比两个角度讨论，此书读来饶有趣味。

另外，从文化角度研究汉字、汉语修辞以及民族语文等等方面的问题，也有不少成果发表。第一部带有阶段总结性质的工具书《中国文化语言学辞典》，也已由宋永培和端木黎明编出，于1993年出版。

文化语言学诞生以来短短几年中，不仅已经取得上述成绩，而且显示了它较强的活力。近几年几乎每年都举行有众多学者参加的关于语言与文化问题的地区性或全国性的研讨会，1992年4月在西安召开的第三届全国社会语言学学术讨论会以“语言与文化”为专门议题；国内不少大学开设了文化语言学专题课，有关文化语言学的丛书、文集、专书和教材在陆续出版。文化语言学这种蓬勃发展的态势使有人作出过于乐观的预言，认为它将取代现有中国语言学，使中国语言学由描写型转为人文型；也有人认为文化语言学根基不足，是空中楼阁，怀疑它有作为一种语言学科的资格。笔者认为，这两种断言都过犹不及，有失偏颇。

首先，文化语言学将继续存在和发展。作为以阐释语言的文化内涵为目标的语言与文化之间的交叉渗透型学科，文化语言学可以弥补现代语言学因专注于语言结构的静态描写所造成的缺陷，它有其他语言学科，包括性质相近的社会语言学和民族语言学所无可替代的价值和作用。随着研究的进一步深入，这种价值和作用也将进一步得到认识和承认。它将与中国语言学的其他分支学科建立一种相比较而存在、以互补求完整的兄弟关系，从而获得繁荣发展。这是可以预计的。

其次，文化语言学将进一步完善和定型。不少研究者和评论者都已指出，现在的文化语言学在理论和方法上都还比较粗疏，需要进一步精密化和完善化。比如申小龙提出的作为文化语言学的研究对象"语言的文化功能"三方面之一的"文化渗透语言各领域的功能"，按其表述方式简缩后应是"文化……的功能"，这样的表述不仅与其上位"语言的文化功能"相抵触，也与同位的其余两项在逻辑上难以并比。而且，文化语言学研究"文化……的功能"，岂非有成为文化学之嫌？尽管在这一标题下的一节文章并非讨论文化问题而仍是讨论语言问题，但至少这一表述法是欠推敲的。实际上，在关系论派的不少论著中，究竟是文化语言学还是语言文化学的问题是存在的。如邢福义主编的《文化语言学》不仅从理论上提出"本书的文化语言学……等于一般的文化语言学加上语言文化学"，而且从全书看也确实是这二者的相加。游、周的《方言与中国文化》一书中也存在这一问题。文化语言学要想成为一个范围定型的语言学科，除了与相邻的社会语言学、民族语言学或人类语言学有大致的界限外，还应排除语言文化学的内容。它应成为"为语言而就文化研究的语言学"，不应成为"为文化而就语言研究的文化学"。这一目标是完全可以实现的。

其三，关系论派和本体论派的分歧将继续存在，但最终可能合流。合流的途径是互相取长补短。关系论派只有吸收本体论派的长处，善于从汉语本体中提取出具有高度概括力和较强解释力的范畴体系，用以描述和解释汉语的结构规律，才能保持持久的理论活力，形成系统的学科规模，造成可观的学术成就。不然，单纯在语言和文化之间寻找对应现象，既难以避免琐屑饾饤的毛病，积久还可能因找不出新东西而导致学科的萎缩。本体论派只有学习关系论派审慎严谨的态度和作风，不作大而无当过犹不及的理论批判，力戒粗疏武断令人费解的表述，不断使自己的理论精细化严密化，并在语言微观层次方面的研究上多下些扎实的功夫，才能避免空疏玄谈之讥议，获得更为广泛的理解和承认。也许，两派汇成一体之日，就是中国文化语言学建设完全成功之时。

下编

文化语言学分论

第六章 语言和思维

思维是高度组织起来的物质即人脑的机能。作为一种认识活动，它表现为人的大脑反映客观事物的过程。作为人的一种基本属性，它表现为人所特有的认识现实世界的能力。古罗马哲学家塞内加(L. A. Seneca)说："人是会思维的动物。"意思是说思维能力是人之区别于动物的根本特点之一。尽管有的科学家认为动物也有思维，但是它肯定同人类思维有根本不同。动物最重要的特点不是思维，而是代代相传的适应环境的习性，它同世界是浑然同一的；人却能通过思维使自己独立于客观世界，把握和认识客观世界，从而决定自己对世界应取的态度和行为。思维同语言一样，都是人性的表现，是人的文化属性的表现。思维是众多人文科学和自然科学所研究的对象，也是普通语言学所关心的课题。文化语言学则从本身角度来考察语言与思维的关系。

第一节 语言和思维的一般关系

语言是人类社会的交际工具，也是人的思维工具。从种系角度而言，人类的语言和思维都有一个发生和发展的过程；从个体角度而言，从幼儿到成人，每个人的语言和思维也有一个发生和发展的过程。在这样的过程中，语言和思维互相伴随，紧密相联，形成一种难分难解的状态。但是语言和思维的关系究竟如何，却一直是一个观点纷呈、争议颇多的问题。归纳起来，主要有以下三种见解①：

(1)**认为语言和思维是同一个东西**。美国行为主义心理学家华生(J. B. Watson)认为，思维是无声的语言，思想只是自己对自己说话。他认为："大声言语所习得的肌肉习惯，也负责进行潜在的或内部言语(即思想)。"后来的新行为主义者斯金纳(B. F. Skinner)也持类似看法。他说："思想，仅仅是一种行为，语词的或非语词的，隐蔽的或公开的。"他们把语言和思维都看作是一连串的刺激和反应，认为思维并不是脑的机能，而是全身肌肉，特别是喉头肌肉的内隐的活动。

(2)**认为思维决定语言**。早在两千五百多年前，亚里士多德就提出过思维范畴决定语言范畴。他说："语言是思维范畴诸经验的表现。"17世纪唯理主义语言学家也认为，人作为有理性、有思想的动物创造出语言来就是为了表达思想。现代西方不少心理学家仍坚持这一理论。著名的瑞士心理学家皮亚杰(J. Piaget)认为，语言是由逻辑构成的，无论从语言和思维的种系发生的起源史看，还是从语言和思维在儿童个体身上的发生形成过程看，逻辑运演都要早于语言或言语的发生；逻辑思维不仅早于语言，而且比语言更为深刻，因此思维对语言有决定作用。

(3)**认为语言决定思维**。西方的一些语言学家，如萨丕尔、沃尔夫等持此观点，已如前述。苏联的心理学家也持此看法，他们认为，在种系发展中，劳动及其所产生的语言是思维和意识产生的最主要的推动力；各种活动(包括动作)和语言是个体思维产生的基础。同时，苏联心理学家也认为思维对语言的发展也起着反作用。

此外还有一种看法，认为语言和思维的关系是形式和内容的

---

① 参见朱智贤、林崇德著《思维发展心理学》，北京师范大学出版社1986年，第343—344页。

关系。如德国自然主义学派语言学家施莱赫尔说:“思维与语言之同一正如内容之于形式。”索绪尔认为,语言和思维的关系是一张纸的正面和反面,语言和思维就是符号的“能指”与“所指”之间的关系。我国不少语言学家也持这样的看法。

那么,语言和思维的关系究竟应该怎样表述呢?

第一,首先应当看到,语言和思维属于不同的范畴。思维是人脑的一种机能,是人的大脑反映客观世界的过程。这个过程表现为一个逻辑过程,即遵循概念、判断和推理的思维规律来实现主观世界对客观世界的认识和把握。在思维过程的进行中,语言是它所凭借的材料。就是说,思维是凭借语言的材料(词的声音、意义、句子及其组织结构)才得以进行的。但我们不能据此就认为思维和语言是同一个东西,说自然语言(有声语言)就是说出来的思想(而且思想并不等于思维),内部语言是不出声的思想。因此行为主义的观点是不正确的。但是另一方面,把语言和思维看成形式和内容的关系也是不恰当的,因为思维既然是一个过程,它就不是内容,而是活动,思想作为这一活动的成果,才是内容;语言本身又不仅仅是形式,而是形式和内容(意义)的统一体。因此,把语言说成是思维或思想的“物质外壳”的说法也是不确切的,因为语言不仅有可感知的物质材料(声音),而且也包括可体会的精神内容。语言在充当思维的工具或手段时,物质材料和精神内容是共同参与进去的。既然语言和思维属于不同范畴,所以也并不存在“语言思维统一体”。即便是内部语言,也并不就是思维,不就是思维的物质外壳,它只是思维活动借以进行的、不能被外人感知的语言材料而已。

第二,同时也应当承认,语言和思维具有极为密切的关系。这种关系首先表现在,一般地说,思维无论就其过程而言,还是就其结果形式(思想)的表述而言,都离不开语言材料。即便是形象思维和直觉思维,也必须有词语的参与,只不过是比起逻辑思维来这种参与有时不易被正在思考的本人察觉而已(但文学创作时的形象思维同语言的关系比其它艺术创作的形象思维更为密切)。而无论何种类型的思维,当要把其形成的思想加以表述时,更非借助语言而不能为人所理解。造型艺术虽有些不同,但当要对其意蕴进行阐释时,仍少不了语言。就这一点说,“语言是思想的直接现实”,确实是至理名言。其次,无论就种系而言,还是就个体而言,语言和思维二者的发生和发展过程都纠结在一起,不可分离,语言的精密化、完善化过程也就是思维的精密化、完善化的过程。语言的形成和发展同思维的形成和发展具有相辅相成的关系,语言促进思维的发展,思维的发展对语言的发展又有反作用。就任何一个思维过程而言,思维质量对言语作品的质量有极为重要的影响,反之,语言形式的质量高低也直接关系到思维质量的优劣乃至思想表达效果的好坏。

第二节 语言和思维问题的文化学价值

1. 人类的语言思维是人类文化的开创者

在表现人的本质属性方面,思维比语言具有更重要的意义。现代文化人类学和心理学研究表明,在早期的原始人类社会中,可能存在一个前语言的阶段,这个阶段的人类思维属于动作思维和表象思维类型。现代人类社会尽管已经有高度发达的语言系统,但是儿童的语言能力仍不能通过遗传获得,而是儿童在语言社会中通过学习获得。幼儿在习得语言之前,已经具有一定程度的思维能力。这种广义的思维活动的能力,也存在于某些高等动物身上。但是与某些高等动物思维不同的是,人类终于创造了语言,学会了使用语言来进行思维。语言是一种符号系统,在人类所创造的各种符号中，语言符号是最为复杂和最为重要的一种。卡西尔认为人和动物的根本不同之处在于人能创造和使用(包括语言在内的)符号，因此，“应当把人定义为符号的动物”。一旦人类获得了创造和运用符号的能力，就使自己生活在一个符号的宇宙之中。于是“符号化的思维和符号化的行为是人类生活中最富于代表性的特征，并且人类文化的全部发展都依赖于这些条件”。“符号系统的原理，由于其普遍性、有效性和全面适用性，成了打开特殊的人类世界——人类文化世界的大门的秘诀！一旦人类掌握了这个秘诀，进一步的发展就有了保证。”① 就是说，人类的符号化的思维和随之而来的符号化的行为开创出了根本不同于动物世界的新世界——人类的文化世界。

2. **人类的语言思维是人类文化发展的推动力**

思维的本质是一种认知性的符号活动，文化则是人类在这一活动过程中建立起来的符号系统。人类运用其独特的思维能力获得了对客观世界的认识，并运用所获得的知识改造了客观世界，同时又改造了人本身。人在求得生存生活的过程中创造了巨大的物质文明，也创造了巨大的精神文明，在这一创造的过程中使人本身变成了文化的人。文化发生发展的过程也就是人类发生发展的过程。在这个意义上可以说文化就是人化。文化的发展史就是人类本身的发展史，也是人类的语言思维和语言创造活动的历史。

既然人类文化的创造是以人类的语言思维作为前提条件的，那么人类语言思维的发展也就决定了人类文化的发展。人类文化的每一进步都是人类思维不断进步的成果。在这一点上科学技术发展同科学思维发展的关系表现得尤为明显。在人们的社会实践中，正是科学思维提供了客观世界的真实情况和运动规律，从而推动了科学的发展；而科学的发展，又对人类的思维提出了更高的要

① 卡西尔《人论》(中译本)，上海译文出版社 1985 年。

求。这种周而复始的螺旋式前进，使人类思维经历了一个从低级到高级、从简单到复杂、从具体到概括的发展历程。思维的每一变化发展和飞跃，对于当时的历史时代和社会来说所起的作用和影响都是非常的巨大，它是创造的源泉，它推动了社会生产力的发展和人类文明的进步。

正因为思维进步对人类科学文化的发展有如此重大的意义，在我们面临改革开放、实现现代化巨大任务的当代，如何改进整个中华民族的思维以适应变革时代的需要，已经成为一个日益迫切的现实问题。著名科学家钱学森已经提出建立一门思维科学的倡导。

3. 语文现代化、思维现代化和四个现代化的关系

我国的现代化事业刚刚起步，又立即面临着席卷世界的建立“信息社会”为目标的“第三次工业革命”浪潮的严峻挑战。这场革命的实质是智力革命、知识革命和信息革命，其特点就是发挥智力，创造知识。发挥智力，创造知识的主体是人，人的潜力是无穷的，关键在于如何培养和开发。当前现代化的艰巨任务和我国广大国民素质的严重低下已成为十分尖锐的矛盾。现代化首先是人的现代化，没有人的现代化，没有思维方式的现代化，就没有国家的现代化，这已是有识之士的共同见解。文化学是研究人的科学。培养具有高度的现代文化素质和现代文化意识的人是文化学研究的现实目的。思维科学是培养人才的科学，它所要解决的具体任务就是提高全民尤其是青少年的思维能力和思维水平，以造就具有科学思维和创造性思维能力的适应现代化建设需要的一代新人。这就是思维问题同现代化之间关系的关键之所在，也是思维问题的文化学价值之所在。

思维的能力和水平的具体表现则是语言(包括外语)的能力和水平，即运用语言进行认识、表述和交际的能力和水平。科学思维的抽象性、逻辑性和系统性需要作为思维主体的人具有与之相适

应的高水平的语文能力。因此，思维现代化问题就同全民语文水准的提高联系到一起。在这个意义上说，语文现代化就不止是语言文字的规范化、标准化问题，还应包括语文运用的能力和水平的提高问题。语文现代化、思维现代化同四个现代化已经形成具有因果联系的链条关系。这正是研究语言和思维关系的现实意义之所在。

第三节　语言和思维方式

1. 思维方式是文化模式的决定者

思维是作为主体的人对于独立于人的外在客观世界的认识过程，它表现为一系列复杂的心理活动。思维的最深刻的根源在于，人为了达到它所追求的生存目的和生活理想，首先必须从主观上实现对外在世界的把握和了解，并由此出发能动地决定自己对外在世界应取的态度和行为。外在世界由于其时空上的广大无际、存在方式的森罗万象、相互关系的复杂多变、本质规律的深玄难测，对于思维的主体——人来说，似乎永远是一个不便把握、难以破译的谜。人类在漫长的生存斗争、进化发展的历史中，经过无数次尝试、失败、成功，似乎隐约地感到了世界是一个具有广泛联系的统一体，人的认识可以从总体上加以把握，这种总体把握的方式有点类似把地球支起的“阿基米德支点”，有了它，认识似乎就有了出发点。比如原始人的认识能力有限，他们不能把自身和其它事物从本质特征上加以区分，就以人作为出发点，把自然物都设想成和人一样，都是有灵魂的。“万物有灵”就成为他们看待事物的固定出发点，从这一点出发，就形成了原始思维的拟人化的方法。思维作为脑的机能，作为对客观世界的反映过程，它有自身的客观规律，但是如何进行思维，却常因认知者不同的条件和态度而异，于是就有种种不同的思维方法。当一定的思维方法在一定的社会范围内被普遍接受，就具有了稳定性，它可能被进一步结构化、模式化和程式化，从而使思维活动表现出条理性和规律性。因此，所谓思维方式，就是人类在认知过程中形成的带有一定普遍性和稳定性的思维结构模式和思维程式，它是思维规律和思维方法的统一结合形式。

一定的思维方式是在一定的自然条件和社会历史条件下产生的。某种思维方式产生出来后，也不是一成不变的，而是随着自然条件和社会历史条件的变化而有所变化。但是由于思维方式是一种比较稳定的思维结构模式和思维程式，它一旦形成，往往形成一种“思维定势”，或者叫做“思维惯性”，它是人们看待万事万物的具有普遍效应的方式方法。于是人们就按照这种一定的方式方法去获取知识，构造起自己的文化世界来。

在上古时代，中国和西方的文化虽然起点不尽相同，但是由于当时科学知识有限，人们认识世界和征服自然的能力也有限，因此对客观世界的把握和认知都是在经验直觉基础上的混沌整体型的思维方式的基础上进行的。比如中国上古早在西周就提出了“先王以土与金木水火杂，以成万物”的说法，西方早在古希腊时代也曾有过水气火土四元素构成万物的自然观。这种万物统一于几种主要元素的观点，便是在经验直觉基础上的混沌整体型思维方式的产物。但是由于古代中国和古希腊的自然条件和社会条件都不尽相同，所以它们具有共同特征的原始朴素的思维方式却向着两个方向发展变化。

中国大陆地处北半球温带，濒海靠山，西高东低，寒暑有节，季风有常，这种自然条件导致了以阴阳学说为核心的朴素辩证法思想的产生，但是由于中国大陆土地条件和水利条件并不优越，人们的生存斗争十分严酷，长达数百年的春秋战国时代又一直战乱频繁，社会不得安宁，人生祸福难测，因而如何处理人同自然（包括社会）的关系就成了头等重要的问题。迫于严峻的自然条件和社会条件，先秦时代的思想家都没有把外在世界（自然和社会）当作人的对立物进行思考，而是把天地（包括社会）和人（群体和个体的人）统一起来考虑，把人作为“天地之心”，从人出发体验天地万物，“万物皆备于我”；从身家出发体验国家天下，要修身齐家治国平天下。这种思维方式，就是古人称之为“天人合一”“天人感应”的思维方式，今人称之为“经验综合型的主体意向性思维”，它的基本模式和方法，是“经验综合型的整体思维和辩证思维”。① 这种思维方式，主要针对社会管理，而不是针对自然研究。所以中国传统文化中，有汉儒、宋儒提出的非常精密完善的政治伦理学说，却没有系统周密的自然哲学。

古希腊的自然条件与社会条件与中国古代大不相同。古希腊有十分优越的自然地理条件，古希腊人领受到大自然的特殊恩惠，他们对大自然不仅没有压抑恐惧的感觉，反而十分热爱和崇尚。又由于手工业、商业和航海业的推动，引起了天文学、气象学、数学和航海业的产生和发展。因此，古希腊思想家不必把自然和人笼统不分地加以思考，而可以把大自然作为人的对立物进行考察。所以，最早的希腊哲学家也是自然科学家。如果说古希腊的自然哲学还带有朴素的整体思维的特征的话，那么到近代经过培根和牛顿的创造性研究，它又有了极为重要的变化，它把自然界看成是一个自组织的有机系统，构成这个整体系统的又有许多小系统，每个小系统又由不同部分组成，整个部分就是由这样的小部分构成的系统化整体。在对之进行考察时，就要分析详尽，注重实证，力求精确，以达到建立合乎逻辑法则的理论系统的目的。这种思维方式被称为“实证分析型的客体对象性思维”。因为注重实证，就要向不同方

① 蒙培元《论中国传统思维方式的基本特征》，《哲学研究》1988 年第 7 期。

向去寻求答案。因此就方法和模式讲，它属于“实证分析型的发散思维和动态思维”。① 它产生了不同于中国文化的西方文化。

由此可见，思维方式不仅是文化的组成部分，而且是文化的核心部分。它是一切文化的主体设计者，是文化模式的决定者。

思维方式的特点，自然也要表现在语言的特点上。

2. 思维方式和语音特点

语音是语义的载体，是意义的物质外壳，语音和语义的结合具有任意性，它是使用该语言的社会成员约定俗成的结果。但这只是就一般意义而言。如果按照这一原则进一步推断，认为任何民族语音结构体系的形成纯属偶然，而没有丝毫道理可言，那么这样的结论就未免轻率，其可靠性就至少要打一半折扣。因为世界上各种语言的语音体系如此千差万别，如果我们把这种差别造成的原因仍然笼统归之于任意性和约定俗成，那就等于什么也没有说。因为任意性主要是指某一具体的意义不是必然地只能由某一声音来表示，它也可能用其它声音来表示，之所以它要用这一声音而不用另一声音，只不过是大家都这样而已。从具体意义和具体声音的关系而言，说语音和语义的结合没有必然性是可以的。但就整个语言的语音体系而言，它为什么会成为这个样子而不是另一个样子，则肯定是有某种历史的必然性在起作用。这种历史的必然性很可能就是作为文化内核的思维方式对语音的不自觉的选择。

根据语言研究，人的发音器官可能发出的音素的种类大约有数百种之多，如果加上元音的音强、音高和辅音的口形、松紧等因素，实际能发出的声音的数目还要大得多。但是一般的语言都选取其中几十个作为语音体系的构成要素。这几十个音如何组合，组合以后的总体面貌怎样，往往显示出很强的民族性。以汉语为例，从上古到现代，语音面貌有很大变化，但以下几个特点却一直保留

① 蒙培元《论中国传统思维方式的基本特征》，《哲学研究》1988 年第 7 期。

着：

(1)每个音节由两个部分拼合而成，开头部分一般是辅音(声母)，辅音之后是元音或元音同某个鼻/塞辅音的组合(韵母)。

(2)每个音节都有由音高形成的声调变化，声调有区别意义的作用。

(3)声母、韵母的拼合情况显示出严整的规则性。

(4)各种语音范畴在构成聚合类的同时又表现出对称性的对立。

这种语音结构状况不由使我们想到了《易·系辞传》中的“易有太极，是生两仪，两仪生四象，四象生八卦”的话。《易经》是我国上古时代朴素辩证法的理论总汇。其中系统地阐述了我国古代建立在阴阳论基础之上的世界观：凡物皆分阴阳，阴阳交感，产生万物。“一阴一阳之谓道”，凡物皆一分为二又合二而一。在这种经验综合型辩证思维影响下，汉语语音结构也是一分为二又合二而一。“生生之谓易”，八卦可以两两组合，构成六十四卦象，代表万物。有限的声母韵母两两组合，再加上声调，可构成上千个音节，表示不可计数的意义。中国古代学者根据汉语音节结构的这种特点，又把汉语音节分成阴声阳声、阴调阳调、平声仄声、舒声促声等等两两相对的类别。这种分析结果是符合汉语语音体系的实际情况的。其中每一对立类的基本特征都是鲜明的。汉语的语音结构最容易纳入表格，显示出井然有序的情况。对立并非绝对的，而是相对的。在发生功能性音变、历史性音变和地区性音变时，对立的一方可以向另一方转化。这种情况至今犹然。这种对立齐整而又有转化机制的语音结构体系是西方语言所不具备的。汉藏语系的不少语言也具有类似汉语的语音结构体系。

与汉语语音体系辩证统一的齐整性相映成趣的是日语的语音体系。日语以一些辅音同五个基本元音相拼，一律形成辅音在前元音在后的开音节(只有一个拨音ん可用于音节末尾)，表现出一种单调、刻板的整齐划一性，它的重音是乐调重音，并不固定在某个音节上，不是音节本身的构成成分，只是由一个词内几个音节之间的音高的对比形成。日语语音缺乏汉语语音在整齐中求变化，既对立又能转化的内在机制。这种情况似乎同日本民族文化思维的特点有关。日本是一个缺乏文化创造精神的民族，在历史上一直靠吸收外国文化的乳汁来养育自身，古代日本民族的思维方式显得比较单纯、机械、刻板，基本上属于收敛式思维。日语语音体系的特点正是这种思维方式的写照。明治维新后，日本文化的表层面貌有了较大变化，但是作为文化内核的思维方式没有根本改变。日语的语音体系在此前早已形成，尽管在音译西方语词过程中新添了不少“仿拗音”，但仍然没有因受到西方文化的冲击而改变其结构模式和基本面貌。

同汉语和日语中比较严整的语音组合规则相对的是印欧语系中看起来似乎很不规则的语音组合。印欧语系语音组合的主要特点是：(1)元音和辅音在音节中没有像汉语和日语那样相对固定的位置；(2)复辅音较多，且可以位于词的任何部位(即复辅音的位置不固定)；(3)某些音节可以没有元音而独立成词(如俄语中的一些前置词)；(4)音节的长度差别较大，显示出参差不齐的特点。这些特点同西方社会中常见的发散式思维的特点相吻合。发散式思维不仅不要求一个问题只能有唯一的解决方式，而且容许甚至鼓励多种解决方式的同时并存。

我们说思维方式影响了语音结构的特点，并不是说一种语言的语音体系是事先设计出来的。语音体系是语言在漫长的发展过程中自然形成的，它不可能由人按照一定模式设计出来。但是思维方式在一定社会中是一种“集体无意识”，它在冥冥中决定着语音的发展方向。当文字发明以后，文字读音的规定性对于语音发展的影响就更为明显。汉语上古时代曾有许多复辅音，汉字产生以后，由于“一个汉字是一个音节，一个音节由声母和韵母合成”的模式的影响，许多复辅音声母由于模式化类推的结果，最终都变成了单辅音声母。这是思维方式对于语音特点影响的最明显的例证。

3. 思维方式和词汇特点

(1)词汇的概括程度所反映的思维方式

词是人类在认识客观世界过程中通过命名活动而给予特定事物或现象的语言标记。它是一种纯粹的符号，由声音和意义两个方面构成，用以指称某一个或某一类事物或现象。词汇是人类认识成果的体现，因而总是反映着人们在认识过程中的思维特点。

在人类进化的早期，人的认识能力有限，对事物不能像文明社会中的人那样有通过分析再加以综合概括从而找出其本质属性的逻辑思维的能力。他们的思维是建立在“心象—概念”基础上的“原逻辑”思维方式。[①] 这种思维方式在语言中的表现，就是几乎没有符合一般概念的属名，而表示人或物的专门用语又特别丰富。比如澳大利亚泰伊尔湖的土著居民的语言中没有相当于“树”“鱼”“鸟”等等属名的“概括词”，但他们对于每一个种鱼，如鲷鱼、鲈鱼、鲻鱼等等却又分得很清楚。塔斯马尼亚人没有表现“树”这一概念的词，但他们对于每种灌木、橡胶树都有专门的称呼；他们没有表现硬的、软的、热的、冷的、圆的、长的、短的等性质的词，为了表示“硬的”就说“像石头一样”，表示“长的”就说“像大腿”，“圆的”就说“像月亮”“像球一样”等等。因此，这些原始语言拥有大量在我们的语言中所没有的词。在阿拉伯语中，用于描述骆驼的词不下五、六千个，它们都是分别对骆驼的形状、大小、颜色、年龄以及走路姿态等具体细节的表现，却没有一个能给予一般生物学意义上的骆驼概念的词。在许多美洲土著部落里，对于一个特殊的动作如走或打，有着令人惊讶的词语，它们都是并列的关系，用拳头打与用手打、用武器打、用鞭子打、用手掌打都不能用同样的词。这说明这些土

① 列维—布留尔《原始思维》(中译本)，商务印书馆 1986 年，第 163 页。

著居民还缺乏抽象概括的思维能力。与此类似,中国古代关于牛羊的词语也特别多。如《说文》中所收的关于牛的字(词)有“犕”(二岁牛)、“犙”(三岁牛)、“牭”(四岁牛)、“犊”(牛崽);关于牛的性别的词有“牡”(公牛,也指公畜)、“牝”(母牛,也指母畜);关于不同颜色的牛都各有专门的词,如“榷”(白牛)、“牻”(白黑杂毛牛)、“犻”(虎纹黄牛)、“犡”(白脊牛)、“荦”(驳牛)、“抨”(牛驳如星)、“犥”(黄白色牛)、“犉”(黑唇黄牛)、“牷”(纯色牛)。与澳大利亚土著居民语言不同的是,我国早在殷商时代的甲骨文中就已有了“牛”这个表示属概念的总名。上面这些不同年龄、性别、毛色等牛的专名,可能是殷商以前尚缺乏概括能力的先民们“心象—概念”思维方式在语言中留下的痕迹。

从比较原始的“心象—概念”思维走向抽象的逻辑思维要经过一个漫长的发展过程,它要求发现无数个别具体事物之间具有普遍意义的更为本质的属性,从更高的总体角度对事物和现象进行更为广泛的概观,把客观外界的图象在大脑中作一番重新的调整和安排。这一过程必然要体现在词语发展史中。就汉语词汇发展史所提供的情形而言,这一过程的主要表现方式有:

①给某些具有同一属性的事物以一个“总名”。如给各种不同年龄、毛色的牛以“牛”的总名。又如,古代中国大地上的江河都各有专名,如江、河、浙、沅、洮、漾、渭、洛、汾、湘、淮、颍等等,都见于说文条目,其下并不加“水”以表示河流,这是因为它们都是在各地分别取的名,绝不重复,而“水”在古代起初并不专指河流之水,这从“益”字由皿、水会意可以看出。而许慎在解释这些河流专名时,用“水”作为通名,使“水”成为众多河流的概括性的称呼。

②扩大概念的外延,把专名变成通名,如“江、河”本指长江、黄河,以后演变成通名。又如起初对牛、豕、羊等牲畜和鸟、人的不同性别各有专门称呼:

牛	豕	羊	鸟	人
牡	豭	羝	雄	父/男
牝	豝	牂	雌	母/女

但是后来，人们发现凡是上行词语所指的都有共同属性，下行亦如此，便不再细别。开始时把“豭、豝”等省去，扩大“牡、牝”的外延及于各种牲畜，如《说文》以“牡豕”“牝豕”分别释“豭”“豝”，以“牡羊”释“羝”，以“牝羊”释“牂”（据段玉裁注）。然后又扩大到鸟类，如《诗经·邶风·匏有苦叶》：“雉鸣求其牡。”又如《书经·牧誓》：“牝鸡无晨，牝鸡之晨，维家之索。”继而又扩大到人类，如唐代人称武则天当政之时为“牝朝”。同时，“雄、雌”“父、母”等词的外延也扩大开来。“雄、雌”不仅扩大到畜兽类、人类，而且扩大到植物类，如雄花、雌花，雄株、雌株。而“父、母”也可用于鸟兽，如《说文》：“牡，畜父也。”“牝，畜母也。”现代汉语中又把它们进一步扩大到植物范围，如“父本、母本”。

（2）词源结构所反映的思维方式

词源结构是“用作命名的事物的性状特征和功能特征在词里的表现”①，又叫“词的内部形式”或“词的理据”，古人称为“得名之由”。中国古人在给事物命名时，往往对事物从直观上作整体把握，把人和其它事物进行类比，使事物人格化，从而把握人和事物相似的外部特征，在此基础上给予一些相近或相似的命名。如人的头顶叫做“颠”，山的顶部叫做“巅”，树木的顶端叫做“槙”，三字语音相同，字形不同，其词源结构是“物体的顶部”。由于人的目上的毛叫“眉”，因而房屋的横梁、门框上的横木、屋檐口椽端的横板都叫“楣”，水边水草相交处为“湄”，三词的词源结构是“濒临某一空明

① 周光庆《古汉语词源结构中的文化心理》，《华中师范大学学报》1989 年第 4 期。

之所”。“兼”本指一手同时持两个禾把，引申为兼并，“缣”是用双线织成的丝织品，“鹣”是比翼鸟，“鳒”是比目鱼。它们的词源结构是“同时有两个”。“卷”的本义是膝曲，“捲”是卷起来，即动作的卷曲，“棬”是用树条弯曲编成的小篓，“拳”是卷起来的手，“鬈”是卷曲的头发。它们的词源结构是“卷曲的样子”。[1]

由上述例子可以看出，中国古人在给事物命名时常常在事物的外在特征上进行“类比”，把由经验观察所得的事物外在性状上某一方面的共同特征作为分类命名的依据，而不是把事物的本质属性作为分类命名的依据。凡是外表性状上有共同特征的事物，就可以给予相同的名称（尽管字形上可以加以区别）。清代训诂学家王念孙说：“凡物之小者谓之兒，婴儿谓之倪，鹿子谓之麑，小蝉谓之蜺，老人齿落更生谓之齯，义并同也。”[2] 事实上，这些事物的本质属性完全不同，逻辑上不是一类，但是在注重外在特征的直观思维中，它们是属于同类的，可以给予相同的名称。

这种思维方式指导下的命名活动，在现代人中仍然存在，如“线”本指丝、麻或棉纺成的细绳，可是现在也用来指铁路、公路（如京广线、哈黑线）、金属导线（电线），以至想象中的“线”（如航空航海中的路线）。这些“线”共同的词源结构是“可以引向一定方向的东西”。与古代不同的是，现代命名多用隐喻方式使词义引申，所形成的名称往往有修饰语，故一般不另造新字，于是掩盖了直观思维的命名方式。但现代汉语中也有从字形上加以区分的，如皮肤上的突起物或肌肉结成的硬块写成“疙瘩”，土包叫“圪垯”或“屹嶝”，线绳的结叫“纥繨”。如果不分字形，一律写成“疙瘩”也是可以的。

4. 思维方式和语法特点

语法是组词成句的规则系统。语法的最根本的意义在于，当人在认知过程中获得一定感受，产生一定意念之时，怎样把头脑中处

① 据王力《同源字论》，见《同源字典》，商务印书馆 1982 年版。
② 《广雅疏证》卷六。

于朦胧囫囵状态，不易被他人感知的东西，赋予一定清晰可感的形式，从而进行条理分明的表述，使他人得以理解。一方面要自己感到说明白了，另一方面也要使对方感到能听明白，这就要求说的人和听的人在规则方面有一致的认同。所以语法总是语言社团成员集体活动的共同产物，是大家共同遵守的言语习惯。语句是体现思想的，是思维活动的外化，语法就是思维活动的产品。但是这种产品同具体语句的意思不一样，意思是即人即时即地具体思维的结果，而语法则是语言社团（主要是民族）的思维长期抽象化的结果。思想可以因时因地因人而异，语法却不这样，所以我们对贾宝玉或阿 Q 的思想可能感到隔膜，但是对他们使用的语法并不感到陌生。

语法既然是思维长期抽象化的产物，就必然带上说这一语言的民族的思维方式的印记。不同民族的语言上的语法差异，往往可以反映该民族的不同的思维方式。在这个意义上可以说，语法也是一种“集体无意识”。语法的这种基于思维方式上的民族特点，往往使一种语言中所具有的某些语法范畴，在另一种语言中根本无法体现，成为几乎不可理解的东西。比如俄语名词中的阳、阴、中三性，日语中宾语一定要放在动词前，对中国人来说就是不可理解的东西。这种情形使得民族语言之间语法范畴和语法形式的借用比词语借用更为困难。

(1)**原逻辑思维方式的语法特征**

由于现代发达语言的原始状态已无法知晓，所以只能根据现存的一些无文字的土著民族语言来分析。据列维—布留尔《原始思维》，原始语言的语法特征主要有：

①特别注意表现那些不为发达语言所表现的具体细节。如朋卡族印第安人要想说“一个人打死了家兔”，就应当说：“人，他，一个，活的，站着的（用主格），故意打死，放箭，家兔，它，一个，动物，坐着的（用受格）。”动词除了通过词尾变化或加接词的办法表示人

称、数、性（生物或非生物），以及坐着或卧着的性和格，还表现“打死”的动作是偶然完成的呢还是故意完成的，是用射击的办法来完成的呢，……如果射击的办法，又是用弓箭呢还是用枪……”① 又如，为了表现具体的需要，有许多原始语言不仅有单数、双数，还有三数、四数。

②动词的形式极为繁多。南非卡弗尔人的语言中，动词可以借助于助动词构成六七种命令式形式。在北亚的阿留申语中，一个动词甚至有 400 多种词尾来表示式、时、人称等等。之所以是这样，因为“原逻辑思维”很少使用抽象，它的抽象也与逻辑思维的不同，这种语言在说话中所要追求的是“绘声绘影的”效果，也就是如画地描绘出说话人所要表现的那种东西。

③人称代词或指示代词拥有极大量的形式，以便表现主语补语之间的距离关系、相对位置、可见程度、在场或不在场等等。

（2）**西方抽象思维影响下的语法特征**

西方民族从古希腊开始就注重形式逻辑，形成了较强的抽象思维能力，力求从独立于自我的自然界中概括出某种纯粹形式的简单观点。表现在语法上就是：①力求用内涵比较丰富的语法范畴概括一定的语法意义，通过语法意义和语法形式的固定结合形成一定的语法手段；②它的语法手段追求的目的是对于客观现象的准确表现，而不是像某些原始语言追求详细和生动的表现（因为仅能满足于生动表现的过于详尽反而使人不得要领，失去了准确性）；③它的语法意义通过直接外露的丰富的形态变化来显示，而不是依靠词语顺序或言语情境（上下文）隐含在其中靠人去领悟（如汉语“菜烧好了”，“菜”的“受事”含义是靠从情境中领悟来的）；④因此，它的语法规则的外在形式比较明显，容易把握，使用要求比较严格（性、数、格一致，人称、时态一致），体现出一种法的精神。

---

① 列维—布留尔《原始思维》，商务印书馆 1986 年，第 132 页。

(3)辩证式整体思维影响下的汉语语法特征

中国在上古时代就形成的辩证式整体思维,使中国人对世界的认识和把握带有综合性和灵活性的特征。先秦思想中形式逻辑学说不发达,这说明中国古人纯粹的抽象思维能力不如古希腊人。相反,中国古人隐喻式的形象思维能力却很发达,对于一些哲理性概念,或者用形象描述的方法解释(如"仁者爱人""克己复礼为仁"之类),或者用寓言故事来影射(如庄子《逍遥游》)。这种思维方式重领悟而不重实证分析。在这种思维方式影响下,汉语语法特点从古到今都有如下共同特点:

①缺乏形态,即缺乏表示特定语法意义的外在形式,如实词只突出其意念(概念),而无明确的词性的表现形式。

②灵活性。无论词法和句法都有极大的灵活性。很多词的词性都是亦此亦彼,可此可彼,可虚可实,以致有人断言汉语根本不能划分出西方语言学意义上的词类。句法上虽说以词序和虚词为主要手段,但词序仍不很固定:一床被盖三个人——三个人盖一床被,饭做好了——做好饭了——做好了饭,他去过北京——北京他去过。此外,灵活性还表现在结构中的成分经常可以省略,其中包括某些虚词。

③意合性:无论词法和句法都重意合,不重形式分析。词法意合的表现是合成词特别多,派生词较少。合成词的意义不是各成分意义的简单相加,如东西≠东+西,聪明≠聪+明,头痛≠头+痛,词的意义要通过意合去领悟。句法的意合如:"今天星期四",不必用判断词,只要两个词合到一起就能产生句意,表示判断。"这个人大脑袋",不必加"长着"就可表示对主语的描述。"他有病没来"不用表示原因的"因为"就能看出原因。"他正在排公共汽车"没有表示目的的介词就能看出"为了上公共汽车排队"之意。

这种意合性和灵活性都是讲究形式的西方语言所不可能有的,它造成汉语的简炼性。汉语的简炼程度,使汉语的信息量非常之大,是任何其它语言所不能具备的。但是重领悟不重分析,重意合不重形合,也使汉语语法规律极难把握和阐述,造成外族人学习汉语的困难。

第七章 语言和哲学

一般认为,哲学是人类文化的核心层次,它所要探究的是人和独立于人的外在世界的最根本关系的问题。人对世界的本原及其存在形式进行思维的结果产生了一些概括性的看法,就是通常所说的哲理。这些哲理在哲学家那里,则成为概念化、精密化、条理化、规则化的理论形式。通常所谓哲学是关于世界观的学问,是对于世界的总的看法,就是这个意思。然而当我们提到语言和哲学的关系的时候,我们所关注的问题并不是那些形形色色的哲学流派本身的理论是非,而是这些理论观念是怎样被语言表述出来的,那些哲学体系的理论大厦是怎样用语言建构起来的。既然是语言而不是其他什么东西被选用来表述哲学观念和建构哲学理论,这表明语言本身存在着这么一种潜能,它可以充当哲学思想的叙说者,语言在哲学领域的创造性活动再次证明了洪堡特关于语言不是一种功(Ergon)而是一种能(Energeia)的论断。那么反过来,哲学对于它的叙说者语言本身又是怎样看待和对待的呢?这就是我们考察语言和哲学关系问题的第二个问题。随之而来的第三个问题就是:有关语言的学说和有关哲学的学说是怎样纠结到一起,互相渗透到对方之中,成为推进对方学说发展的动力的。

第一节　哲学——语言编就的世界图式

1. 认识世界——哲学家与语言的搏斗

哲学家要对世界作根本性的考察，要用高度概括的语言表述世界的本原、结构及其变化规律，这是一个极其巨大而艰难的任务。世界的本原似乎是一个永远也猜不透的谜，世界的变化似乎呈现出规律性，但又似乎变幻莫测，总之它们并不是清楚明白地、现成地呈现在面前以供表述之用的。这种形而上的东西似乎从来就是一种“不可言说的东西”。这种“不可言说的东西”在被表述出来之前，并未成为我们语言世界的一部分，它们仍然属于非语言世界的“彼岸”世界。然而哲学家身处的此岸世界也和我们常人一样，是一个既成的语言的世界。他必须借用此岸的语言材料，对彼岸那似乎不可言说的东西加以言说，才能揭开那巨大的谜。然而我们此岸这语言世界的语言材料和语言规则并不是为揭示彼岸的哲学玄秘而准备的。在这里语言的界限便暴露出来，它的表述功能经受到极大的考验。正如当代分析哲学家维特根斯坦所说：“我的语言的界限意味着我的世界的界限”①，“由于不可能描写与语句相适应的(相转化的)事实，语言的界限显示出来。”② 哲学家虽然都是一些极其聪明睿智的人，也常常感到语言的无能。但是他们并不甘心，他们的使命正在于要克服这一在常人看来是极其艰巨、几乎不可能克服的矛盾。于是当哲学家把他心目中的世界镜象进行表述之

---

① 维特根斯坦《逻辑哲学论》，转引自[荷兰]范坡伊森《维特根斯坦哲学导论》(中译本)，四川人民出版社 1988 年。

② 维特根斯坦《文化与价值》，清华大学出版社 1987 年，第 14 页。

时，他就必须与语言搏斗。维特根斯坦又说："哲学是以语言为手段对我们智性的蛊惑所做的斗争。"[①]"我们正在与语言搏斗。我们已卷入与语言的搏斗中。"[②] 对于维特根斯坦来说，这种与语言的搏斗固然指的是他自己的那种哲学意义上的语言分析，然而实际上他以前的传统哲学家在表述自己的哲学思想时，何尝又不是一场与语言的搏斗呢？

2. **隐喻和"制图"——哲学家的"语言游戏"**

哲学家的思考和表述同我们日常的思考和表述区别何在呢？日常的思考和表述一般是对具体事物、现象和感受的个别的"复述"，词语在语言中是现成的；而哲学家则要把作为对象的整个世界在他心目中的"镜象"进行抽象的总体描绘，使之成为简洁的"世界图式"。哲学思维是一种高度抽象的纯理性思维。哲学家必须把现实世界的事物现象进行高度概括，于森罗万象之中寻出其共同的根本属性和内在联系，然后用一定的语句加以表述。要绘制这一图式，首先要准备好工具。哲学术语是他必不可少的工具，是他心目中哲学范畴的词语表现。于是建立范畴、确定概念术语、探求各范畴之间的内在联系就成了建立哲学体系的首要工作。然而现成的语言是表现日常生活的语言，并不是为他准备好的表述哲学思想的语言。哲学家必须自己寻找另外的途径。这个途径一般是这样两个步骤：

(1)**隐喻**。就是把日常语言中表现普通、具体事物或现象的词语，通过类比和暗示的途径，给予抽象的、高度概括的意义，使之变成哲学术语。这是中外哲学研究中常见的手法。比如我们在中国传统哲学中就见到的道、气、天、心、性、理、命、阴、阳、乾、坤、金、木、水、火、土、形、神、体、用、刚、柔、有、无等等术语，就是这样形成的。有的虽非直接用现成词语隐喻，而是创造新的复合词，但其中

① 维特根斯坦《哲学研究》，三联书店 1992 年，第 66 页。
② 维特根斯坦《文化与价值》，清华大学出版社 1987 年，第 15 页。

仍含有隐喻成分。如“大一、小一、元气、精气、天道”等等。甚至纯粹的数词,也可以通过隐喻而成为哲学术语,如《老子》中的“道生一,一生二,二生三,三生万物”,这里的“道、气、元气、天、一”等都是指世界的本原。《说文解字》对“一”的解释是:“惟初太极,道立于一,造分天地,化成万物。”这是对作为哲学概念的“一”的解释,不是对作为数词的“一”的解释。在古希腊哲学那里,我们看到的有“水、火、土、气、种子、胚芽、热、冷、干、湿、爱、恨、一、多”等等哲学术语。它们也都是由隐喻形成。当然,有的术语也并非由普通词语隐喻而成,而是专门创造的新词,如古希腊哲学中用“奴斯”指一种精微、能动的物质,用“以太”指一种有本原性的物质。

通过隐喻创造术语的办法,在近现代哲学中仍然使用着。如“矛盾、斗争、认识、(经济)基础、上层建筑、机械(论)”都是比较晚近形成的术语。有的哲学术语虽源于上古,但通过隐喻赋予了新的含义,成为当代新兴哲学流派的术语。如“控制论”一词源于希腊语,原意为“掌舵术”,柏拉图用它表示掌管国家的艺术,而维纳则用来指他创立的研究动物和机器中的控制和通讯的理论。在控制论学说中,“黑箱”也是普通词语通过隐喻成为术语的,指那些具有某种功能而内部结构不清楚的系统。

另外,在上古时代,有的哲学家觉得单靠隐喻的词语构成的抽象术语仍难以表述他的哲学思想,有时就干脆编造一篇寓言故事,在这种寓言故事里,全篇都是用隐喻来讲道理,如庄子的《逍遥游》就是用一系列寓言故事讲述作者超越现实、任性逍遥的理想。

(2)**编制图式**。被确定为某一哲学体系基础部分的基本术语,一般都有极大的涵盖性,它们各自能代表具有某一属性的许多不同事物,或许多不同事物的某一方面的性能。比如《易·说卦》对于八卦所代表的事物和所表示的性能有如下的陈述:

> 乾,健也;坤,顺也;震,动也,巽,入也;坎,陷也;离,丽也;艮,止也;兑,说也。

乾为马，坤为牛，震为龙，巽为鸡，坎为豕，离为雉，艮为狗，兑为羊。

乾为天，为圜，为君，为父，为王，为金，为寒，为冰，为大赤，为良马，为老马，为瘠马，为驳马，为木果。

坤为地，为母，为布，为釜，为吝啬，为均，为子母牛，为大舆，为文，为众，为柄，其于地也为黑。……

但是，各种事物不是孤立的，而是有联系的，不是静止的，而是变化的。哲学家们确定了术语以及它们所能表示的象征意义之后，还要借助语言的描述功能，对事物之间的联系及其转化关系作进一步描述。如《易·系辞》中的一节：

天尊地卑，乾坤定矣，卑高以陈，贵贱位矣。动静有常，刚柔断矣。方以类聚，物以群分，吉凶生矣。在天成象，在地成形，变化见矣。是故刚柔相摩，八卦相荡，鼓之以雷霆，润之以风雨。日月运行，一寒一暑，乾道成男，坤道成女。乾知大始，坤作成物……

又如《老子》第三十九章：

昔之得一者：天得一以清，地得一以宁，神得一以灵，谷得一以盈，万物得一以生，侯王得一以为天下贞。

《老子》第二章：

故有无相生，难易相成，长短相形，高下相倾，音声相和，前后相随。是以圣人处无为之事，行不言之教，万物作焉而不为始，生而不有，为而不恃，功成而弗居。夫唯弗居，是以不去。

《易传》和《老子》通过运用各自确立的范畴和术语，为我们描绘出了一幅生动的世界结构和变化的图式。所不同的，是前者有一种积极进取的精神，后者最终表现出消极无为的态度。而共同之处在于都富于朴素的辩证法思想。这种通过游戏式的“语言搏斗”来编制世界图式的做法，历代莫不如此。战国时的邹衍绘制的是关于王朝更替规律的“五德终始”图式。在汉代董仲舒的《春秋繁露》中，他给我们绘制了一张以天人合一为核心、以阴阳五行学说为框架的“天人宇宙论”图式。而马克思主义经典作家为我们所绘制的，则是一张充满生机的关于普遍联系、对立统一、斗争转化的唯物辩证法图式。正如维特根斯坦所说：“思想家与制图员十分相似，制图员的目的在于表现事物之间的各种相互联系。”① 当然，哲学家的这种“制图”是靠语言的表述功能来完成的。

第二节　语言——哲学思辨的重要课题

哲学家要用语言来对世界作本质的、总体的、规律性的描述，然而哲学家本人处在万花筒一样的语言世界的包围之中，人们对于语言和语言运用的态度又是形形色色，五花八门，语言本身的局限性又使得名实之间、言意之间的关系显得错综复杂，因此语言的如何使用问题、名实问题、言意问题始终是哲学思辨的重要课题，长期思辨的结果，最后导致哲学研究转向了对语言的研究。

1. 对语言运用标准的讨论

哲学家不是诗人。诗人用语言抒发对世界的感受，因而要求诗歌语言有煽起感情的效果；哲学家用语言对世界作理智的描述，因此要求语言有启迪人类理性的功能。诗歌语言允许而且要求意象的丰富、手法的夸饰、感情的充盈、词语的华美，而哲学语言则要求概念的明确、风格的朴实、感情的冷却乃至排除。因此很多哲学家对于华美的语言都持反对态度。柏拉图甚至由反对华美的语言走

---

① 维特根斯坦《文化和价值》(中译本)，清华大学出版社 1987 年，第 15 页。

向反对诗歌本身，他认为“诗对于听众的心灵是一种毒素”，是足以使听众迷狂、德行败坏的东西，为了对之“消毒”，必须建立对诗歌的检查制度，由城邦的长官判定诗歌是否适于朗诵或公布。孔子虽然不反对诗歌，而且亲自编定过诗集，但他是着眼于诗歌有教化的功能，他自己不仅不作诗，而且明确反对过“巧言”，认为“巧言乱听”，“巧言令色，鲜矣仁”，主张“辞达而已矣”。当然，他的观点有时也前后矛盾，如他也说过“情欲信，辞欲巧”，“言之无文，行之不远”等话。不过从他自己的言谈风格来看，还是表现为信达朴实而不是华美巧饰。孟子对于自己谈话时用了比喻也要加以辩解，说自己是不得已而为之的。老子则明确表示过对美言和辩言的反对：“信言不美，美言不信，善者不辩，辩者不善。”主张“希言自然”（少说话是合乎自然的）。墨子认为“慧者心辩而不繁说”，韩非子认为“好辩说而不求其用，滥于文丽而不顾其功者，可亡也”。这些学者之所以反对华美巧饰的语言，主要是因为认为它是干扰思想的障碍。这从原则上看是正确的。至于因此而反对辞句上的任何修饰，乃至如柏拉图反对诗歌本身，则又有失于偏颇了。

2. 历史悠久的“名实之辨”

那么，是否去掉语言形式的浮华巧饰，哲学家就能够为我们提供一幅关于世界的真实图像了呢？事情远非这么简单。我们且不必说影响哲学理论正确性的有关哲学家们的政治立场、知识构成、研究方法等等主观方面的众多重要因素，仅就哲学借以描述世界的工具——语言符号而论，就有名与实、言与意之间深刻矛盾。于是在中国哲学史上就形成了历史悠久的“名实之辨”。

语言符号就是“名”（包括言辞、语句等），名有指称功能，它所指的客观存在就是所谓“实”。语言符号是指向客体的，是客观事物的名称，但是人们给事物的命名基础是它的意义，所以名称并不直接指向事物，而是通过意义指向事物。于是名、意、实之间就存在一个三角关系（如下页左图）。

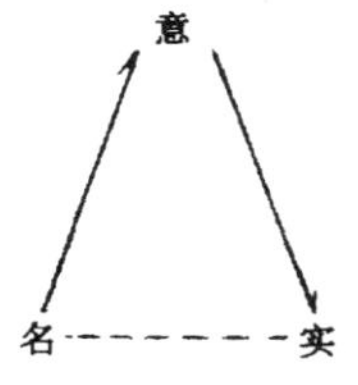

名实之不尽副合是常见的事。名实之难于一致,原因首先在于命名本身是件困难的事,名称不是客观事物本身固有的,而是人根据对它的意义的理解给予它的。意义是对客观世界认识的结果。要有认识的理解,就得把所要命名的事物放在一个恰当世界秩序的背景之上,然后才能看出它的意义来。(尤其是涉及文字时,汉字是表意文字,用汉字或造新字给新事物命名都必须遵循六书的准则。)比如,蝙蝠是鸟呢,是兽呢,还是虫呢?熊猫是熊呢还是猫呢?犀牛是牛科吗?如果它们的位置放置不妥,就难以有恰当的名称。至于有些哲学范畴尽管可能已被感觉乃至认识到,但它的意义几乎无法说得清,而它的名称又几乎是根本无从给予的。比如老子哲学体系中的“道”就是这种东西。他的“道”是非常之道,因此是不可道(不可言说)的。他是这样一种东西:“有物混成,先天地生。寂兮寥兮,独立不改 ,周行而不殆,可以为天下母 。”(有一个混然一体的东西,它先于天地而存在。无声又无形,永远不依靠外在力量,周而复始地不停运行,可以算做天下万物的根本。)这样的东西当然无法起名了。所以他说“吾不知其名,字之曰道,强为之名曰大。”如前所述,“道”这个名也是一个借用现成词语的隐喻式名称。强起的名字恰当与否呢,只好不管它,语词不过是个意义的代码,只要能代表意思就可以将就用。但是,正因为“强为之名”的“实”至为玄奥复杂,纷然的聚讼便从此不断,唯物唯心等等时髦的标签人人可贴,至今仍无人能彻底讲明老子哲学的“道”这一术语的含义。

名实之不尽副合的另一重要原因是名实的稳定程度不同。名称一旦起出,约定俗成,有相对稳定性,而它所指称的客观对象随着社会生活的变化而有了变化,人们对它的意义的理解和所取的态度也有了变化,循名责实,便发生了“名实相怨”的现象。孔子所处的春秋末期，早已礼崩乐坏，天下无道，可孔子还仍固守周礼中君臣父子那一套名分，认为“名不正则言不顺，言不顺则事不成”。[①] 孔子要通过“正名”来恢复周礼那一套典章制度的目的没有实现，但他第一次提出了名实应当相副的观点，这还是有一定的认识论意义和逻辑学意义的。稍晚于孔子的墨子给“名”和“实”第一次下了比较确切的定义：“所以谓，名也；所谓，实也。”（所用来作称呼的叫名，所称呼的事物叫做实。）又说：“声出口，俱有名。”“故言也者，诸口能出之名者也。”[②] 墨子也强调了“名”与“实”要一致的思想观点。

孔墨时代，名实问题虽然已经提出来加以讨论，但其目的还在于对于各自政治思想的论述，名实问题在当时尚未成为一个哲学问题。到了战国的中后期，认识本身成为人们研究的对象，名实问题便成为哲学家们关注的重要问题，出现了一批专门研究名实问题的哲学家，这些人被统称为“名家”。他们提出了一些对当时和后世都很有影响的哲学命题。如惠施的“合同异”说认为：“至大无外，谓之大一；至小无内，谓之小一”，“天与地高，山与泽平”，“天地一体”[③]。万物都统一在“一”里，即既包容在“大一”中，又都由“小一”构成。这种观点已经有点像近代科学的宇宙论和原子论了。

战国末期的荀子对名实问题阐述得比较精当。他继承前人学说中的合理部分，去掉其中偏颇之处，提出了颇为后世所推重的观点：“名无固宜，约之以命，约定俗成谓之宜，异于约则谓之不宜。名无固实，约之以命实，约定俗成谓之实名。”[④] 他这种名实关系“约定俗成”的观点不仅在哲学史上，而且在中国语言学史上也有重要意义。荀子以后，汉代的董仲舒、南北朝的刘昼、清代的王夫之对名

① 《论语·子路》。
② 《墨子·经说上》。
③ 《庄子·天下》。
④ 《荀子·正名》。

实问题都发表过自己的见解。对名实问题的思辨在语言中留下的痕迹是许多有关词语，如名不副实、有名无实、循名责实、徒有其名等等。

3. **饶有兴味的“言意之辩”**

与名实问题相关的还有言意问题。历史上最先提出言意关系的是《庄子》的《外物》篇。庄子学派都喜欢用寓言来说明哲理。据《外物》篇记载，当惠子（惠施）对庄子说“子言无用”时，庄子有一段精采的解释：“筌者所以在鱼，得鱼而忘筌；蹄者所以在兔，得兔而忘蹄；言者所以在意，得意而忘言。”这话的意思是：使用“筌”（捕鱼器具）的人目的在抓鱼，得到鱼就可以把筌忘了；使用“蹄”（捕兔机械）的人目的在于抓兔子，抓到兔子就可以把“蹄”忘掉了；言辞就像“筌”和“蹄”之类工具，使用者的目的在于使人通过它领会意思，当你领会了意思时，就可以把言辞搁置一旁了。庄子在这里主要强调言辞对于理解的引导作用，但已开始对言与意作了区分。《周易》分别用卦象和卦辞（言）来表示意思，但是由于高度概括抽象，往往难以使人得其要领。《易・系辞》中托言孔子对言、象、意三者关系作了解说：“书不尽言，言不尽意，然则圣人之意，其不可见乎？”“圣人立象以尽意，设卦以尽情伪，系辞焉以尽其言。”这里值得注意的是，古人已经认识到言是不能尽意的，设立卦象的目的就是为了“尽意”，即通过卦象所能代表的事物加以类推，以穷尽所有之“意”。六十四卦之所以能代表天下万物，就是因为它有这种通过类推来“尽意”的功能。

魏代的王弼对于言、意、象三者的关系作了比较系统的阐述：“言生于象，象生于意。”这是就言和象的来源而言。又说“象者，出意者也；言者，明象者也。”象是表达意义的，言是用来说明象的，它们都是获得意义（理解）的工具。他又说：“意以象尽，象以言著。故言者所以明象，得象而忘言；象者所以存意，得意而忘象。”① 这种说法同《庄子·外物》“得意忘言”说相仿。这种“忘言”“忘象”之说，强调不必拘泥于言辞，要着重领会义理的精神实质，对于提高理论思维水平有积极意义。但是过于强调“言”“象”皆可忘，对于“言”“象”在深化理解和提高认识方面的作用未免有所忽视。因为语言符号的意蕴有时十分深厚、丰富而又不十分显露，人的理解和认识不可能一下子一览无余，这时就需要反复探究，而如果满足于浅尝辄止把言象一齐忘掉，那是无助于深化认识和理解的。

魏晋时期，“言不尽意”是一种很流行的观点。荀粲、何晏、嵇康、郭象等都持此说。唯有欧阳建(？—300)独立不群，作了一篇《言尽意论》。其文为：

> 有雷同君子问于违众先生曰：“世之论者以为言不尽意，由来尚矣。至乎通才达识，咸以为然。若夫蒋公之论眸子，钟傅之言才性，莫不引此为谈证。而先生以为不然，何哉？”先生曰：“夫天不言，而四时行焉；圣人不言，而鉴识存焉。形不待名，而方圆已著；色不俟称，而黑白已彰。然则名之于物，无施者也。言之于理，无为者也。而古今务于正名，圣贤不能去言，其故何也？诚以理得于心，非言不畅；物定于彼，非言不辩。言不畅志，则无以相接；名不辩物，则鉴识不显。鉴识显而名品殊，言称接而情志畅，原其所以，本其所由，非物有自然之名，理有必定之称也。欲辩其实，则殊其名；欲宣其志，则立其称。名逐物而迁，言因理而变。此犹声发响应，形存影附，不得相与为二。苟不其二，则无不尽。吾故以为尽矣。”②

他认为客观事物不以人们对它们的“言”“称”为转移，客观事物在没有获得人们给予的名称之前，早已按其本来面目存在着。“言”

① 王弼《周易略例·明象》。
② 见《艺文类聚》卷十九。

“称”不能对客观事物有任何作用。但是人们对物、理的认识，不用言辞就不能表达出来，客观事物没有名称就不能辨别。他充分肯定了“言”对“理”、“称”对“物”的反映、标志作用，还指出名称是约定俗成的，客观的事物和道理是不断变化的，因而“言”“称”也应随之而变。既然名物之间、言理之间的关系如同声和响、影和形一样相随相附，就不能“相与为二”，言就能够尽意。这种观点虽然对当时流行的过于强调“言不尽意”的倾向有纠偏补失之用，但又倒向了另一极端，把名与物、言与意完全同一起来，忽视了其中的区别，对语言符号在表情达意的局限性方面认识不足。

4．文化语言学的“名实”观和“言意”观

我们今天来回顾历史上的“名实之辨”和“言意之辩”，从文化语言学的角度而论，不仅应看到语言和哲学之间的密切关系，更应看到名实问题、言意问题所涉及的是语言和现实、语言和思想的关系问题。其实，中国历史上“名实之辨”和“言意之辩”，其发生大多有当时的社会现实问题和思想问题为背景，并非仅仅是纯粹的学术思辨。如果我们仅仅以学术思辨的态度来对待这两个话题，就会在一定程度上降低了文化语言学的意义和价值，把文化语言学变成一种仅能满足少数人谈玄爱好的玄学。

文化语言学充分估计到语言在建构文化（尤其是作为文化的核心层次的哲学）中的巨大功能，充分认识到语言在表述思想、反映现实方面的巨大作用，但是我们并不认为这种功能和作用是毫无缺憾、无可挑剔的。

首先，从名实关系而论，正因为语言符号的能指（名）和所指（实）之间并不存在必然关系，名称只不过是人创造出来的为了便于指称的一种代码，因此尽管在不少情况中名实可以相副，但是无论如何我们对二者相副的需要和可能不应抱有过高的期望。第一，现实情况复杂而名称却需要简明，二者有时便容易发生矛盾。比如，“夫”“妻”当然是指已婚者，可是又有“未婚夫/妻”的名称，如果一定要“正名”，否定“未婚夫/妻”的称谓资格，另造名称，恐怕不易成功。这类属于名称的超前使用，另外更多的则是滞后使用，如“退伍军人”“退休干部”实际上已并不是军人、干部，“美籍华人”也并不是真正意义的“华人”，“刑满释放犯”的“犯”当然就更不妥当。第二，名称中包含一定价值，为了情感、伦理、名誉的原因人们宁可使用“不副实”的名称。比如，“父母—子女”的名称表示的是血亲（生育）关系，而“养父/母—养子/女”的名称则表示不存在血亲关系，仅有养护关系，但通常在非特别需要的情况下，后者宁肯使用前者的名称。还有，作为当面的称呼，女婿称呼岳父母，儿媳称呼公婆，都是称“爸”“妈”而不称表示实际关系的“岳父/母”或“公公/婆婆”（或“公爹/婆母”）。至于在现代科技条件下由人工授精或胚胎移植所造成的单方或双方非血亲的“父母—子女”关系，如果不沿用“父母—子女”的名称而另起一种表现实际的名称，显然反而会给当事人和社会造成更多的麻烦。第三，权威者、名人、名牌事物所具有的社会声望可以给假借者带来非分的实利，因此无论古今社会都有层出不穷的假冒名义者。在古代有“挟天子令诸侯”者，有矫诏夺位者，有托名伪作者。在现代商业社会中，则有屡禁不绝的假冒名牌的商品，“张小泉剪刀”方式成为商业竞争中的撒手锏，大街小巷到处是未必正宗的“正宗××××”。“名实相怨”和“循名责实”已远非哲学家和政治家的思辨性话题，而已成为商品经济活动中关系到买卖双方切身利益的现实问题，成为工商管理和法制管理中的永久性话题。总之，作为人类文化创造伟大成果的语言符号，它给人类带来了巨大的便利，同时也给人类带来了诸多的困扰，名实关系问题始终是人类思考和人类生活受语言符号困扰的重要表现之一。只要有人类和人类语言存在，这个问题就永远存在。

至于言意关系问题，我们今天也不应仅仅止于古典的“言意之辩”中所讨论的言辞是否能尽意和得意、是否应该忘言之类问题的辨析。语言是意义得以显现的形式和手段，没有语言，我们对世界的体验和认识无从传达(音乐美术等手段所表现的大多是情感而非事实或理念);没有语言,我们对身外复杂世界的理解也同样缺少门径。语言在表现主观世界和理解客观世界过程中的引导功能是无庸置疑的。然而"言有尽而意无穷"是普遍现象,语言的功能并不是无限的、尽善尽美的,语言在成全表达的同时也束缚了表达,语言在帮助达成理解的同时也用它的能指限定了理解的范围和深度,语言把丰富、立体、多维的意蕴变成了单向直接的线性叙说和线性理解,在使思想清晰化和理解明了化的同时也使世界在人们心目中简单化了。语言表达过程中所舍弃的东西和语言理解中被语言符号"遮蔽"而未获领会的东西也许是十分重要的,因此既要承认言可表意又须承认言是不可能完全尽意的,既要借助言辞达成理解又应肯定在一定程度上不受言辞束缚的"得意忘言"的必要,尤其要看到揭开言辞所遮蔽的丰富意蕴和解开"言外之意"的必要。然而文化语言学对于言意关系的辨析仍然不能仅止于此。因为这种辨析仅仅在言意关系的表层上面讨论,未深入到语言和现实、语言和真实、语言和真理的深层关系,它是在肯定语言的正面标引功能的前提下来谈论言意关系的,还没涉及语言的负面的标引功能——为了方便,我们姑且称这种功能为"标假功能"。

所谓"标假功能",指的是这样一种现象:语言可以而且常常构成对现实或真实的虚假表述,成为错误和谬见的传达者,它扰乱人们的理智,把人人引向危险和谬误的陷井。无论在日常语言、哲学语言还是科学语言中,这种标假现象都随处可见。这种功能已不是索绪尔的能指、所指理论所能概括。尤其是这种功能被人类本性中恶的一面所利用时,可以造成灾难性的恶果。虚假的广告、黑白颠倒的宣传、江湖上的骗术、冤假错案中的诬蔑不实之辞或莫须有的罪状、文革中打着红旗反红旗的帮派理论,等等,莫不是语言使用者对于语言的标假功能的利用,这种利用的结果使得整个语言世界成了真实世界的扭曲的、颠倒的反映,使整个人类社会充满了虚伪。至于哲学史和科学史上的种种似是而非的学说和数不清的谬见，有些固然并非人们的恶意所为，也是自觉或不自觉地利用了语言本身潜在的标假功能造成。在哲学和科学发展史上，追求真理的哲学家和科学家不得不一代又一代地同层层积累的语言假象作斗争，批判其中的谬误和偏见，从而推动人类知识的发展。由于语言有这么一种功能，因此对表现在语言中的东西不仅不可轻信，不可全信，而且首要的和更可贵的倒是具有独立判断的头脑，具有怀疑和批判的精神。中国古人早就认识到这一点，并且一代又一代地传下“尽信书则不如无书”的箴言。有的明智的学问家甚至明白告诉自己的后学不要相信他已经写出的一切，只有那些思想欠开通的学者才要求后学步趋自己而不得越出雷池。然而，尽管人们早已认识到识破语言假象、具备独立头脑的重要，但是仍然不免一再陷入语言文本的迷阵而不能拔出，其中原因从认识论上说是人类个体认识能力的有限性和客观真理的无限性，而从语言本性上说则是语言的标假功能的无所不在而防不胜防。培根把语言造成的假象称为“市场假象”，把语言描述为永恒存在着的幻象和偏见的源泉。他说：“虽然我们认为我们驾驭着我们的言词，然而实际上，是我们被它占有和驾驭着。语词强烈地影响着最聪慧的智者的理解活动，它们极容易搅乱和颠倒他的判断。”“必须承认，人们不可能使自己摆脱这些谬见和虚假现象，因为它们与我们生活的本质和条件牢不可分；不过，对它们的提防已与真正的人类判断行为紧密地联系在一起。”①

我们揭示语言存在“标假功能”的更为深广的意义，在于把新文化的建设过程变成对全部历史文化和现存文化的“语言批判”的过程。中国两千多年的封建文化史，为我们创造并留下了丰富灿烂的文化，但也创造并留下了无数的谬误、迷信和偏见。中国现代革

---

① 培根《新工具》，第 43 节，第 45 节。转引自[德]卡西尔著《符号・神话・文化》(中译本)，东方出版社 1988 年，第 132 页。

命史上曾对这些封建文化的糟粕进行过文化批判甚至政治批判，但都未能彻底。近几年许多沉渣又突然泛起，关于算命、看相、风水、占卜等等内容的书，充斥着个体书摊，大有向过去的批判反攻倒算之势。其中原因颇为复杂，但是过去那些粗枝大叶的单纯的文化批判和政治批判不可能彻底也是主要原因之一。要想彻底把文化糟粕除尽，就必须彻底揭穿语言在其中所施的鬼蜮伎俩。这就必须对全部文化进行“语言批判”，从而进一步提高人们的良知良能，培养起真正具有科学思维能力的独立头脑。

第三节　语言学和哲学的互相渗透和互相沟通

由上面两节的讨论可以看出，语言问题和哲学问题、语言研究和哲学研究始终是纠结在一起的，中外历史上许多著名的语言学家都关注哲学问题，而许多著名的哲学家也都关注语言问题。语言学和哲学的互相渗透和互相沟通的传统可以说是由来已久。这一传统在西方的发展结果则是现代语言哲学的兴起和转换生成语言学的兴起。因此可以说，语言学和哲学的互相渗透和互相沟通已经分别在哲学领域和语言学领域产生了革命性的效果。

1. 哲学研究的“语言转向”和语言哲学的兴起

20 世纪以来，西方学术界普遍认为，西方哲学从古到今的研究传统经历了三个发展阶段，即本体论阶段、认识论阶段和语言论阶段。古希腊哲学是本体论阶段，主要探讨世界由以构成的本原或基质，回答“世界是什么”“世界是由什么构成的”之类问题，力图通过这种探究找出现象后面的本质或者某种形而上的“本体”。到近代，以笛卡尔、康德的研究为标志，哲学研究的中心开始由本体论转向认识论，研究认识的来源、人的认识能力的界限、认识世界的途径和方法等。哲学研究“认识论转向”的背景是随着近代自然科学的发展而产生的人们对于探求新知识的需要。到了现代，以弗雷格、罗素、维特根斯坦等著名哲学家的研究为开端，哲学研究的传统又由认识论转向了语言论，形成了哲学的现当代形态语言哲学。这次“语言转向”的背景则是对传统哲学“语言混乱”的揭破和现代科学“基础危机”的认识，其根本动力是对传统哲学、传统文化乃至全部现代科学的“语言批判”。

(1)**对传统哲学的“语言批判”**

语言哲学家们都具有极强的思辨理性、怀疑精神和对语言的逻辑分析能力，他们从语言分析活动出发，对传统哲学中的一些基本术语和基本命题及其提供的知识体系提出了根本性的质疑。他们认为，建立在本体论和认识论基础上的传统哲学所提供的世界图像是不真实的，“世界是什么的”之类独断式的解答其真实性是不可靠的；传统哲学所表述的知识也是不可靠的，哲学不应当像在黑格尔那里那样，成为君临一切知识的关于整个宇宙的普遍性理论或学说体系，而是一种具体的语言分析活动。当代西方语言哲学把矛头集中指向集传统哲学之大成的黑格尔哲学，通过语言分析批判他的像上帝一样的“绝对观念”之类的哲学术语。通过这种语言批判，他们进一步发现黑格尔哲学乃至全部传统哲学中存在着严重的语言混乱，而全部哲学争端或哲学混乱也都产生于语言混乱。因而，要清除哲学中的混乱，解决争论不休的哲学问题，就必须从研究语言入手，弄清词和语句，概念和命题的意义。语言哲学家用自己的研究实践完全改变了人们对哲学的性质、任务和对象的传统看法。比如弗雷格把研究意义理论看作哲学研究的首要任务，罗素提出逻辑是哲学的本质，维特根斯坦也认为哲学不是理论，而是对哲学命题进行逻辑分析的活动，奥斯汀强调对概念的分析，等等。总之，这一派哲学家把语言问题提到首要地位，甚至把全部哲学问题归结为语言问题，以至其他哲学派别批评他们不是在研究哲学而是在研究语言。①

语言哲学的基本问题是语言与实在的关系问题。这一问题的研究中心是语言的意义问题以及科学知识的合理表达形式问题，它涉及语言与思想、语言与意向、语言与信念、语言与真理、语言与逻辑、语言与用法、语言与符号、语言与信息等等十分复杂的问题。② 可以看出，它与一般意义的语言学和文化语言学都有某些交叉点。但它是对语言作哲学分析，是哲学而不是语言学。

(2)**对科学“基础危机”的反思**

语言哲学的兴起也是与现代西方的所谓科学的“基础危机”直接联系在一起的。19 世纪后半期以来，西方科学飞速发展。科学知识的应用又促使生产和技术的飞速发展。于是科学本身成为人们研究的对象，这一研究力求发现并建立科学的“基础学科”。由于数学具有严密的准确性、必然性和普遍的有效性而被当作科学的基础学科加以研究。对数学的基础研究引起了关于什么是数学的基础的研究，于是首先发现了数学的必然性和普遍性的基础是逻辑。可是，在对数学基础作逻辑分析时，数学家们却发现数学的许多基本概念术语却经不住逻辑分析，如“数”“基数”“序数”“无穷数”“集合”等等概念的定义都包含着矛盾，原来数学这门被视为绝对可靠的科学的基础却是不可靠的。于是出现了所谓数学的“基础危机”。而且，随着科学的进步，这种危机在其它领域也表现出来。如以牛顿力学为代表的经典物理学，在爱因斯坦相对论原理的分析下，也出现了危机。科学的“基础危机”原因何在？科学家们发现，知识都是由符号或语言表述的，科学知识基本概念的矛盾或混乱，就是语言表达式的混乱。因此，要使知识成为科学的知识，必须研究什么是可以表达科学知识的正确的语言表达式，什么是有意义的表达

---

① 参见周昌忠著《西方现代语言哲学》，上海人民出版社 1992 年。
② 参见车铭洲编《西方现代语言哲学》前言，南开大学出版社 1989 年。

式，什么是无意义的表达式，什么是语言表达式的真，什么是语言表达式的假，等等。总之，原来一切知识的实质问题，归根结底都是语言问题。这样，哲学也只能是语言哲学。语言哲学就是在这种科学“基础危机”中被激发出来的一种哲学思潮。

2.**“乔姆斯基革命”：语言学还是哲学**？

在索绪尔的语言学著作中，由于系统语言观、符号学说、结构分析方法的提出，已经使他的语言学理论带上了浓重的哲学色彩。正是这种哲学成分的方法论化，在20世纪60年代的欧洲学术界形成了一股声势赫奕的结构主义思潮。尽管我们觉得结构主义最有资格充当的仍然只是一种方法论，而不是一个哲学流派，然而导源于索绪尔的结构主义语言学到了美国，经由布龙菲尔德和哈里斯的发展，成为被称为“美国结构主义”的描写语言学派后，再经过“乔姆斯基革命”而成为转换生成语言学，哲学的色彩就更加浓重了。“乔姆斯基革命”的成功，在很大程度上就是他把哲学考虑引入到语言学研究，对语言作哲学思考的结果。他的主要思想来源有：

(1)**笛卡尔的唯理主义**。乔姆斯基反对经验主义，反对建立在经验主义基础上的行为主义心理学和行为主义的语言理论。他彻底否定行为主义的核心概念“刺激”“反应”“强化”等，十分推崇笛卡尔的唯理主义思想，他从笛卡尔的唯理主义方法中受到启示，提出了人类具有天赋语言能力的大胆假设，从而认为语言学应当是一种心理学，其目标是“尽可能精确地描述语言和心理活动的现象”。

(2)**古德曼的分析哲学**。乔姆斯基曾师从分析哲学家古德曼，从他那里学到了用数理逻辑的工具分析自然语言的方法，并通过对语言的逻辑分析来研究和认识心理。他对语言的本质持形式观点，对语言的研究重视句法结构形式的分析和转换，这也是受分析哲学方法影响的结果。

另外，在语言理论上，他推重洪堡特的学说。他自称：“深层结构”和“表层结构”两个概念是从洪堡特的“句子的内部形式”和“句子的外部形式”这两个概念发展而来的。①

有意思的是，乔姆斯基使语言学和哲学互相渗透、交叉、结合所产生的语言学思想，既是语言学在当代的新进展，又是语言哲学的一个支派，对语言学和哲学都产生了巨大而深刻的影响。并且在此基础上对心理学、逻辑学、计算机科学、生物学、人类学、神经生理学等众多领域的研究都产生了推动作用。这一事实给我们的启发就是：由于语言学和哲学二者都涉及人类区别于一般动物的根本特征之一的心智活动，由此二者不可能在完全隔绝孤立的状况下进行，只有把二者结合起来研究才能产生互相推动的效应，获得根本性的进展。我们今天研究文化语言学，在文化语言学理论的建设过程中，固然不应步趋乔姆斯基，把他的理论搬一部分到文化语言学理论中来，但是却可以学习他重视哲学的态度，并参照他借鉴哲学思想的方法，把切合文化语言学需要的哲学思想吸收到文化语言学理论中来，使文化语言学的理论和方法具有深厚的哲学根基，使文化语言学的研究成果既不是博物馆式的标本总汇，也不是七巧板式的机械拼合，而是能对人类的语言存在和语言生活作出独特文化解释的语言学新体系。

---

① 《乔姆斯基语言哲学文选》，商务印书馆 1992 年，第 7 页。

第八章　语言和政治

第一节　政治的本质和语言符号

1. 政治的本质问题

要讨论语言和政治的关系问题，首先得明确究竟什么是政治。人是一种“政治的动物”（亚里士多德语），政治在现代已渗入人类生活的一切领域。由于观察问题的着眼点不同，关于政治的定义可谓形形色色。但是从文化语言学角度而论，政治的本质不能由其他学科来界定，政治这一概念也不能仅从流行的使用法方面去理解。

所谓不能由其他学科来界定，就是说其他学科关于政治的定义不适于文化语言学。比如马克思主义认为，政治是经济的集中表现，这个定义本来不错，但它是政治经济学关于政治的定义，它对于阐述政治和经济之间的关系是适合的，但对于阐述政治和语言的关系就未必适合。因为我们总不能从考察语言符号在经济领域中的运转情况来看它与政治的关系。又如毛泽东认为，政治就是阶级斗争。这一定义对于他的民族民主革命学说是适合的，但仍不适于文化学和文化语言学。因为从文化学角度看，阶级斗争只是政治活动的一种形式，既不是全部政治活动，更不是政治本身。而文化语言学既不研究阶级斗争，也不考察各种政治学说和政治体制的具体内容，仅仅关注语言符号在政治建构和政治运作中的功能。

所谓不能把政治这一词语的流行用法当作政治概念，比如在中国曾有一种政治万能主义，当要强调某件事情之重要时，就说是当前最大的政治，如我们国家曾把合作化、公社化、资本主义工商业改造、整风反右、大跃进、文化大革命都当作当时压倒一切的政治运动来搞，但我们从文化语言学角度考察语言和政治的关系，显然不能把这些被一律当作政治看待的性质不同的活动（其中有经济体制改造活动，也有政治斗争活动）都看作是政治。同时，我们也不能把同政治有关的其他领域的事情拿来当作政治。比如文学艺术、教育、法律、外交、商业、科学技术等等领域，或多或少都和政治有关，但这些领域本身仍然不是政治，不论其中有些领域（如法律、外交）同政治有多么密切的关系。

《说文解字》："政，正也。""正，是也。""是，直也。"可见"政"的本义是"正""直"。"治"在"政治"一词中的意义是"治理，管理"。"政治"的本意就是按照正直、正确的要求对社会加以治理。尽管不同时代不同阶级其治理的标准不同，但是共同之点都是要求社会太平、安定。这一点可以从"治"的一个反义"乱"看出。但是社会无论范围大小，并不是随便哪一个人都有资格来治理的。尽管任何人都可以为尧舜，但是尧舜之所以成为尧舜，是因为尧舜获得了治理天下的权力。秦末天下大乱之际，陈胜、项羽、刘邦都想治理，陈胜的呼声是："王侯将相宁有种乎？"项羽的说法是："彼（秦始皇）可取而代也。"刘邦的想法是："大丈夫当如是（指秦始皇）乎！"想法不一，实质相同，都是要夺取秦始皇的权力，取而代之。这一目标的最终实现者是刘邦。可见政治的本质问题是权力。有了权力，就可以发号施令，施行治理。

2. 名分——政治权力的符号

政治权力可以夺取，也可以授予，但是行使权力，必须以一定的名义。于是名分问题便应运而生。据《史记》、《汉书》记载，刘邦消灭了项羽，当时已是汉王，但是在与项羽的角逐阶段，刘邦已封了一些异姓的诸侯王，如果此时刘邦仍以汉王名义号令天下，则难以名正言顺，于是诸侯与将相们一定要给刘邦一个皇帝的名号。刘邦起先还假意推辞，但是群臣以为刘邦与诸王“位号比拟，无上下之分”①，“大王不尊号，皆疑不信”②。于是刘邦接受了皇帝的尊号，“即位于汜水之阳”。这样，君臣的名分才正式确立，彼此才心安理得。可见名分是一种政治权力的符号。

“名，虚实爵号之名也；分，杀生予夺之分也。”③正因为名分关系如此重大，所以我国古代的政治家对于名分问题都十分重视。但是由于名号有相对的稳定性，而名号下所包含的“分”，即实际权力，却会因客观实际的变化而变化，所以中国古代政治家常常提出“正名”问题。通过有关“正名”的言论，我们可以看出他们的政治伦理思想。

3.“正名”理论反映出的中国古代政治伦理思想

历史上首先提出正名理论的是孔子。《论语·子路》：“子路曰：‘卫君待子而为政，子将奚先？’子曰：‘必也正名乎！……名不正，则言不顺；言不顺，则事不成；事不成，则礼乐不兴；礼乐不兴，则刑罚不中；刑罚不中，则民无所措手足。’”孔子把“正名”看做“为政”的头等重要的事情，又认为“正名”关系到“言”“事”“礼乐”“刑罚”等问题。孔子的“正名”就是要审度名分。孔子的理想社会是西周，他要维护西周时代一些表示名分的词语的原有意义，保持“君君，臣臣，父父，子子”的理想秩序。同时，还要求人们运用语言时按照旧的名分来选择词语。比如《韩诗外传》卷五记载：

> 孔子侍坐于季孙，季孙之宰通曰：“君使人假马，其与之乎？”孔子曰：“吾闻君取于臣谓之取，不曰假。”季孙悟，告宰通曰：“今以往，君有取谓之取，无曰假。”孔子曰：“正

① 《汉书·高帝纪》。
② 《史记·高祖本纪》。
③ 《吕氏春秋》高诱注。

假马之言，而君臣之义定矣。”

在孔子看来，国君向臣子要马，只能说“取”不能说“假”（借），这关系到君臣大义、名正言顺问题。孟子说：“孔子成《春秋》而乱臣贼子惧。”[①] 据杜预《春秋左传序》说，孔子所用的方法就是“以一字为褒贬”，即通过一字的用法来显示君臣的名分，从而规范人们的政治行为，确立他所理想的政治秩序。《春秋》是讲究名分的，但乱臣贼子是否惧过，或是否应该惧，那是另一回事。

墨子讲“正名”，不限于名分问题，主要是要求人们准确地使用语言。后来，《吕氏春秋》把孔子和墨子这方面的思想加以发挥，把它与政治问题联系起来，提出“名正则治，名丧则乱。”[②] “故至治之务，在于正名。名正，则人主不忧劳矣。”为了正名，必须“审分”，因为“名多不当其实，而事多不当其用，故人主不可不审名分也。不审名分，是恶壅而愈塞也。”[③] 名家的公孙龙，法家的尸佼也都从政治角度论述过正名问题。

第二节　国家首脑名称的权力象征功能

尽管古代政治家为了保持政治稳定而强调要审度名分，不断正名，但是世上任何事物都要变化，与政治权力有关的职官名称以及其他名称不可能一成不变，与这些名称相对的权力实际也在不断变化。由于职官名称是政治权力的符号象征，当权力实际发生变化时，职官名称也要作相应变化；或者，当原有职官名称已不能象

① 《孟子·滕文公下》。
② 《吕氏春秋·正名》。
③ 《吕氏春秋·审分览》。

征变化了的权力实际时，更改职官名称也就势在必行。于是，整个中国职官名称变化历史中就包含了一部中国政治体制和政治结构的变化史。由于职官名目繁多，不能详论，这里我们仅仅选取国家首脑名称的形成和变化过程来看中国历史上政治演变过程，从而认识最高层职官的名称对于政体和权力的象征功能。

1．后、伯：原始共和制的象征

我国有文字可考的历史起于商代。商以前的夏代，据研究属于原始社会的末期。在原始社会中，社会的基本组织是有血缘关系的氏族，氏族的首领称为“后”。据文字学家考证，“后”有生育之义。甲骨文中“后”作 [illegible] ，像妇女生育之形。《说文解字》：“后，继体君也。象人之形，施令以告四方。”段玉裁注：“开创之君在先，继体之君在后也。”王国维说：“后字皆从女，或从母，像产子之形。”王氏之说为是。作为氏族首领的“后”，以妇女产子之形为象，反映的是母系社会时期女性为氏族首领的状况。后来，氏族组成部落，部落又组成部落联盟，部落首领和部落联盟的首领都称为“伯”。“伯”在甲骨文中为[illegible]（白），像正面人头之形，后来才加人旁为“伯”。《说文解字》：“伯，长也”，“长”即“兄长”之意。“伯”在后代一直用指男性兄长，与“仲”“叔”“季”依次相对。“伯”作为部落和部落联盟的首领，反映了母系社会已过渡到父系社会的事实，也可看出部落联盟的首领是由选举产生的各部落首领的“大哥”。史书上有“伯益”“伯禹”之称。大禹治水后，中原出现了最早的国家“夏”。夏的国家首脑不称“伯”，而称“后”，这是借用氏族首领的名称，“夏后”“夏后氏”等名称通过传说，也见于史书。夏后与其它各部落不再有血缘关系。商代有时仍借用古代称号，称国王为“后”。（但到后代，“后”演变成帝王正妻的名号。）

2．王：商、周奴隶制的象征

《说文解字》：“王，天下所归往也。董仲舒曰：古之造文者，三画而连其中谓之王。三者，天地人也。而参通之者，王也。孔子曰：一贯三为王。”

许慎用声训法和援引董仲舒的说法来为“王”字释义。应该说这些说法都有一定道理。“王”确实是天下所归往的人。因为商灭夏后，统治区域比夏大得多，“自彼氐羌，莫敢不来享，莫敢不来王。”“后”的称呼似乎就不大相称了，于是开始称“王”。商王又十分迷信，一切活动都要通过占卜向天帝和先王请示。商王被认为天帝的儿子，是天意和人意的沟通者。所以说“王”字的三画代表天地人三者，一贯三为王，表示参通三者，这种解释也有一定道理。但是从甲骨文和金文看，王字的形体像一个斧头（ 𠙶 ），所以现代有人说“王”字的造字用意在于用斧头象征威权。这种解释更为合理些，也比较符合“王”所具有的真实权力——生杀予夺的权力。周代商而起，首脑仍称王。周王统治的范围叫“天下”，意思是“溥天之下，莫非王土；率土之滨，莫非王臣。”周王又称“天子”，意思也是天帝的儿子。除此之外，周王还有“天君”“辟”“辟王”“辟君”等称号。周天子所封的诸侯国的国君分别称为“公”“伯”和“侯”。

“王”既然是至高无上的称号，那些自恃强大、不服周天子管束的诸侯国首领也要称王。春秋时期，诸侯国纷纷强大起来，许多诸侯国不听周天子的号令，先是楚国，接着是吴、越等国的国君也都称王了。进入战国，七雄都自立为王，周天子反而被称为“周君”，而“君”本是诸侯国的首领。

3．帝、皇帝（皇）：封建集权制的象征

“王”到了春秋战国，早已没有了至高无上的名分。因此当秦王嬴政统一六国后，第一件大事就是更改国家首脑的称号。经过同大臣们商量，决定起用“皇帝”这一名号。

“帝”本是殷商时人们对上天的最高主宰者的称呼，是神而不是人。在甲骨文中，“帝”或“上帝”都指天帝。帝具有比“王”更大的权威，从卜辞 看，帝能支配自然现象（降雨、刮风），能降祸授福，商王的一切活动都要由“帝”的批准。后期卜辞中偶有对死去的先王称“帝甲”“帝丁”，那是因为商人认为死去的先王具有主宰人间祸福的神性，故用对天帝的专门称号来称呼先王。至于《史记》中对商王有“帝乙”“帝辛”的称呼，当是对商人称呼法的沿用。

“皇”本是形容词，本义是“大”，与“帝”并非同义词。诗经中的“皇矣上帝”和《尚书》中的“皇帝”的“皇”都是“大”的意思。“三皇五帝”的说法，把“皇”“帝”并列，视为同类，并非上古真有“三皇五帝”，而是出于战国时代人们的附会。但自有此说，“皇”字获得了“帝”的意义。秦王嬴政的“秦始皇”全称为“秦始皇帝”。我们试引《史记·秦始皇本纪》中一节，可看出确立“皇帝”名号的过程与用意：

> 秦初并天下，令丞相、御史曰：“……寡人以眇眇之身，兴兵诛暴乱，赖宗庙之灵，六王咸伏其辜，天下大定。今名号不改，无以称成功，传后世。其议帝号。”丞相绾、御史大夫劫、廷尉斯等皆曰：“昔者五帝地方千里，其外侯服夷服，诸侯或朝或否，天子不能制。今陛下兴义兵，诛残贼，平定天下，海内为郡县，法令由一统，自上古以来未尝有，五帝所不及。臣等谨与博士议曰：‘古有天皇，有地皇，有泰皇，泰皇最贵。’臣等昧死上尊号，王为‘泰皇’。……”王曰：“去‘泰’，著‘皇’，采上古‘帝’位号，号曰‘皇帝’。他如议。”制曰：“可。”

由秦始皇开始，到满清倒台，中国的国家首脑一直叫“皇帝”，这个称号把神权和君权合为一体，把国家首脑神化了，把国家政权变成了专制主义的机器。在这个庞大的专制主义机器中，皇帝是专制权力的象征性符号，是高踞所有臣民之上的主人。这一称号对我国的政治制度、社会生活和意识形态、民情风俗都具有极为深刻的影响。在语言方面，就是产生了一系列为突出皇帝、神化皇帝的专用词语。如“朕”由一般代词变为皇帝专用的第一人称代词。皇帝的父亲叫“太上皇”，母亲叫“皇太后”，正妻叫“皇后”，妾叫“昭仪”“贵人”“妃”“嫔”等等，皇帝说的话叫“制”“诏”，地位高于法律。皇帝的印叫玺，行动所到之处叫“幸”，皇帝专用之物和皇帝的行为词前都得加“御”：如御辇、御苑、御榻、御批、御笔、御驾等等。臣民对皇帝得称呼“陛下”“万岁”。皇帝的名字不能说、写，必须改成其他字。

4 **总统、主席：民主共和制的象征**

辛亥革命后，帝号被废除，代之以总统，和总统这一名号相适应的是资产阶级民主共和的国体和选举制度以及可以限制总统权力的宪法和国民代表大会。但也是由于中国封建制度根深蒂固，真正的民主共和制一直未能建立。蒋介石上台后，又变为独裁制。中华人民共和国成立后，国家首脑叫“主席”，意为中央委员会中居主要席位者。但由于封建主义阴魂不散，十年动乱中又出现过神化主席的个人崇拜思潮，毛泽东曾被捧成“出言为经，君师合一”（章士钊语）的神圣。但这样的结果并非由“总统”“主席”等词语造成。

第三节 政令语言和政治运作

语言的交际方式通常表现为叙述、询问、感叹、祈使等四种。其中祈使是比较特殊的一类。叙述、询问、感叹等三种话语通常不要求交际对象作出与话语内容一致的行为反应，而祈使类话语由于包含了语言使用者的意志，通常要求交际对象作出与话语内容一致的行为反应。语言本身虽然不能改变现实或创造新的现实，但它可以通过对人的行为的指令来改变现实或创造一个新的现实。大人说一声“不要动”，可以使孩子停止动作；家庭主妇的一声“开饭了”，可以使一家人走向餐桌吃饭。在祈使类话语中我们可以清楚地看到语言对现实所能产生的改变功能和创造功能。祈使类话语从发出一方看具有指令功能，从接受一方看具有执行功能。指令功能和执行功能是祈使类话语特有的功能。

1. **政令语言——政治运作的枢纽**

在社会的政治生活中，与政治有关的话语按其与权力意志的关系大体可分为两类：一类尚未体现为权力意志，尚不具备指令功能和执行功能，而只是话语主体对政治问题的探讨、对政治理想的论证、对某些施政项目的建议、对某种政治学说或理论的阐述等等，它们可以统称为“政论语言”；另一类是体现权力意志的、已经具备指令功能和执行功能的话语，这一类可以称为“政令语言”。政令语言包括两种类型：(1)命令或禁律，它们通常以祈使句的形式发布；(2)公报、决议、政策、法律、规章等等，它们记载和表述关于国家管理的系统性意见，其中既使用祈使句式，也使用陈述句式，有时甚至以陈述句式为主。尽管第(2)类政令语言有时不用祈使句式，但同样具有统一认识、整饬思想、规范行为的作用，整个文件就像一个大的祈使句。

政令语言和政论语言既有区别，也有联系。政论语言构筑理论，不一定直接用于管理社会。这一点它颇像哲学语言。政令语言一般不构筑理论，只是某种政治理论在社会管理中的应用形式。政论语言可以转化为政令语言。一项议案经表决而被采纳并付诸实施，就获得了政令语言的性质。但如果未被采纳或无实施可能，它就只能保持政论语言的性质。比如毛泽东的《论联合政府》，由于当时的历史没有给予实施条件，就只能一直保持政论的性质而未能成为政令。而邓小平提出的关于大陆和台湾通过谈判达成协议实行“一国两制”的设想，目前虽然尚属于一种理论形态，然而一旦条件具备，协议达成，理论就转化成了政令。

政令语言在政治运作中具有极为重要的意义和关键性、枢纽性的作用。政治的运作过程就是权力的行使过程，其目的在于贯彻统治者的意志，使社会管理达到统治者所理想的状态。社会的管理是一个巨大的系统工程。如果我们把从中央到地方的政治机构看作这一系统的“硬件”,把包括各种可能的政治理论、学说、方案、办法在内的政论语言看作这一系统的“软件”,那么,政令语言则是这一系统工程实施操作过程中的“语言指令”。如果这一比喻大体不错,那么我们就可以看到,在社会管理中,上述的“硬件”和“软件”固然也起作用,但是对于社会现实状况的决定和改变起着最直接作用的,则是起指令作用的政令语言,是那些命令、禁律、政策、法规。比起“语言指令”来,形形色色的“硬件”和“软件”同社会管理的关系在效能的体现上总是要间接一些。如果不能或尚未表现为“语言指令”,那么再好的理论或学说也只能是一种观念形态的东西。春秋末期,孔子周游列国,向各国君王宣传他的仁学思想,各国君王不愿采纳,孔子的思想就没能成为管理社会的政令。直到汉武帝实行“罢黜百家,独尊儒术”的政策,儒学才开始在中国大行其道,成为中国封建社会的统治思想。可见思想理论要成为改造世界、改变现实的力量,是非通过“语言指令”不可的。我们通常把政府官员的工作称为“发号施令”,其道理正在于此。“九一八”以后,尽管全国民众已经蕴积了巨大的抗日热情,但是直到“西安事变”前,代表当时中国的国民党政府首领蒋介石迟迟不肯发出抗日命令,全国就不能进入抗日状态;“西安事变”后,特别是芦沟桥事变后,蒋介石受形势所迫,发表了抗日动员令,才使全国进入了抗日状态。1966年6月16日中共中央发表的《关于进行无产阶级文化大革命的决定》(即《十六条》),使全国进入了“文革”时期;1978年中共中央的十一届三中全会公报,则使中国进入了改革开放的新时期。语言指令之所以能在政治运作中产生改造社会、管理社会的效能,根本原因在于其背后的政治权力。权力所及之处,就是语言指令发挥效能之所;权力所不及之处,也就是语言指令失去效能之所。正因为语言指令同政治权力的关系如此密切,所以革命家想要改造社会,首先的步骤是夺取权力,以求获得发号施令的资格(名分)。

2. **政令语言的风格特征**

政令语言在政治运作中的关键性质，决定了它与其他语体不同的独特鲜明的风格特征。最重要的风格特征是：

(1)**权威性语气**

政令语言的发布者，是国家首脑、政府官员、从中央到地方的政府机构(在现代还有政党的机构)。话语主体的身份以及话语的内容必然使这种语体带上权威性语气。权威是社会管理的利器，权威性语气可以加重语意，使语言获得令行禁止的效果。在我国古代，政令语言大多有专门的名称，如“命”“誓”“诰”“令”“制”“策”“诏”“敕”等，这些名称本身就说明它们是帝王的旨意，具有神圣的、不可违抗的性质。《文心雕龙》把古代的政令语体总称为“诏策”，对于这类语体的权威性、神圣性描述为：“皇帝御宇，其言也神。渊嘿黼扆，而响盈四表，唯诏策乎！”又说：“诰命动民，若天下之有风矣！”[①]如《尚书·舜典》中的话：“帝曰：‘契！百姓不亲，五品不逊，汝作司徒。敬敷五教在宽。’”“帝曰：‘皋陶！蛮夷猾夏，寇贼奸宄，汝作士。五刑有服，五服三就；五流有宅，五宅三居。惟明克允。’”至今我们仍能从这些话中体味出那决绝无疑、不可动摇的权威性语气。有时政令发布者为了加强话语的权威性，还要假借上天的名义。如“尧曰：‘咨！尔舜，天之历数在尔躬，允执其中。四海困穷，天禄永终。’”[②] 这些虽是根据古史相传的记录，但我们相信它们是相当准确地描摹出了上古帝王发布命令时的语气的。到后代帝王发布诏书时，还要每每冠上“奉天承运××皇帝”的字样，以加重其话语的权威性。现代党政机关发布文告，固然已经不必使用此类字样，但是字里行间仍然必不可少地表示出话语发布者作为国家和人民代言人的资格和名义，所以仍然带有确定不移的权威语气。

---

① 《文心雕龙·诏策》。
② 《论语·尧曰》。

(2)**严谨的措辞**

政令语言一头联系着权威，另一头联系着人事和社会，言出法随，关系重大。其影响所至，小则是一人的升沉荣辱，一事的成败利钝，大则是一国的兴衰。所谓“一言以兴邦，一言以丧邦”，似乎言过其实，但如果这“一言”是关键时刻关键人物的关键性话语，那么说“一言”可以“兴邦”或“丧邦”并不为过。中国古人深知帝王言论影响重大，所以强调必须慎言。《礼记·缁衣》中说：“王言如丝，其出如纶；王言如纶，其出如綍，故大人不倡游言。”意思就是说君王的话出口后其影响会自然放大，所以必须慎重。唐孔颖达《尚书正义》序说：

> 夫书者，人君辞诰之典，右史记言之策。古之正者，事总万机，发号出令，义非一揆。或设教以驭下，或展礼以事上，或宣威以肃震曜，或敷和而散风雨。得之则百度惟贞，失之则千里斯谬。枢机之发，荣辱之生，丝纶之动，不可不慎，所以辞不苟出，君举必书，欲其昭法诫、慎言行也。

正由于认识到对政令语言必须慎重从事，所以古人在草拟政府文件时表现得极为严肃认真：

> 为命，裨谌草创之，世叔讨论之，行人子羽修饰之，东里子产润色之。①

这是说孔子主持草拟一个文件要经过四道工序。这种严肃认真的态度，一直被继承下来。其结果是政府发布的文件在措辞上都极为严谨。如《中国共产党中央委员会关于建国以来党的若干历史问题的决议》中的一节：

> 毛泽东同志是伟大的马克思主义者，是伟大的无产阶级革命家、战略家和理论家。他虽然在“文化大革命”中犯了严重错误，但是就他的一生来看，他对中国革命的功

① 《论语·宪问》。

绩远远大于他的过失。他的功绩是第一位的，错误是第二位的。他为我们党和中国人民解放军的创立和发展，为中国各族人民解放事业的胜利，为中华人民共和国的缔造和我国社会主义事业的发展，建立了永远不可磨灭的功勋。他为世界被压迫民族的解放和人类进步事业作出了重大的贡献。

这段话只有 200 来字，对毛泽东一生的功过作了高度的概括。对毛泽东的评价是一个非常复杂的问题，作为中共中央全会的决议，在措辞上的毫厘之差，在全党全国中引起的效果可能就是千里之谬。这段话总共是五个句子。首先用两个判断句构成的并列复句断定毛泽东是“伟大的……”，接着用一个转折复句既肯定他在文革中“犯了严重错误”，又指出就他的一生来看“功绩远远大于他的过失”。然后再用一个并列复句断定功绩和错误有“第一位”和“第二位”之分。最后用两个陈述句概括地指出他在国内和国际事业中建立的功勋和作出的贡献。这样的评价既没有沿袭文革中流行的对毛泽东无原则吹捧的模式，也摒弃了文革刚结束时“两个凡是”的评价逻辑，同时也否定了当时盛行的对毛泽东全盘否定的情绪和思潮。这种评价“允执厥中”，客观、中肯，较易被国内外各方面人士所接受，对于稳定社会思想、顺利实现从文革到改革开放时期的过渡起到了有利的作用。严谨的措辞来自对现实的正确认识和准确判断，能够经得起语言上的推敲和历史的检验。

政令语言要求严谨，但是并非所有政令语言都能做到严谨。如果对客观的认识出现偏差，决策失误，措辞上即便再推敲，也难做到严谨。比如，1959 年 7 月“庐山会议”期间，彭德怀针对“大跃进”和公社化中“左”的错误，给毛泽东写了一封意见信，可是毛泽东却断定这封信是一个“右倾机会主义的纲领”，是“有计划的、有组织的、有目的的反党行为”，由此发起了对彭德怀等人的批判，把彭德怀等人定为“右倾机会主义反党集团”。接着又通过中央文件在全国范围掀起了“反右倾”“拔白旗”的运动，进一步扩大了本已存在的“左”倾错误。错误的政令其语言自然谈不上严谨了。

第四节　政治变化和语言变化

政治在一种语言的语音、语法两方面可能产生的影响，似乎是微不足道的，也是很难观察得到的，然而在语言词汇方面的影响却异常深刻而明显。

任何时代的统治思想都是统治阶级的思想。统治阶级要使自己的思想为民众接受，就要通过反复的宣传向民众灌输。思想是由体现概念的语词来表达的。不同的政治思想可以用同一套语音体系和语法体系来传递，却不可能用同一套词汇体系来表达，于是不同时代的政治思想往往有各自对应的一套词汇体系。因此在一定的政治思想流行之时，体现这一思想体系的词语也就充斥于社会中，流行在语言中，甚至扎根于人们的观念中。一旦社会政治发生时代性的变化，社会的政治思想和人们的思想观念也随之发生变化，原来流行于社会和语言中的一些政治词语的使用范围就会变小，使用频率就会降低，而与新时代的新政治相适应的一批新词语也就应运而生，并迅速流传开来。

比如，在儒家思想占统治地位的中国封建社会中，“忠”“孝”“仁”“义”等既是伦理概念，也是政治概念，以这几个伦理——政治概念为核心的封建统治思想深入人心，这些词语也成为家喻户晓的褒义词语。可是在“五四”新文化运动中，要反封建，就不能言“忠”“孝”；在以马克思列宁主义的阶级斗争学说为指导的民族民主革命中，要搞阶级斗争，要实现民族解放，就不能对敌人讲“仁”

“义”。在新时代的政治生活中，“革命”“斗争”的观念深入人心，这两个词语成为使用频率相当高的日常词语。“忠”“孝”“仁”“义”等词则分别经历了不同的命运。“仁义道德”尽管在鲁迅的《狂人日记》中曾一度被解读为“吃人”，但这毕竟是艺术笔法，还没有影响到“仁”“义”的语言学词义。在一般人的心目中，“仁义”仍比“不仁不义”强。“孝”则一度甚至成为贬义的词，在1980年版的《新华字典》中，仍把“孝”解释为“是儒家宣扬的反动说教，指对父母无条件地顺从”。“忠”这一词语已被剔除了“忠于君主”的旧义，除了在文革的领袖崇拜中表示“忠于毛主席”的意义外，一般仅表示对革命、人民、党和工作的忠诚。但“忠顺”一词现代已带有贬义了。

一定的词语对于一定的政治思潮不只是消极地适应和表现，在特定条件下还会产生推波助澜的作用。这种作用在反动的政治思潮遽然而兴时尤为明显。反动势力倒行逆施，必然色厉内荏，于是他们每每利用手中的权力开动宣传机器，用先声夺人的手法造成一种新的语言现实，以便借助于词语的改变来改变人们的思想和思想方法，使人们产生对于反动政治的迷狂。德国纳粹的宣传部长戈培尔的名言是“谎言重复一千次可以变成真理”。他向报界发布明确指示，“列出哪些问题应予注意以及如何对待这些问题的方式，并提供一览，分成批准使用的表达方式和此后禁止使用的词汇”，以图传播一种“与我们（按：指纳粹）国家的哲学相协调的术语”。于是凡尔赛和约每次在报刊书籍上或在公共交谈中都被称为“可耻”和“犯罪”，每次在有“犹太人”这个词出现的地方都狠心冷酷地使用“狡猾”“鬼祟”“欺诈”“腐败”“淫荡”“背信”“懦怯”“寄生”和“无根无源”等等这一类形容词。为了煽起反犹狂热，纳粹不仅把1918年的德国战败、凡尔赛和约以及共产主义的威胁经常不断地同犹太人联系起来，而且发明了一系列词语，如称犹太人为Judenknecht（犹太奴仆），称犹太女人为Judenhure（犹太婊子），称结交犹太朋友的德国人为Volksverrater（人民的叛徒），称与犹太人发生性爱关系为 Rassenschande（玷污种族）。为了掩盖屠杀犹太人的野蛮行径，纳粹把 abwandern（迁移）、abschieben（遣送）、ausmerzen（淘汰）、Sonderbehandlung（特别处理）等词语用来指代对犹太人的“杀死”，这几个词语已经成了纳粹刽子手的行话。在纳粹语言中，fanatisch（狂热）和 hart（坚定）两个词用得很多，并且总是用来代表与 1933 年以前相反的意思：在 1933 年前这两个词分别与“疯狂”和“野蛮”有着消极的联系，在 1933 年后的“新制度”下，要 hart 就是要坚强、不屈和英勇，要 fanatical 就是要献身于纳粹的事业并随时准备为事业而牺牲。在二战中希特勒对 fanatisch 一词越来越偏爱，把这个词作为解决一切问题的钥匙。在演讲中他说“在一切人类生存中坚定和狂热是最重要的”。由于纳粹党的军国主义政策的需要，出现了一种被称为“语言的军事化”的现象：“到处都听见‘战斗’‘战役’‘投入’‘团结’‘前线’‘突破’等等借自军队的词语，还有与这些词合成的粗劣的复合词，它们给新政府喜欢的任何事物都添上军事声调，比如，Arbeitsschlacht（劳动会战）指降低失业率的运动；Erzeugungsschlacht（生产会战）指的是纳粹提高人口出生率的计划；Ernahrungsschlacht（食物会战）指的是纳粹的农业政策，如此等等。”①

在中国的文化大革命中，语言对社会现实的反作用变成了对社会的破坏力。凡是亲身经历过文革的人，莫不对一种可以称之为“文革语言”的东西在煽动文革狂潮中的巨大作用记忆犹新。文革语言不仅是构成和表述有关文革的概念、理论、法令的手段，而且是搞乱社会思想、颠覆世界秩序的最有力的工具。语言的交际功能在文革中遭到了严重的扭曲。文革语言可以用来宣誓效忠，可以用来舌战、辩论，可以用来编造莫须有罪名致人于死地，却不能成为平等交谈、互相理解的媒介。甚至语言的使用方式也改变了，毛泽

---

① 见[美]戈登·A·克雷格著《德国人》一书中的附录《糟糕的德语》，中译本上海译文出版社 1990 年，第 445—452 页。

东说过的话被断章取义地割裂使用，只问需要和目的、不问时间和对象地“活学活用”，于是“毛主席语录”就成了随处可用的标签、包医百病的灵丹、百无禁忌的咒语。巴金在一篇文章记述道：

> 在四害横行的日子里，有一个时期我们每天都要举行几次“请示”，“汇报”，“祝万寿无疆”的仪式。别人在我们面前念一句语录：“凡是反动的东西，你不打，他就不倒”，于是我们就成了该打倒的“反动的东西”。……他们再念一句：“革命不是请客吃饭”，于是我们就受到了粗暴的待遇。他们又念一句：“凡是毒草，凡是牛鬼蛇神，都要进行批判”，于是我们就被当作“牛”给关进了“牛棚”。①

在文革语言中，比较引人注意的是一批又一批稀奇古怪的“文革词语”。在词汇学上，它们属于“新词”一类，但又和一般的新词有所不同。文革词语的主要特点是：

(1)**虚妄性**。语词本是表达概念的，语词形式和概念的内涵构成语言符号的能指和所指两个方面，概念的内涵和现实的事物或现象相对应，是现实世界中某类事物或现象的概括的反映。但是由于文革理论的虚妄性，势必导致有关文革的一些基本概念和所派生的一系列概念都是虚妄的。结果就造成语言符号的能指和所指的割裂，往往只有能指，找不到确切的所指或真实的所指，循名不能责实，并无其实却有煞有介事之名。如：

a. 走资派　资本主义复辟　党内资产阶级

b. 黑帮　黑线　黑线专政　反动学术权威

c. 内人党　六十一人叛徒集团　三家村反党集团

上述三类中，a 类是由于毛泽东对于当时社会现实的分析失误形成的虚妄不实的概念，属于构成文革理论的基本概念。b 类和 c 类是在文革进行中由于林彪江青反革命集团蓄意破坏而滋生出

---

① 见金春明等《“文革”时期怪事怪语》，求实出版社 1989 年，第 262—263 页。

的污蔑不实之辞。其中b类是通用词语,c类是专用词语。

(2)**幼稚的浮夸**。政治用语不同于文学用语,它不仅要求构造严谨,而且要求朴实无华,不允许有艺术性的夸饰。可是由于文化大革命本身就是一场"左"倾幼稚病的集中表现,又是一场带有宗教色彩的个人崇拜运动,于是在运动中就产生了许多由幼稚狂热而带来的新事物、新现象,这些新事物、新现象往往被冠以"红""红色"等词语以显示其革命性,如:红卫兵、红小兵、红外围、红司令、红线、红色造反团、红色兵团、红色江山等等。有些事物的名称不仅以"红"来修饰,还用比喻、夸张等手法来构成,如:红太阳(指毛泽东或毛泽东思想)、红宝书、红海洋。全国各省、市、自治区成立了革命委员会就被叫做"全国山河一片红"。另一类幼稚的浮夸则表现为祝颂用语和誓词用语,如:万寿无疆、永远健康、千秋万代永不变色、"三忠于四无限"等等。

(3)**违背事理逻辑**。一方面,由于"继续革命""彻底革命"的需要,对"旧世界""旧秩序"一概否定,否认毛泽东以外的一切权威,否认毛泽东思想以外的一切正确事物;另一方面又把对毛泽东和毛泽东思想的肯定和颂扬极端化到无以复加的地步,于是在文革中就出现了一些违背事理逻辑的提法,如:怀疑一切、打倒一切、最最最、绝对权威、马克思列宁主义的顶峰,等等。又如在批陈整风中,报刊上不点名地把陈伯达称为"刘少奇一类政治骗子",把刘、陈并称为一类;在批判林彪时,把林彪与孔孟之道扯到一起,搞出个"批林批孔运动",这些提法都不合逻辑。此外还有由著名的"宁要……不要……"公式套出来的论调,尽管其形式已不是语词,而是复句,但也是经不起事理逻辑上的推敲的。如:

宁要社会主义的草,不要资本主义的苗。

宁要社会主义的低速度,不要资本主义的高速度。

宁要社会主义的晚点,不要资本主义的正点。

(4)**军事用语普泛化**。早在文革正式发动前几年,由于"以阶级斗争为纲”的思想已深入人心，把非军事部门的生产和工作场所作为阶级斗争的“战场”，把非军事行动作为对敌斗争的“战斗”的用法已经开始流行。文革开始后，“以阶级斗争为纲”进一步被推衍成“以两个阶级、两条道路、两条路线的斗争（简称‘三两斗争’）为纲”，加上“两种思想的斗争”，即“马克思主义与修正主义的斗争”，几乎无处没有斗争，无处不是战场。既然称为斗争，那么就在某些方面与作战有可比之处，加上“全国学解放军”口号的影响，使用军事用语成为时髦。像“进攻、作战、战斗、会战、战略部署、火力、火线、誓师、动员、战士、战线、前线”等等军事用语不仅广泛使用在“三两斗争”的场合，而且还被频频使用到工农业生产、医疗、文教、服务等许多行业。有的甚至已形成一些固定组合或准固定组合，如：

战线：工业战线　农业战线　卫生战线　商业战线
　　　教育战线　新闻战线

战士：五七战士　白衣战士　石油战士　钢铁战士
　　　红卫兵战士　“六二六”战士

另外还有一些已经成为专用词语，如：

炮打司令部（毛泽东的一张大字报的题目）

揪刘火线（1967年夏红卫兵围驻中南海要求揪斗刘少奇的场所）

井冈山兵团（清华大学以蒯大富为首的红卫兵派别）

联合舰队（由林立果组织的反革命武装政变别动队的代号）

炮轰派（哈尔滨1967年形成的主张批判赵去非的群众派别）

(5)**损害人格尊严的污辱性、谩骂性用语特别多**。红卫兵或造反派为了显示自己“彻底革命精神”和坚定的“无产阶级立场”，经常对所谓“走资派”“执行反动路线的人”“保皇派”以及出身不好的人和各种批斗对象施以辱骂和恐吓，于是形成了许多带有文革色彩的污辱性、谩骂性用语，如：黑五类、黑帮人物、牛鬼蛇神、狗崽子、砸烂狗头、死不改悔、踏上一万只脚、变色龙、小爬虫、阎王殿、一小撮、保皇派、中国的赫鲁晓夫、野心家等等。这些词语在制造文革“红色恐怖”过程中起了相当大的作用。

第五节　语言冲突和政治斗争

语言不仅是一套用于社会交际的代码系统和表达思想的工具系统，更是一定民族、部族或地区社团的人们的天然图腾。语言系统的图腾性质使具有共同语言/方言系统的人们自然地形成一个个相对独立的语言社团。于是说何种语言或方言的问题既是一个感情问题，又每每与政治或经济问题联系到一起，而且经济问题最终都会成为政治问题。

1. 语言感情和政治凝聚力

“同声相应”的原理，在语言问题上也同样存在。一定的语言社团的成员对于自己从小学到的母语(民族语或方言)总有一种强烈的偏爱心理，这种偏爱心理在社团内普泛化就成为语言感情。客观地说，世界上没有哪一种语言或方言是绝对好的，是其它语言或方言所不能比拟的。可是每个人在心理上总觉得自己从小学得的母语是最好的，最适于表达他的思想感情。所以，尽管很多人一生可能学会使用好几种语言或方言，但是只要有可能，他们总力求用自己的母语来交谈。假如到了外国，同本国的同胞会面，日本人总喜欢说日语，英国人总喜欢说英语，法国人则总喜欢说法语。上海人不仅在本地坚持不讲普通话，到外地见了上海人也是立即很自然地用上海话交谈。用母语交谈使他们彼此之间有一种亲切感，他们通过语言认同，彼此都有一种归属感。语言在他们之间造成一种向心力、凝聚力和排他力。特别是当谈话涉及他们彼此之间的隐秘时，为防周围外人听见，这种作用就更为明显。这种由语言感情造成的社会成员之间的凝聚力最后可能造成政治上的凝聚力。中国人同乡观念很重，固然是陈旧的地域观念的表现，但语言上的类同也是一个重要原因。

2. 双/多语现象和语言冲突

语言具有鲜明的民族性，但是国家的概念不等于民族的概念，而且事实上国家的范围比民族要大。就是说，一般的现代国家常常包含好几个甚至很多不同的民族。这样，在大部分现代国家中，总有两种或两种以上的语言同时在被使用着。这种现象叫双语现象，或多语现象。

双语现象或多语现象会不会导致语言冲突乃至政治冲突，那是不一定的事。假如在多民族的国家中出现了一种各民族都乐于使用的公用语，同时在各民族人口比较集中的聚居地区又使用着自己的民族语，公用语和民族语都具有同等的法律效力，那么，只要各民族之间相处得还好，一般不会由双语或多语的使用导致语言冲突乃至政治冲突。中国大陆就是一个实例。但是，假如各民族之间相处得并不和睦，那么，语言问题就往往是导致冲突的原因或契机。欧洲著名的《经济学家》杂志 1978 年 9 月某期甚至说过“欧洲的语言战争：字句可能折断你的骨头”① 这样危言耸听的话。话说得虽然有点言过其实，但也可见语言问题同政治冲突之间的联系。

3. 语言问题的政治化

语言冲突的激化演变成政治冲突，可以称为语言问题的政治化。由语言问题引起政治冲突的主要原因在于选择何种语言作为共同交际媒介的问题。

在殖民主义时代，随着军事占领、殖民统治的实现，宗主国语

---

① 见陈原《社会语言学》，学林出版社 1983 年，第 361 页。

言作为殖民文化的一部分,也随着殖民主义的统治而进入殖民地。但一般说来,语言不能强行统一,不能要求被占领区的人都不说母语。由于占领情况的不同,可能形成三种局面:1. 一种殖民者语言流行在上层社会中(如独立前的印度、越南,现在的香港);2. 两种或多种殖民者语言势均力敌(如加拿大);3. 一种殖民者语言特别强大,最终同化了整个社会各种语言(如美国)。语言问题的政治化,主要由前两种情况产生。

关于第一种。独立后的国家一般强烈反对用原来的殖民者的语言作为共同语,但是这些国家内部也并非只是一种语言,于是为选择何种语言为共同语问题,各种政治力量常常展开激烈的斗争。因为确定本民族语为共同语不仅是个感情问题,而且是个政治权力和经济利益的问题。因此,有些政党和政府领导人便利用民众的语言感情来达到政治目的。例如,印度喜马偕尔邦的领导人,为了提高本邦的地位,并使自己的邦成为语言统一的邦,曾以该邦大部分居民使用帕哈里语为由,发动了一场捍卫帕哈里语的运动。由于这一运动的影响,1991 年调查时,拥护帕哈里语为本族语的人增加了 280%。然而帕哈里语实际上是各方言的综合,不具备大家公认的重要标准。又如 1980 年印度竞选期间,几个主要政党都在自己的纲领中提出了要捍卫乌尔都语的口号。这是因为乌尔都语在语言学方面的特点使之具有较高威望,提出这一口号有利于提高自己政党的威信。由于忠实于某种语言的感情,所以当某一政治集团提出捍卫某一语言时,能得到使用该语言的所有人(不论其地位、财产状况如何)的热烈响应。比如 1928 年,印度尼西亚上层社会仍通行荷兰语,但广大群众对马来语更感亲切,因此当马来语被宣布为国语时,它对于发动群众投入民族解放运动起了重要作用。①

---

① 参见[苏]尼科尔斯基《语言与政治思想斗争》,《现代外国哲学社会科学文摘》1982 年第 8 期。

第二种情况：在加拿大，说英语的占 59%，说法语的占 28%，这种情形造成了英语世界和法语世界的严重冲突。加拿大语言英法两极的状况是殖民文化的发展结果。长期以来，英语区主要从事工商业活动，法语区主要从事农业活动。英语在政府、军队和大商业活动中占统治地位。直到二战为止，法语区的教育不如英语区发达，因此法语区的政治代表人物常常以法语受压为理由，要求把法语区从统一的国家分出去，成为独立国家。

第九章　语言和神话及宗教

第一节　神话和宗教的起源和语词魔力

1. 人性的两重性和神话——宗教意识的产生

在这个世界上，唯有人是最难认识和理解的事物。人之难于认识和理解，原因在于人性的复杂。然而人性无论怎样复杂，却总是逃不出人本身存在着相互矛盾、相互对立的两重性。人之所以称为人，是因为它已脱离了动物界，然而人从来没有也永远不可能摆脱动物的某些基本属性。人之所以称为人，是因为人具有动物所不具备的认识能力和创造能力，它凭借着这独具的认识能力和创造能力建立了家庭、社会和从最原始的到最先进的工具，建立了人类独特的生存生活方式，从而不断地从必然王国走向自由王国，终于成为地球上的主宰者。然而人们却发现伴随每一进步的却是人类本身某些可贵品性的丧失，伴随每一点自由获得的是另一种束缚的产生，伴随解救而来的是新的压抑，伴随幸福而来的是新的烦恼、困扰甚至痛苦，伴随征服而来的是新的惩罚，伴随认识而来的是新的困惑，伴随伟大的独尊感而来的是渺小卑微感。更根本的一点是，伴随着生命而来的竟是死亡的必然性。人本来总是以为自己是无所不能的，但是到头来却常常感到自己在各方面的无能为力。这种两难情景的根源在于人性中自尊和自卑、伟大与渺小、精神的超越性和肉身的不可超越性等两重性的存在。自尊使它敢于追求和创造，使它总是向自己提出更高的奋斗目标，因此，人总是在不断追求，然而似乎永远也追求不到自己所要的东西。当感到自身的渺小和无能为力的时候，人就把对自身的崇拜转向对外在事物的崇拜。他似乎感觉到世界上有一种比自己更为强大的力量在主宰着自己的命运，甚至连这个世界的一切，包括人本身，都是那无所不能的力量所创造的。这个力量的拥有者就是神。神既然强大无比，那它就既能授福，也能降祸，而人只要对之谄媚和崇拜，使神高兴，就可以避祸得福。与神相对的是只有破坏力、只能带来灾难的魔鬼，只有神才能降住魔鬼，得到神的庇佑才能避免魔鬼的侵害。在这种对世界关系扭曲颠倒理解的基础上形成了最初的神话意识和宗教意识。马林诺夫斯基说："宗教是和人类基本的，即生物的需要有内在的，虽为间接的联系。好像巫术一样，它的祸根是在于人类的预测和想象。……只要人们一旦不仅和他们的同代人，而(且)和他们的前代人与后裔开始作共同的活动，许多关于人类命运在宇宙中的地位的忧虑、预测和其他各问题便都发生了。这里，我们也必须坚决主张：宗教并非产生于玄想，更非产生于幻觉和妄解，而是出于人类计划与现实的冲突，以及个人与社会的混淆。"① 他又说："人类生活上的每一重要危机，都含有情绪上的扰乱，精神上的冲突，和可能的人格解组。这里成功的希望又须与焦虑和预期等相挣扎着，宗教信仰在乎将精神上的冲突中的积极方面变为传统地标准化。"② 马林诺夫斯基的这些话不仅可以帮助我们对神话和宗教的起源获得文化功能上的理解，而且还可以使我们对这样的疑问得到一定程度的解释：为什么现代不少著名的自然科学家同时又是虔诚的宗教信徒。

然而神佛魔鬼到底什么样子，谁也没有亲见。早期的人类只好

---

① 马林诺夫斯基《文化论》(费孝通译)，中国民间文艺出版社 1987 年，第 75 页。
② 同上，第 78 页。

凭借自己幼稚而丰富的想象力，再按照自己的形象和动物的形象加以推断，使神鬼获得了人或某些动物的形象特征和性格特征，再加上人所不具备的某些形象特征和能力特征，于是就有了人首蛇身、狮身人面、三头六臂、九尾狐狸等等形象，有了神的喜悦愤怒同阴晴、洪水、风暴等自然现象种种关系的说法。人既然有名字，神鬼也必然有称呼，于是上帝、宙斯、风神、雷公、河伯、共工、伏羲、女娲、安拉、普罗米修斯、维纳斯、撒旦、阎王等等神鬼的名称也就被一一创造出来。

2. 神话思维和语词魔力

不过，上述关于神话和宗教起源过程只是我们站在今天的立场上对于这一过程的逻辑性的概述。实际上，原始的神话和宗教产生于人类早期的蒙昧幼稚阶段，当时的人根本没有这样一种逻辑推断能力，那么，原始的神话和宗教是怎样形成的呢？据现代哲学和人类学研究证明，在人类的早期，一方面在创造语言，与此同时也在创造神话，语言的产生和发展过程同时也就是神话的产生和发展过程。在创造语言和神话之初期，人类并不是按照逻辑思维来看待事物的，而是用独特的“神话思维”的方式。这种思维卡西尔称之为“隐喻思维”①。它的基本原则是“以部分代全体”，比如可以按事物的特征，把大象称作“两只牙的”，可以按事物的属性把月亮称为“发光之物”。按照这一原则给神命名的时候，或者用具体事物名称代替神的名称，如“宙斯”（Zeus）本义是“天”，相当于梵文的Dyaus，由于把宙斯神化，“天”成了主宰天空之神，于是就产生了宙斯的神话。“天降雨”也就成了“宙斯降雨”。② 无独有偶，汉语中的“天”，也是既指天空，又指老天爷，天下雨也就是老天爷下雨。

在这种思维原则之下，神的特性、名称和神本身是合而为一的。如“盘古”一词，按照一些外国学者的分析，是“盘绕起来的古

① 参见卡西尔《人论》（中译本）甘阳序，上海译文出版社 1985 年。
② 朱狄《原始文化研究》，三联书店 1988 年，第 669 页。

代”的意思。这一解释同中国神话传说中开天辟地的“盘古”故事内容颇能吻合。《太平御览》引徐整《三五历纪》:“天地混沌如鸡子,盘古生其中,万八千岁;天地开辟,阳清为天,阴浊为地;盘古在其中,一日九变,神于天,圣于地,天日高一丈,地日厚一丈,盘古日长一丈。如此万八千岁,天数极高,地数极深,盘古极长。后乃有三皇。”又徐整《五运历年纪》:“首生盘古,垂死化身,气成风云,声为雷霆。左眼为日,右眼为月,四肢五体为四极五岳,血液为江河,筋脉为地理,肌肉为田土,发髭为星辰,皮毛为草木,齿骨为金玉,精髓为珠石,汗流为雨泽;身之诸虫,因风所感,化为黎氓。”朱狄认为:“因为把线状物体紧缩起来的最好方式就是‘盘’,原始人认为时间也可以像线状物体那样被‘盘绕’起来,……唯有这种盘绕,才可能把一万八千年的时间紧缩在一个蛋形的实体之中。”① 又《庄子·应帝王》:“南海之帝为倏,北海之帝为忽,中央之帝为浑沌。倏与忽相与遇于浑沌之地,浑沌待之甚善。倏与忽谋报浑沌之德,曰:‘人皆有七窍,以视听食息,此独无有。’尝试凿之,一日一窍,七日而浑沌死。”这个具有寓言性质的神话故事中的神名“倏”“忽”和“浑沌”,命名的原则也是隐喻,即以语词的意义表示神性,从而使神性、神名和神本身统一在一个语词中。在汉语中,这种统一还表现在汉字的构形上。如“神”的本字“申”,在甲骨文中象闪电之形( );“天”从一、大,“大”即人,“一”为头顶,“天”字字形命意为天神的至高无上;“太昊”为日神,“昊”从日、天会意;“炎帝”为火神,“炎”字从二火;等等。

由于神是不可见的想象之物,神的名称又表现了神的特性(神性、威力),于是对神的崇拜就变成了对神的名称的崇拜。“语词(罗各斯)实际上成为一种首要的力,全部‘存在’(Being)与‘作为’(doing)皆源出于此。在所有神话的宇宙起源说中,无论追根溯源

---

① 朱狄《原始文化研究》,三联书店 1988 年,第 172 页。

到多远多深，都可以发现语词（罗各斯）至高无上的地位。”① 基督教经典的《约翰福音》起首一段是：“天之初，语词给予天父以其初。”在普罗斯写的《尤多多人的宗教和神话》中发表的他收集到的一篇尤多多印第安人文献中，也有这样类似的一句。可见，在原始的神话和宗教中，语词是具有神通和魔力的，它被抬高到了宗教这一神圣的领域。印度佛经《百道梵书》说：“众神皆凭口说的语词，万兽和人也无一例外；世间造物皆存于语词之中，……语词乃不灭之物，天道之长子，《吠陀》之母，神界之脐。”“世间造物皆存于语词之中”这句话一语道破了神话思维的奥秘：神就是语言创造的产物，造神和创造语词过程是同一的。这种神界和语言世界的一致性表现的语言本体论同我们前述的“世界的语言性”，其性质相当接近，二者差别仅仅在于：神话思维的“世界”指神的世界，哲学思维的“世界”主要指物质世界；神话思维导致语词魔力信念，哲学思维则力图把人类精神引向理性的澄明之境。

第二节 从语词魔力信念到语言拜物教

从上述这种对语词魔力的迷信到语言拜物教的形成其实只有一步之遥。所谓语言拜物教并非实有的宗教，而是指对语言本身及其功能的神化。

1. 语言本身被神化

语词既然有那样大的神通和魔力，那么它究竟是怎样产生的呢？它到底是什么东西呢？基督教认为语言是上帝创造的，上帝用

① 卡西尔《语言与神话》（中译本），三联书店 1988 年，第 70 页。

泥土造成了人，赋予人类以各种能力，其中包括语言能力，上帝还给世上的万物起了名字。后来，亚当和他的子孙们商量着造一座通天的塔，上帝为了阻止人类的胡作非为，就把人类的语言搞乱了，使他们彼此都听不懂。于是就形成了世上的各种各样的语言。古印度的婆罗门教人更进一步把语言本身看作是神。在公元前1500年写成的梵文《吠陀》经中，说语言是母牛，呼吸是公牛。在婆罗门教人心目中，牛是神的象征，说语言是母牛也等于说语言是女神。《吠陀》还说，语言女神的名字叫伐克(vak)，她有无比广大的神通。她说："我心爱的人，我使他强大，我使他成为婆罗门弟子，伟大的先知，我使他聪慧，我为鲁德拉(雷神)弯弓，射死仇恨婆罗门教的敌人。我为人民作战，我渗透天地。我把父亲背上世界的顶峰；我的出处是在海水里；我从那里出来，混在众生中，身驱能及苍穹，我呼吸如风，比天还高，比地还大，我是这样伟大的。"①

2. 语言的功能被神化

语言本是人类社会的交际工具，可是在神话和宗教里，语言既然是神所创造的，神又是无所不知、无所不能的，那么神必然也懂得人的语言，于是语言又获得了人与神之间的交际功能，成了沟通人神两界的媒介。各派宗教都有对自己所崇拜的神的赞颂阿谀的词句，有的还编成诗歌，配上音乐，便于唱颂，这些说唱都是为了取悦于神，以求获得神的庇佑。各派宗教都有祷告仪式，就是要把自己求神帮助的事说给神听，以求获得神的支持帮助。有的宗教教派还有忏悔仪式，目的是把自己的过失说给神听，表示悔过之意，以求获得神的宽恕谅解。以上这些属于祈请类型，一般称为祝词。与祝词作用相反的是咒语。咒语是使用恶毒的诅咒来驱除鬼魅，祓去凶邪。同祝词相比，咒语更能显示语言的魔力，所以被原始巫术和各派宗教广为运用。大洋洲的某些部族还把学咒语当作上层分子

① 参见王希杰主编《语言学百题》，上海教育出版社1983年。

(贵族)受教育的主要内容。无论播种、恋爱、复仇都有专门的咒语，他们相信咒语可以使庄稼丰收，使变心的情人回心转意，使仇人气绝身亡或猝然暴死。但如果念咒错了一个字，就会失去灵验。中国道教的咒语更是五花八门。据道教经典《太上三洞神咒》记载，光“雷霆召役神咒”就有什么“三十六雷总辖咒、七十二候都总咒、开旗咒、卓剑咒、巡坛咒、助威咒、用剑咒、行净咒、变神咒、步罡咒、会兵咒、致雨咒、五雷治病咒、勘合符咒”等等多种。比如在通常患病驱鬼时，念的咒语是：

天蓬天蓬，九元杀童，五丁都司，高刀北功，七政八灵，太上浩凶，长颇巨兽，手把帝钟，素枭三神，严驾夔龙，威剑神王，斩邪灭踪。

念此咒语时，要念一句啄齿一下。据说这样就可以召来神灵帮人诛鬼，只消念三遍，鬼就会“眼睛盲烂而身既死”。①

咒语不仅能驱鬼避邪，也能召鬼害人。如《红楼梦》第二十五回写赵姨娘想谋害王熙凤和贾宝玉，买通了马道婆。马向赵要了纸，剪成两个纸人，把王贾二人的年庚写上，又找了一张蓝纸，剪成五个青面鬼，拿针钉在一起，马道婆回去一作法念咒，王贾二人立刻就中了邪。幸亏遇着一个癞和尚和一个跛道士，念了几句咒，过了三十三天，二人的病又都彻底好了。

3. 文字及其功能被神化

文字本来是记录语言的工具，但是在语言及其功能被神化的情况下，从科学角度认识文字的本质自然是不可能的事。《淮南子》里说：“昔者仓颉作书而天雨粟，鬼夜哭。”这是说明文字的发明是件了不起的事，以致惊动了上天和鬼神。中国古代有“敬惜字纸”的传统，有文字的东西不能乱扔，要放在标有“敬惜字纸”的容器里积起来烧掉。有人为了做善事，还花钱修了专门的塔，收集字

---

① 参见葛兆光《道教与中国文化》，上海人民出版社 1987 年。

纸存放在内。这一行为一方面有尊重知识的心理，同时也包含有对文字的迷信和崇拜。

文字的功能被神化的一个例证是把文字当成所指称的事物本身。有的巫医利用群众对文字的迷信，在降神治病时说出一些稀奇古怪的药名，如“天上的龙鳞草”“竹里虾蟆”“仙人脚趾甲”等，叫人一一写在纸上，然后叫病家拿去烧成灰就水喝下去，说是这样能治病。

文字功能神化的顶点就是符箓的产生。符箓本是巫术所使用的一种特殊的“文字”（或图形），由巫师把现成的文字加以变形而成，据说巫师在其中注入了神力，可以辟鬼祛邪、逢凶化吉。许多民族都有这种东西。在中国，符箓被道教利用后，它的使用范围被扩大到各个方面，成为道士的一个法宝。比如除“三尸”（道家所谓在人身上作祟的三种鬼魅）符是这样的①：

把语言文字功能神化的心理基础是把语言文字和它指称的事物或现象合而为一。这种心理在现代社会中依然存在。据报载，日本少女中近几年兴起一种贴橡皮膏的时髦：当某少女在恋爱中失意，她就把她男朋友的名字写在手腕上，贴上橡皮膏，她们相信这样做几天就可以使对方回心转意。又据报道，近几年广州一些做生意的市民，喜欢在大门口贴上写着“门口土地财神”的红纸，按时供以香烛。这种心理再进一步，就会把与美好事物的名称同音或近音

① 采自葛兆先《道教与中国文化》，上海人民出版社 1987 年。

的字词也看成美好的字词，民俗中的所谓吉祥字词或吉祥事物很多就是这样产生的。如蝙蝠的“蝠”谐“福”，梅花鹿的“鹿”谐“禄”，“鱼”谐有余的“余”，“枣、栗子”谐“早立子”，等等。某些数字在中国人心目中成为吉祥数字，也是由谐音关系产生的心理联想的结果。据报道，深圳到九龙快车往返票价分别为138元和168元，谐“一生发”“一路发”之意。3、8、9等数字因为在广州话中与“生”“发”“久”等有吉祥意味的字眼谐音，于是店铺开张、男婚女嫁，都离不开这些数字。带有这些数字的电话号码、车牌号码，怕落到别人手里，就不惜花重金买下，据为己有。目前这种风气已遍及全国。

4. **言语禁忌**

言语禁忌是指在言语运用中某些词语(包括文字)不许说(写)出或不许随便说(写)出。这一现象的根源也是对语言神力的崇拜心理和把言语同事物或现象合而为一的错误想法。只不过它采取了与一般崇拜中“反复说出”相反的方式——禁止说出，或禁止随便说出。

(1)**人名避讳**

人名是指称某一人的语言符号，由于经常和特定的人相联系，似乎就成了这个人的一部分。于是在有些民族中就产生了一种迷信，似乎提到某个人的名字就会对这个人产生不利作用。喀菲尔斯坦妇女没有当众说出丈夫名字的权利，甚至连含有丈夫名字的一个音节的那些词也要避讳。中国古人往往在名之外另起一个“字”，一般交往中只称字不称名，最初也是为了避免说出本名，沿用成习，称字不称名就成了尊重的表示。在中国古代，尊长者的名字是不能说出来的，不得已而说时，前面也要加一个“讳”字。至今在笔者家乡浙江天台，平辈孩子间是不能称呼对方长辈的名字的，如果双方在吵架骂仗时，只要把对方长辈(父母、祖父母)的名字不断重复地喊出，就算是骂人。在中国封建社会中，皇帝名字所用的字(包括同音字)禁止在一切场合使用，由此产生了种种避讳方法。一种是改用同义或近义的字。如秦始皇名政，一名正，所以秦代称正月为端月。汉高祖名邦，汉代文献中就把所有"邦"字改成"国"字。不仅皇帝本人的名字要避讳，连皇帝祖先的名字也要避讳。宋太祖的祖父名(赵)敬，宋代人书中就把所有该用"敬"字的地方改用"恭"或"严"，同音的"镜"改用为"鉴"。另一种是缺笔法。唐太宗叫李世民，唐代人除了把"世"改用为"代"，把"民"改用为"人"外，另一种方法就是把世写成"卅"，把"民"写成"巳"。每一个新皇帝登基，总有一大批人必须改名。有的权势很大的达官贵人的名字，别人也不许说出。(西方社会中少有此类禁忌，有的地区孩子甚至可直呼长辈名字。)

(2)**对不吉利的字词的避忌**

由于把语词与所指称的事物和现象等同起来，人们对于指称怕见厌见的"不吉利"的事物和现象的字词就产生了避忌心理。实在难以避开时，就改用一种委婉语来称说。最常见的是对"死"字的避忌。古代改用的词语有"崩"(帝王用)、"薨"(诸侯用)、"不禄"(大夫用)。唐代二品以上官员的死也叫"薨"，五品以上叫"卒"，五品以下至庶民才叫"死"。其他如"仙逝、逝世、过世、老了、不在了、牺牲了、光荣了"等等都是"死了"这一共同现象的不同情境中的委婉语。与死亡有关的事物也有委婉语，如棺材叫"寿材、寿木"，死人穿的衣服叫"寿衣、装老衣"，花圈叫"寿花"。江南水乡行船人忌"住"，把与"住"同音的"箸"说成与"住"反义的"快"，于是形成了"筷子"一词。长沙人认为虎是不祥之物，忌虎说猫，于是老人把当地的"府正街"改说成"猫正街"。旧时戏班子忌讳说"散"，于是连雨伞也得说成"雨盖、雨遮、雨挡、雨拦"。广东话"四""死"同音，于是忌说住四楼，而说住"3+1楼"。杭州人因忌讳"四"的音，出租车带4字的牌号没有人要。西方人以为"十三"是不吉利的数字，于是很多大楼无十三层楼，中国许多新建的大宾馆为适应这一心理，也取消了第十三层楼的序号。

第十章 语言和文学艺术

第一节 文学语言的特殊性质

文学是一种艺术，但这种艺术同音乐、绘画、雕塑等艺术形式根本不同的是，它用语言材料作为自己的构造手段，并以语言材料的超常使用所能造成的最佳艺术效果作为自己的追求目标。音乐使用的手段是旋律和节奏，它追求的是听觉上的美感效果。绘画使用的手段是色彩和线条，雕塑所使用的是泥、木、石、金属材料，二者所追求的都是视觉上的美感。文学作品虽然也可听，可看，但是同欣赏音乐、绘画、雕塑不同的是，听、看文学作品时，我们领略到的是一个以各种语言手段构筑起来的“意义世界”。这个意义世界和我们日常生活的世界相比既相似又不同，令我们感到既亲切又陌生。我们被作者用语词编造而成的艺术境界和艺术形象所感染，从中获得的是美感享受而非道德上的教谕。

文学作品都是用语言写成，然而并非用语言写成的就是文学作品。尽管文学作品和非文学作品的界限一直难以截然划分，但是从最典型的文学作品和最典型的非文学作品(如诗歌——政论)来看，它们语言运用的特点却是泾渭分明的。卡西尔说：“诗人不可能创造一种全新的语言。他必须使用现有词汇，必须遵循语言的基本规则。然而，诗人不仅使语言赋予新的语言特色，而且还注入了新的生命。”① 文学家确实不能创造另一种语言，他必须使用民族语言来写作。如果他别出心裁地创造出一种新的语言来进行写作，就没有人能够读懂，即便有再高的艺术价值，但没有人领会，还是没有用。但是诗人必须创造性地使用语言。如果不能创造性地使用语言，而满足于一般的“明白如话”“朴实无华”，这样的语言也是没有艺术生命力的。文学是语言的艺术，文学语言必须是艺术性的语言创造。

作为艺术创造的文学语言，其特殊性究竟何在呢？在文学理论研究中有一种语言本体论，认为文学的本质特征在于语言形式，作为艺术品的文学创造，其价值在于它是一个特殊构造的语言事实。文学以语言组成自己的形式，这种形式是一种对现实的普通语言“陌生化”和“疏离化”的结果。节奏、韵脚、格律等技法的使用是诗歌语言“陌生化”的途径，所用词语意蕴的突然丰富深厚以致令人困惑，是诗歌语言与常规语言疏离的表现。在小说的叙述结构方面，使普通语言“陌生化”的表现就是与“故事”不同的“情节”。因此，文学作品的语言是一个特殊的语言等级，是与普通语言相对立的。普通语言的首要功能是指向世界的“存在”以沟通信息，文学语言以自我为中心，它的功能是排除外向指称，只把注意力放在形式和技巧方面，使事物显出自身的特殊性，从而改变人们的感觉方式，使之获得一种审美效果。于是，文学的本体不在于对生活的摹仿，不在于对作者心灵的表现，而在于文学的语言形式本身。文学变革也不是对社会变革的反应或社会变革的副产品，而是文体和风格自我生成和自我封闭的序列运动的逐步展现，文学史上新旧文体的嬗变也是文学语言“陌生化”过程的部分表现。应当承认，这种把语言形式看作文学的本质所在的理论确实抓住了文学的根本

① 转引自查普曼《语言学与文学》(中译本)第 47 页，春风文艺出版社 1988 年。

特征，尽管它有过于排斥意义之嫌。① 文化语言学考察语言和文学的关系，主要是探讨语言形式和文学形式之间的关系，因此，这种看重形式的文学语言本体论对文化语言学研究具有重要的借鉴价值。

第二节　语言模式与诗歌的形式特征

1. 语言的类型和诗歌的节奏类型

各种文学样式都必须以语言材料作为自己的构造手段，但是不同的文学样式对语言材料的各种功能在使用上各有侧重。戏剧侧重于语言的会话功能，小说侧重于语言的叙事功能，诗歌则侧重于语言的抒情功能。会话和叙事一般要求尽量采用自然语言的节律，抒情固然也可以采用自然语言，然而在诗歌中，则要求将自然语言的节律加以改造，使之具有一种整齐和谐的节律美。诗歌中格律体的节奏尤为鲜明，对自然语言节律的改造也尤见功夫。萨丕尔《语言论》说："大概没有别的东西比诗的声律更能说明文学在形式上依靠语言了。"郭沫若《论节奏》说："节奏之于诗是它的外形，也是它的生命，我们可以说没有诗是没有节奏的，没有节奏的便不是诗。"但是，诗歌语言改造自然语言的节律，首先必须在自然语言的基础之上进行，必须尊重并充分利用自然语言的本身特点。在自然语言的构成要素中，语音是诗歌节律的物质承担者。不同语言的语音体系和语音结构的特点不同，正是这种不同的特点决定了不同语种之间诗歌节律的差异。

---

① 参见霍克斯《结构主义和符号学》(中译本)，上海译文出版社 1987 年。又见王岳川《艺术本体论》，上海三联书店 1994 年。

古希腊语、拉丁语的语音特点是元音有长短之分，并且长短音是相间交替的，因此其诗律由长短音结合形成音步。这两种语言的重音性质有所不同：古希腊语的重音是该音节乐音的高音，拉丁语的重音常落在长音上。因此，拉丁语诗的长音步同时兼为重音，短音步兼为轻音，其重音在构成诗歌节律中的作用较古希腊语明显。用梵语写成的古印度史诗也是由长短元音的不同构成音步。这三种语言的诗律都是由长短音相间构成的长短律。属于日耳曼语支的英语、德语是重音节拍语言。其元音没有成系统的长短对立，却有音节上重音和非重音的明显区别。轻重并不与音节长短相联系，但重读音节音长大体相等。由此决定了英、德等语言诗歌节律是轻重音节交替的轻重律。

属于罗曼语支的法语也无配对的长短元音系统，重音系统又不如英、德语鲜明突出，轻重音节之间音量差异不大，但法语为音节节拍语言，每个音节所花时间大体相等，音节本身响亮，音量、音势平稳，节奏感强，音节兼容高低、轻重、强弱诸要素。这些特点决定了法语诗歌节律是由一定的音节数、一定的“顿”数构成的音顿律。

日语语音最明显的特点一是几乎全部为开音节，二是节拍短促而鲜明。其音节构成方式只有四种：单辅音加元音、纯元音（包括单元音和复合元音）、拨音、促音。其重音为由音高差别形成的乐调重音。每词节拍数不同，但每拍长度相同，长音相当于二拍。促音后为一空拍，类似音乐的休止拍。每词首拍为高音，次拍则为低音；首拍若为低音，次拍则为高音。这些语音特点决定了日语诗歌是依赖节拍数量和音高差别形成的高低律。

汉语格律诗（近体诗）形成于中古，中古汉语的语音结构与格律有关的主要特点是：1. 单音节孤立性，即音节既是语音单位，又是语义（字义）切分单位（多音节语词绝对数量仍不多）；2. 音节有音高变化和舒促差异形成的平、上、去、入四声，舒声（平上去）和促声(入)有音段长短之差,但平声可任意平行延长,上去入声不可以任意平行延长。因此,汉语格律诗的声律材料按声调可否任意平行延长分成平(平声)仄(上去入)两类,在诗句中体现为平仄相间的平仄律。

上述各语言诗歌节律构成情况列表对比如下:

语言种类	诗律性质	诗律材料 (超音段成分)	诗律模式
1. 古希腊语、拉丁语、梵语	长短律	长短音	 –——–——–——
2. 日耳曼语	轻重律	轻重音	 ◡——◡——◡——
3. 罗曼语言	音顿律	音节顿数	 ●——●——●——
4. 日语	高低律	音拍顿数	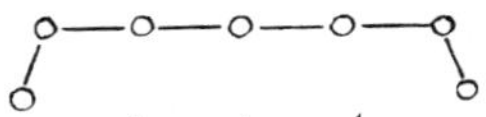 ○—○—○—○—○
5. 古汉语	平仄律	声调	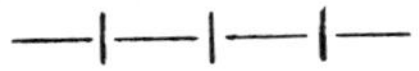 ——|——|——|——

第一种长短律的构成原则是依靠音长对比,以长短相间见节奏;第二种轻重律的原则是依靠音强对比,以轻重相间见节奏;第三种音顿律是依靠音节顿数和呼应,以音顿相间见节奏;第四种高低律的原则是依靠音拍的高低顿促见节奏。古汉语诗歌的平仄律是依靠音节数和声调对比,以平仄相间见节奏。这些声律节奏系统的每一种都跟其语言中具有对立价值的超音段成分相适应。①

2. 语言形式的演变与诗歌形式变化

(1)语言演变和句式变化

语言的形式不是一成不变的,诗歌的形式受到语言的影响,也要发生变化,从古代诗歌形式到现代诗歌形式的演变过程去看它所受到的语言形式变化的影响,可以进一步观察语言与文学的密

---

① 见张洪明《语言的对比和诗律的比较》,《复旦学报》1987 年第 4 期。(引述时对表格略有改动)

切关系。

以汉语为例。上古汉语是比较简单的单音节语，反映在诗歌中便是简单的双音一顿的节奏形式。如《弹歌》是一首流传下来的古朴的原始歌谣，一词为一字，两字为一拍，全篇为四句八字："断竹，续竹，飞土，逐宍(肉)。"(收载于《吴越春秋·勾践阴谋外传》)内容是记录远古时代制造弹弓、弹出土丸、追赶飞禽走兽的狩猎生活片断。据风格看，它可能是流传下的古谣谚中最早的一首。

到西周时代，汉语词语虽仍以单音节词为主，但已出现了一部分双音词，如叠音的"关关、绵绵、赫赫、炎炎、坎坎"等等，双声叠韵的"参差、踟蹰、匍匐、鸳鸯、夭绍、绸缪、婆娑、委蛇、螟蛉"等等。一般词汇中也有不少双音词，如"君子、淑女、兄弟、公子、武夫"等等。这一阶段的社会生活也比远古时代复杂。因此反映社会生活的诗篇不仅篇幅较《弹歌》要长，而且句式也变成了以四字一句为主的形式。《诗经》中的诗句就是这一时期诗歌的主要形式。

五言、七言句式的形成也有语言背景，主要是汉、魏以后，中原文化和西域文化接触，尤其是佛教传入中国，通过翻译产生出大量的双音节词(如如来、观音、菩萨、罗汉、佛陀等等)。汉语受拼音文字的影响也从内部滋生了大量复音词，原来的四言一句的形式就满足不了表达的需要，于是就产生了五言体和七言体。首先是在文人诗作和民歌中普遍采用五言句式，有的诗句系由诗经改来，最能见出这一变化痕迹，如《诗经·兼葭》中"白露为霜""道阻且长"二句，到了《古诗董娇娆》中就扩展为"白露变为霜，道路阻且长"。在曹丕的《燕歌行》中，全用七言句式，于是"白露为霜"的句意也复杂化，加上"草木摇落"成为"草木摇落露为霜"。五、七言句式形成后，一直作为中国古典诗歌的主要句式，时间长达1000多年。

到近代以后，汉语又有了进一步的发展，不仅双音词继续产生，而且产生了不少三音、四音的乃至更多音节的句式。五四以后通过翻译，多音节词语大量产生。在语法形式上，通过实词虚化，产生了大量虚词，构词成分中也产生了不少词缀和类似词缀的形式。五、七言的固定句式显然不适应这一变化，于是在新文化运动中，随着白话文取代文言文，诗歌形式也由旧式的五、七言改为较为自由的新诗。新诗每句的字数没有固定标准，视表达需要而定，与活泼的口语较为接近。但过于自由，失去约束，致使散文化的倾向发生。

（2）**语言演变和格律变化**

汉语的古典诗词格律产生于中古的齐梁时代，鼎盛于唐宋，衰落于近现代。为什么上古产生了那么多瑰丽的诗篇，却没有产生格律诗和有关格律的理论呢？有一种意见认为，上古汉语并没有超音段特征的声调，声调是随着语音变化而在中古时代形成的。中古以后的四声区分是由先秦时代某些韵尾的失落形成的。中古的上声来自喉塞韵尾的失落，去声来自擦音韵尾的失落。这些韵尾本是音段成分，失落后转化为超音段成分，四声的分别由此形成。所以上古诗歌不讲平仄是由于没有四声的分别，中古以后诗歌格律的产生是由于四声的产生，现代诗歌格律的衰落是由于中古以来的四声性质已发生重大变化，如入派三声、平分阴阳、轻声产生和连读变调发生等，这些变化不仅打破了原有的四声格局，而且四声的调值也产生了性质不同的变化（如入声消失，使原来入声与非入声的对立不复存在）。这一切使原来的平仄律赖以生存的物质外壳解体了，使得新诗再也不能照搬中古时的平仄律。① 至于新诗应否建立格律，建立什么样的格律，学术界有各种主张，意见都还不成熟。新诗的格律还要在诗歌创作实践中进一步摸索。

---

① 参见张洪明《汉语近体诗声律模式的物质基础》，收入申小龙、张汝伦主编《文化的语言视界——中国文化语言学论集》，上海三联书店 1991 年。

第三节　文学对语言的影响

1. 文学对词语形式的影响

不仅语言的模式对文学的形式(主要是诗歌的形式)有影响,反过来文学对语言也能发生影响。文学本身就是由语言构造而成,优秀的文学家都有深厚的语言修养,他们的作品往往经反复推敲、千锤百炼而成,经受了历史的考验,流传广泛,有的篇章甚至家喻户晓。因而,文学作品的语言自然要影响到日常的语言。对词语形式的影响主要有:

(1)成语的产生

成语是词汇的一部分,它的形成有一个过程。中国古代并无词、语的概念,造句以字为结构单位,"词"过去是指虚词。有些双声、叠韵词被称为"连语"或"辞"。"成语"的概念形成很晚,大约是清代的事。《红楼梦》第二十八回宝玉讲行酒令的法子说:"如今要说'悲''愁''喜''乐'四个字,却要说出女儿来,还要注明这四个字原故。说完了,饮门杯,酒面要唱一个新鲜时样曲子,酒底要席上生风一样东西——或古诗、旧对、'四书''五经'成语。"可见成语是指出自古书中的现成话语。如"万寿无疆、逃之夭夭、兢兢业业、战战兢兢"(《诗经》),"青出于蓝"(《荀子》),"一鼓作气"(《左传》)。但是许多成语并非古书中的现成话,而是概括古书中的典故或是古文中的某些句意,如"狐假虎威、自相矛盾、城门失火、草木皆兵、一日三秋"等等。这些成语之所以形成四字的格式而不是五字或三字,除了四字的形式不长不短,既足以概括成语的丰富含义,又不致显得奇零不偶或过于繁赘外,还有古典文学的经典《诗经》句式的深刻影响。另外，汉赋、六朝骈文中也都有大量的四字句，这些四字句对于成语采取四字的形式也都有不同程度的影响。

(2)成语以外的"四字格"

成语以外，汉语词汇中还有大量的按固定格式形成的"四字格"，如"有×有×"(可嵌入"吃穿、说笑、时晌、山水"等)，"没×没×"(可嵌入"大小、老少、早晚、年月"等)，"不×不×"(可嵌入"说笑、男女、大小、好坏"等)，这些单位虽不够成语的资格，却是一种常见的构词格式。这些格式的形成，也多少受了古诗赋或骈文四字句的影响。

2. 文学对书面语行文格式的影响

由于古典诗赋的四字格句式源源流长，又铿锵悦耳，连用排比起来，颇有势如破竹之感，故古今文人深受影响，在行文中都喜欢使用四字一顿的行文格式。试举数例：

> **贾谊《过秦论》**：秦孝公据殽函之固，拥雍州之地，君臣固守，以窥周室，有席卷天下、包举宇内、囊括四海之意、并吞八荒之心……

> **《红楼梦》第一回**：谁知此石自经锻炼之后，灵性已通，自去自来，可大可小；因见众石 俱得补天，独自己无才，不得入选，遂自怨自愧，日夜悲哀。一日，正当悲悼之际，俄见一僧一道，远远而来，生得骨格不凡，丰神迥异，来到这青埂峰下，席地坐谈。……石头果然答道："……况且那野史中，或讪谤君相，或贬人妻女，奸淫凶恶，不可胜数；更有一种风月笔墨，其淫秽污臭，最易坏人子弟。至于才子佳人等书，则又开口'文君'，满篇'子建'，千部一腔，千人一面，且终不能不涉淫滥。……更可厌者，之乎者也，非理即文，大不近情，自相矛盾；竟不如我这半世 亲见亲闻的几个女子，虽不敢说强似前代书中 所有之人，但观其事迹原委，亦可消愁破闷；至于几首歪诗，也可喷饭供

酒;其间悲欢离合,兴衰际遇,俱是按迹循踪,不敢稍加穿凿,至失其真。只愿世人当那醉余睡醒之时,或避事消愁之际,把此一玩,不但是洗旧翻新,却也省了些寿命筋力,不更去谋虚逐妄了。我师意为如何?"(共有60个四字组合)

鲁迅《友邦惊诧论》:好个"友邦人士"!……中国国民党治下的连年内战,遍地水灾,卖儿救穷,砍头示众,秘密杀戮,电刑逼供,……他们不惊诧。在学生的请愿中有一点儿纷挠,他们就惊诧了!

上列三例文章节录,有政论,有小说,有杂文,作品产生的时间跨度达2000余年,但都有共同的行文风格:以四字一顿为主,整散结合,读起来既如行云流水般自然,又顿挫跌宕,节奏鲜明,充分显示出汉语书面语的优美韵律。但它们都不是韵文,而是广义的"散文"。可见汉语的"散文"要写得优美,条件之一就是要讲究文句的内在节律。这种节律常用四字一顿造成。如何把节律和句意的关系处理得当,正是写作者显出功力的所在。然而我们的句法研究和作文教学在这个问题上却没有足够的留意。这不能不说是有些遗憾的。

3. 文学对民族共同语形成的影响

从人性角度而言,每个人的天赋或本性中多少都有一点文学的倾向。小孩子爱听故事,青年人喜欢诗歌,成年人爱看小说,老年人爱讲故事,其实是文学天性的自然表现。文学艺术是民族文化的重要组成部分。优秀的文学作品是民族文化的瑰宝,往往成为民族文化的重要象征,它在全民中的崇高威望、广泛流传和深远影响使得这些作品的语言对民族语言的统一和共同语的形成起着重要的推动作用。古俄语的历史是与俄国古代英雄史诗《伊戈尔远征记》联系在一起的,现代俄罗斯民族标准语的形成是与普希金的创作活动和作品流传分不开的。莱蒙托夫、果戈里、屠格涅夫、托尔斯泰等作家也以其作品为俄语标准语的规范的形成作出了贡献。中世纪意大利诗人但丁以托斯卡纳地区的通俗拉丁语写成著名的史诗《神曲》,为统一意大利的语言作出了不可磨灭的贡献,他因此被称为“意大利语之父”。中国自古政治文化中心一直在北部中原,从《诗经》到《红楼梦》,大多数优秀文学作品的语言都是由北方话提炼而成(文言的基础也是上古北方话标准形式“雅言”)。近代汉语产生后,南北方言差距扩大,北方话在南方的影响主要靠通俗文学作品的流传。民国初年的“国语运动”推广北方话,“新文学运动”提倡白话文,一为口语,一为书面语(文学语言)。然而不仅两种语体唇齿相依,而且两种语体规范的形成和推广与文学革命的成功也血肉相关。所以继 1917 年胡适和陈独秀揭起文学革命大旗后,1918 年胡适又发表了《建设的文学革命论》,提出“国语的文学,文学的国语”的口号。文中以意、英两国民族标准语形成仰仗文学成就的实例说明:“要造国语,先造国语的文学。”“有了文学的国语,方有标准的国语。”“国语不是单靠几位言语学的专门家就能造得成的”,“中国将来新文学用的白话,就是将来中国的标准语。造中国将来白话文学的人,就是制定标准国语的人。”我们今天回顾新文学运动和国语运动以来的历史,可以证明胡适的论断不错。假如没有新文学运动以来几代作家的文学成就和作品影响,既不会有现代汉民族共同语标准形式普通话的规范标准,也不会有推普工作目前的成就。那么,据此也就可以推断:今后全民族标准语的进一步推广和普及,势必要借助于更加优秀的文学作品的创造和流传。在随着经济发展必然而来的文化建设高潮中,我们期待着能出现像普希金、但丁、曹雪芹那样的在文学和语言两方面都有深远影响的新世纪的大师。

第十一章　语言和民俗

第一节　语言和民俗的区别和联系

民俗是广泛流行于民间的风俗习惯，它是一种文化现象，是一定地区的人民群众在长期生活中相沿而成的一些表现在生产活动、交换方式、家庭和社会组织、婚丧嫁娶、节日庆祝、文学艺术活动以及服饰用具等方面的惯例。各种民俗现象千差万别，但大体都有以下共同特点：1. 它们是社会的集体的现象，不是个人有意无意的创作。即使有的原来是个人或少数人创立或发起，也要经过集体长时间的仿效和履行，才能相沿成习。2. 由于它有集体性，因此它不是个别性的，而是类型性的或模式化的，3. 它们在时间上是传承的，在空间上是扩布的。4. 它们都具有符号性。一定的民俗形式都包含有一定的意义，这种形式和意义的结合对人们的社会生活具有规范作用。

语言也是一种习惯。民俗所具有的上述四个特点，也是语言所具备的。但是二者仍是有区别的。1. 语言是由人的发音器官发出的音义结合的符号系统，它诉诸人们的听觉，而民俗则是一种行为符号系统，主要诉诸人们视觉（因此中国古代称考察民俗为“观民风”）。2. 语言系统较为严密，民俗则比较散漫。3. 语言具有生成性，是人的一种能力，民俗不具备这一特点。4. 语言系统稳固性强，民俗的稳固性不如它。社会的急剧变化只能在语言中留下痕迹，一般不至于使语言体系消失，而某些民俗却能因社会变动而失传，或失去其原来意义(如放风筝原为巫术活动，现在只具有娱乐意义了)。

但是语言和民俗也有密切的联系。这种联系主要表现在三个方面：

1. 语言和民俗具有互相渗透的关系。语言是无所不在的，它必然活跃在民俗领域。因此民俗事象必然要在语言中有所表现。一般说来民俗是第一性的，先有某种民俗，然后才产生与之相应的词语或某些民俗领域的专用语句；反之，某些民俗的形成和推行必须借助于一定的语言形式，必须有一套和这种民俗相联系的独特的词语或语句。就是说，某些独特的词语或语句，对于民俗的形成和巩固具有促进作用。① 在这种情况下，这些词语或语句就不仅仅是语言符号了，而成为具有象征作用的民俗符号。如北方民间订婚习惯讲究“相门户”，过年必“包饺子”，等等。

2. 民俗具有地方性、民族性，与民俗相联系的独特词语和语句也有地方性、民族性。

3. 旧的民俗消失了，总的趋势是反映这种民俗的词语逐渐消失，但是有些作为民俗符号的方言词语并未完全消失，它们仍活在口语中，或保留在文献中，可为考证消亡了的民俗提供证据。

第二节　民俗词语和民俗传承

俗话说：“千里不同风，百里不同俗。”风俗习惯有地方性，这种

---

① 参见温端政《方言与民俗》，《中国语文》1988 年第 3 期。

地方性往往在方言词语中表现出来。男婚女嫁，在世界各地都是普遍现象，但是不同的地区和民族则有不同的仪式或手续，于是就有不同的特定语词表现。比如女子受聘礼定亲时的风俗，南北方是不一样的。南方广种茶树，民间普遍有喝茶习惯，种茶树时必须用种子种植，不能用幼苗移植，它可以象征理想中男女婚姻的一次性和坚不可移的性质，于是人们就用“吃茶”来指女子受聘。表示这一风俗的词语在文人笔记和古代小说中屡有表现。如陆游《老学庵笔记》：“辰沅靖州蛮，男女未嫁娶者，聚而踏歌。歌曰：‘小娘子，叶底花，无事出来吃盏茶。’”这里的辰、沅、靖州，在江西、湖南省内。把喝茶叫“吃茶”，把小碗叫“盏”也是南方方言的说法。在这首民歌里用了表示女子受聘的词“吃茶”指代谈情说爱。“聘妇必以茶为礼”的风俗在南方广为流传。如《醒世恒言》卷五写道：“话说大唐天宝年间，福州漳浦县下乡，有一人姓勤，名自励，父母俱存，家道粗足。勤自励幼年时，就聘定同县林不将的女儿潮音为妻。茶枣俱已送过，只等长大成亲。”“茶枣俱已送过”意思已经与女方定亲了。后来勤自励从军未归，又无音信，林潮音母亲劝女儿改适他人，潮音道：“母亲差矣！爹把孩儿从小许配勤家，一女不吃两家茶……”这里的“一女不吃两家茶”显然已是俗谚，反映了封建社会女子从一而终的观念。又如《红楼梦》第二十五回写道，王熙凤问林黛玉：“我前日打发人送了两瓶茶叶给姑娘，可还好么？”黛玉回答还好。凤姐送茶本是一般往来，并无定亲之意，可是她却乘此与黛玉打趣：“你既吃了我们家的茶，怎么还不给我们家作媳妇？”黛玉害羞，受不了这种玩笑，又见众人哄笑，就急得要走。这种戏剧性情节形成的背景，就是民俗中“吃谁家茶”和“给谁家做媳妇”之间的联系。①

在东北农村，则以“装烟”作为姑娘受聘的一道象征性手续。所谓“装烟”就是“相门户”的时候，姑娘给未来的公婆往烟袋锅里装

---

① 参见温端政《方言与民俗》，《中国语文》1988年第3期。

烟并点着，公婆相中了姑娘，接过烟来抽，同时要给姑娘赏“装烟钱”。现在农村仍有这一风俗。不过一般已把装烟袋改成了递烟卷。“装烟钱”数额随时代而不同。文革前是几十元，现在则已升至几百甚至上千元，给少了不体面。

无论“吃茶”或“装烟”，仅仅是一种形式，一道手续，因为在“吃”“装”之前，经过媒人的撮合和双方长辈的协商（在现代还有青年男女自己的相处和相恋），两家联姻已基本商定。之所以还要“吃”“装”，只不过是要显得格外郑重一些，以获得一种“正式”的含义。可见“吃茶”“装烟”作为一种行为，在这里已成为文化符号，这种文化符号使普通的行为显示出不同寻常的意义。普通行为获得这种意义后，便固定在词语中，成为可以体现某种习俗、称呼某种习俗的特殊词语。民俗词语使这种习俗获得一种固化和传播的助力，它们把一件大的民俗事象划分成一个个必备的组成部分和必经的阶段。所以，我们若要考查某地的民俗，就要特别留心这类词语。

笔者 1983 年曾在黑龙江省明水县农村向一位辽宁籍老人（男性）调查，了解到我国东北地区解放前婚姻习俗的一些情况。其中主要有这样一些民俗词语：

保媒：做媒，介绍婚姻。

相门户：媒人带领男女双方的老人分别到对方相看家庭状况和未来的姑爷、儿媳。

对相对看：相门户时婚姻当事人（青年男女）双方互相见面相认。（这是比较开明的做法，并不普遍。）

相替头儿：在相门户时由另外的人顶替因有生理缺陷而不能出面的婚姻当事人（主要是男方）。实际上是一种骗局。

大相：规模较大的相门户形式，要摆酒席请客庆贺订亲。

小相：不摆宴请客的相门户形式，针对“大相”而言。

装烟、装烟钱：已如上述。除上述相门户的“装烟”外，另有一种装烟，在婚礼后新娘子给夫家长辈亲戚“上拜”时进行。

长命衣：相门户时男方家长送给姑娘的新衣服。

财礼：男家给女家作为聘礼的钱物，简称“礼”。

过礼：男家把财礼送到女家。

干折干卷：过礼的一种形式，把议定的聘礼中的衣物之类全部折合成钱给女方。

头茬礼、二茬礼：茬(chá)，量词“遍、次”的意思，财礼是在相门户时议定的。“过礼”一般分两次进行，分别叫头茬礼、二茬礼。头茬礼在相门户后不久即“过”，二茬礼在结婚前一个月“过”。头茬礼重，二茬礼轻。

择日子：请风水先生选定举行婚礼的吉日。

选时辰：请风水先生选定举行婚礼的时辰。

赔送：赔嫁，即结婚时女方带到男方家的财物。

操办：举办庆贺婚礼的酒宴。

送亲：结婚当天女方亲属把新娘送到夫家。

娶亲：新郎及其主要亲属到女方家接新娘。(如两家相距路远，一般在婚礼前一天就到女方家，以便结婚当日起早动身。)

响棚：娶亲一方雇吹鼓手在户外搭起的棚子里奏乐，一般是吹喇叭，从婚礼前一天开始吹响。

走轿：新郎在婚礼的前一天骑马到附近主要亲戚(叔伯、姑舅、姨娘等)家通告婚期。(这种通告其实是个形式。)

红布、绿布：“走轿”时亲戚长辈送给新郎的布，主要为红、绿两种，长 5—6 尺。

压腰钱：新郎“走轿”时亲戚长辈送给的份子钱。

拜祖：新郎到祖坟上祭告自己的婚事，祈求保佑。

抱轿：新娘由娘家出发时由娘家哥哥抱持送上轿子(或马车)。

红棉袄、绿棉裤：新娘必穿的婚礼服，不分季节。

离娘肉：新娘出嫁时从娘家带到夫家的一块猪肉，象征女儿和父母的血肉联系。

搂斧子:新娘出嫁时搂一把斧子到夫家。“斧”谐“福”音,取“有福”意。

踩高粱口袋:新娘下轿(或车)时踩在事先准备好的装有高粱的口袋上,取“登高”意。

踩马鞍:新娘下轿(或车)时踩在事先备好的马鞍上。“鞍”谐“安”音,取“平安”意。

走红毡:新娘踩马鞍或高粱口袋后,下一步须从红毡上进入夫家。因红毡一般不够长,就用两块红毡轮换接续着前行。这样,新娘从娘家炕上由哥哥抱上轿(或车)开始,一直到夫家炕上,没有直接踩在土地上过,象征着娘家、夫家同为新娘之家,没有界距。

相堂:即拜堂,拜天地。

上拜:婚礼后新娘给夫家长辈亲戚行见面礼,并给“装烟”,表示敬重,长辈亲戚们则须给“装烟钱”。

吃子孙饺子:婚礼当晚专给新婚夫妇吃一种小饺子,以其小而多象征多子多孙。

吃宽心面:婚事完毕的当晚,夫家人及帮忙的近亲们在一起吃一顿切得特别宽的面条,庆祝大事告竣,心情宽解了。

回门:婚后三天或七天新婚夫妇同到女方娘家拜谢父母。

四样礼:新婚夫妇拜谢媒人的四种礼品,一般为烟、酒、糖、糕点之类。

上述民俗词语中反映的民俗,只有“相替头儿”这种坑人做法现在少见了,“红布”“绿布”“红棉袄”“绿棉裤”之类也不大见得到了,其他情节基本上仍然保留在东北农村的婚俗中。有的只是改变了部分内容,形式和名称仍然没有变。比如“装烟”现在改成了敬烟卷,但仍然叫“装烟”,敬烟卷时长辈给新娘的钱仍叫“装烟钱”。文革期间婚礼上曾把“拜天地”改成向毛主席像行三鞠躬礼,现在又恢复为“一拜天地,二拜父母,夫妻对拜”了。不过已不像旧时的行跪拜礼，而是行鞠躬礼。民俗事象中这种“内容可变，而形式和名称不变”的现象，一方面体现了文化习俗的形式主义性质和小题大做性质，另一方面则说明作为文化符号的民俗词语在民俗的固化和传承中的指令作用。民俗词语扎根在地方语言中，活跃在民俗活动中，是最不容易遗忘和清除的，它们构成了一份份民俗活动的清单，人们按照这一份份清单上的项目来安排民俗活动，遗漏一项就如同办错了一件大事，所以人们一般不会遗漏。尤其是那些地方上民俗活动中的骨干活跃分子，如媒婆、婚礼主持人（俗称“捞头忙的”）、丧礼中的“执殡人”等，对于民俗词语和民俗活动的细节更是如数家珍，他们是当地民俗活动的“权威人士”，是民俗传承的活体。为了职业化的需要，他们力求保留民俗活动的繁文缛节；而一般民众从这种繁文缛节中可以获得庄严隆重的体验，获得意义和价值上的心理满足，也就乐得如此。这一切正是移风易俗困难的原因。

第三节　民俗考源和词语考源

尽管作为文化符号的民俗词语对于民俗生活具有规范和指令的功能，但是民俗不可能一成不变。随着世易时移，民俗也必然要不断发生新旧更替现象。旧的民俗被新的民俗取代后，反映旧民俗的词语，有的退出了语言生活，逐渐演变成语言化石，使后代人感到越来越陌生；有的虽然仍活跃在语言中，但是已经改变了原来的意义。现代人要了解古代的民俗状况，要知道某一古代民俗的起源和演化过程，一个有效的办法就是抓住民俗词语，顺蔓摸瓜。反之，在词源研究中要了解某一民俗词语形成和变化的历史，也需要借助史料深入地考察了解有关民俗源流。两种考源可以相辅相成。

1．由“上之所好”而成流俗者

据《墨子》等许多古书记载，楚灵王喜欢细腰的人，于是宫中出现许多自愿挨饿的人；又据《晏子春秋》，卫灵公喜欢穿男服的女人，于是卫国城内满街都是穿男服的女人。正如汉代民谣说：“城中好高髻，四方高一丈；城中好广眉，四方且半额；城中好大袖，四方全匹帛。”上之所好，下必甚之。很多民俗就是由皇宫内首创其例然后流传到民间而形成的。女子缠足和贴花黄就是其例，可以用“金莲”和“花黄”两词为线索分别考之。

(1)**金莲**：妇女缠成的小脚的别称。宋代卢炳《烘堂词·踏莎行》有“明目繭出玉为肌，凤鞋弓小金莲衬”句，元代王实甫《西厢记》有“金莲蹴损牡丹芽，玉簪抓住荼蘼架”句，皆以“金莲”指女子小脚。关于妇女缠足起源时代，有南北朝、唐代和五代三说，而以五代之说较为可信。元代陶宗仪《南村缀耕录》卷十谓：

> (南唐)李后主宫嫔窅娘，纤丽善舞，后主作金莲，高六尺，饰以宝物细带缨络，莲中作品色瑞莲，令窅娘以帛绕脚，令纤小，屈上作新月形，素袜舞云中，回旋有凌云之态。唐镐诗曰：“莲中花更好，云里月常新”，因窅娘作也。由是人皆效之，以纤弓为妙。以此知札脚自五代以来方为之。

陶宗仪的说法比较可靠，因为据他考察，缠足一事(北宋)“熙宁元丰以前人犹为者少，近年则人人相效，以不为者为耻也。”陶是元明时人，当时在民间缠足已相沿成习。北宋时代缠足之风大概只在贵族妇女中流传，后来才逐渐普及到民间的。

但是陶宗仪的记载并未说明为什么会把小脚叫“金莲”。这里的关键是为什么李后主要为窅娘制作金莲台并让她舞于其上。原来金莲的典故出自《南史·齐本纪下第五》中东昏侯故事：“(东昏侯)又凿金为莲花以贴地，令潘妃行其上，曰：‘此步步生莲花也。’”

李后主作金莲台其实是仿效齐东昏侯。但是南史这则记载中仅能暗示金制莲花与脚的关系，并未言及小脚，也未形成“金莲”一词。至唐李商隐《隋宫守岁》诗“昭阳第一倾城客，不踏金莲不肯来”，已形成“金莲”一词，但仍是指脚下地上所铺的金莲花，并非指脚。但是由于金莲花与贵族女子脚的这种关系，好事的文人发挥想象，就用借喻手法，以脚下的金莲借指女子的脚，当女子缠足成风，小脚为美的观念形成后，“金莲”就专指女子缠过的小脚了。这大概已是宋以后的事实。“金莲”成为小脚的代称以后，又滋生出了“莲瓣”“莲癖”等词，大抵是些无聊文人变态心理的产物。

(2)**花黄**：又称额黄、鸦黄、蕊黄。大概系用花蕊制成的黄粉描画于妇女前额的梅花形花样。据传，南朝宋武帝寿阳公主在屋檐下睡觉时，梅花飘落前额，留下花瓣痕迹。时人仿效，称为梅花妆。梅花妆可能即花黄。古诗中多见咏及。如南朝梁徐陵《奉和咏舞》：“主家能教舞，城中巧画妆。低鬟向绮席，带袖拂花黄。”梁简文帝《美女篇》：“约黄能效月，裁金巧作星。”“约黄”大概即用黄粉描画之意。《木兰诗》：“当窗理云鬓，对镜帖花黄。”唐代卢照邻《长安古意》诗，写长安贵族妇女装饰：“片片行云著蝉鬓，纤纤初月上鸦黄。”则梅花状的花黄又变为新月状的“鸦黄”了。可见南北朝至唐代的妇女，额上描黄是一种时髦妆饰。“花黄”等词即起源于这种风俗。

2. 由典章礼仪而成习俗者

远古时代本无所谓“礼”，只有民间相沿而成的“俗”。所谓周公“制礼”，只不过是把民间本已存在的“俗”系统化并载入典章，成为规范化的“礼仪”。就这个意义而言，“礼”源于“俗”而又高于“俗”。正因二者有这层关系，“礼失”时才能“求诸野”。但是由于“礼”有典章性、制度性，对“俗”的影响就更大，许多礼仪推行的结果，在习俗中又生了新根，就成为比“俗”更强固的文化传统。古代往往“礼俗”并提，就是这个缘故。

(1)**趋**:本义是快步行走。《诗经·齐风·猗嗟》:“巧趋跄兮。”其中“趋”即“快走”义。由此义又引申出“趋向”义,但与民俗无关,与民俗有关的是作为礼仪的“趋”。“礼”在古代社会是用来明尊卑、别贵贱、序长幼、分宾主的行为规范。在一些特定场合,卑者、贱者、晚辈、主人要照礼制规定或传统习惯,用“趋”的方式表示尊敬。“趋”作为礼仪,在吉、凶、嘉、宾、军五礼中屡见不鲜。《论语·乡党》载有一次孔子应鲁君之召去接待外宾,他神色庄重、拱手弯腰,而且“趋进,翼如也”。这是作为宾礼的“趋”。另一次,孔子朝见鲁君跪拜后“没阶”(走下全部台阶),也是“趋进,翼如也”。作为军礼的“趋”,如《左传》载,晋楚鄢陵之战时,晋将郤至遇见楚军,他立即跳下车,“免胄而趋风”。又《战国策》载,触龙去见赵太后,故意装病,但仍要“徐趋”,以示不得已中仍有敬之意。这些都是作为礼仪的“趋”。

到了汉代,由叔孙通制定百官朝见皇帝的礼仪,其中就有“趋”。据《史记·叔孙通列传》,刘邦初定天下,大宴群臣,群臣乘醉喧闹,刘邦无可奈何。于是叔孙通出来参照周秦礼制,制定了一套朝见皇帝的礼仪。事先教百官演习,正式使用那天,当皇帝出后宫登宝座之前,赞礼者高喊一声“趋”,卫士们执兵夹陛而立,大臣们便在殿内循序而进,按文武在东西两旁列成两队,恭侯皇帝。这一声“趋”,是礼仪口令,加上其它礼仪规定,使“诸侯王以下莫不振恐肃敬”,“竟朝置酒,无敢喧哗失礼者”。刘邦心花怒放地说:“吾乃今日知为皇帝之贵也。”当即拜叔孙通为太常,赐金五百斤。又据《史记·萧相国世家》,萧何因有殊功,受到“入朝不趋”的优待。此后,汉末的曹操、魏末的司马师、晋末的刘裕、北周末的杨坚、唐末的朱温等,也都享有此特权。而其他大臣当然是入朝必趋的。清代臣下朝见皇帝都要放下马蹄袖,急行数步然后跑下参拜,至今于电影电视中可以见到。

由于“趋”是表示敬意的礼仪,所以流传开来,在非正式场合也成为表示敬意的习俗姿态。《论语·季氏》记载了孔鲤两次“趋而过庭”，因为当时孔子正立在庭中，于是就教他应该“学诗”“学礼”。此后“趋庭”“鲤对”成为典故，分别表示承受父教和应对父询。王勃《滕王阁序》中便有“他日趋庭，叨陪鲤对”句。

现代社会中，作为礼仪制度的“趋”已废除了。但是仍在习俗中有影响和痕迹。如晚辈去拜见长辈，朋友间多年不见，见时必定快步走向对方，握手问侯。这可算做“趋”的遗风。①

（2）**拜**：古文作 [illegible]、篆文作 [illegible]。前者从二手，比声；后者从手，𠦪声（𠦪，疾也）。《说文解字》：“首至手也。”可见“拜”的古义仅与头手有关，与足无关。可是后来“拜”又兼指跪拜，即磕头。这一变化也与古代礼仪有关。据《周礼》记载，当时规定在祭祀和相见的拜礼有九种形式，合称“九拜”：“稽首”，跪下后叩头到地不马上抬头，让头在地上“稽”（留）一会，是九拜中最重的礼，臣民拜见天子时用。“顿首”，即通常的“叩头”，头至地只作短暂停留，是拜礼中较轻的，用于地位相等或平辈者之间。“空首”是头并未叩到地面上，即跪地后，先以两手拱至地，然后引头至手，是国君回答臣下的礼（又叫“拜手”）。“肃拜”是妇女用的拜见礼，跪地后两手着地略微低头。“振动者，战栗变动之拜。吉拜者，拜之常也。”“凶拜者何也，拜而后稽颡，稽颡而后拜皆是也。”“奇拜者，一拜也，一稽首一顿首亦是也。”“褒拜者，拜不至于再也。”（《说文》段注）佛教传入后，又增加了“礼拜”（即五体投地）和“膜拜”（即两手合十高举至额，跪直了再往下拜）。由于礼制和佛教双重影响，古代中国人下跪磕头习以为常。可是由于跪拜多用于下对上、贱对贵、晚对长，因而掺入了一种屈从卑下、奴颜媚态的意味，“磕头作揖”成了有损尊严的贬义词。辛亥革命后，取消了跪拜礼，但“拜”作为民间习俗仍有部分保留，在祭祖、上坟、求神拜佛时，或受人大恩表示特别感激时，仍在

① 参见《古代礼制风俗漫谈》，中华书局 1983 年，第 115—117 页。

使用，不过已没有了制度性。在文化知识界的交往中，常用“拜”字表示对对方的尊敬，仍使用着“拜见、拜会、拜访、拜求、拜托”等等词语。这些“拜”只是一种敬辞，已失去了“拜”的“拜手”和“下跪”的含义。

第十二章　称谓和文化

第一节　称谓是人际关系的文化符号

称谓是人类社会中体现特定的人在特定的人际关系中的特定身分角色的称呼。这种称呼总是反映着一定社会文化或特定语言环境中人与人之间的关系。人和人组成了社会关系的网络，每个人都在这社会关系的网络中占有一定的位置，和周围的人形成一种相对关系，随着时间和所处位置的不同，这种关系时时刻刻都在变换内容。比如一个人在家里对妻子来说他是丈夫，对儿女来说他是父亲，在自己的父母面前他又是儿子，在祖父母面前又是孙子，在岳父母面前他又是女婿(姑爷)，在妻子的兄弟姐妹面前他又是姐夫或妹夫。他走到大街上，所有的陌生人都可以称他同志。他有了工作单位，他是与他一起工作的人的同事，但对他的领导而言，他是下属，如果他担任一定领导职务，他又是他下属的上司。一个教师在学生面前是老师，但对教过他的老师而言又是学生。就是说，一个人在社会上总是具有多种社会身分，总在扮演着多种社会角色，并且总是随着交际对象的不同不停地变换着自己的身分角色。每个人都有姓名，但是姓名只是一般意义上的“称呼”，是一定的人区别于社会所有成员的符号，并不包含身分角色的含义。假设一个男孩生下来起名“张振国”，尽管他已是父母的儿子，但“张振国”三字并不能标示他在家庭中的这一身分角色。只有“儿子”才是他现实的身分角色。他长大后，又可能成了丈夫、父亲、舅舅、长官等等，但他仍然叫张振国。地位、身分角色可以变换，但姓名一般不变。所以，姓名有别于称谓，是称呼而不是称谓。一定的人类社会是一定的人类文化发展阶段的组织形态，称谓总是特定文化的产物，是人际关系的文化符号。

但是，上面所举的还都是表示人际关系的基本词语，这些词语由于能够表示某些社会角色之间的本质关系，它们有的可以被应用于一般叙说，但是在现实的语言交际中却不一定个个都适于作称谓。比如“同事”“上司”和“下属”就不是称谓词。又如“丈夫一妻子”只是在比较正式的场合表明二人之间关系时使用的称谓，却并不常用作互相间的称呼。在中国，这两个词也不常用于在人前提到自己的丈夫或妻子。在实际生活中，最常见的倒是避开这两个词，用其他词语来代替。这其他词语选用的形式，常常随社会环境、文化层次、交际场合以及说话时的心理状态等等因素而变化。这些替代性称呼也是在一定的文化背景下形成的。如夫妻之间直呼名字，体现的是现代社会男女平等的文化观念，在封建社会男女不平等的体制下是不被允许的。在现代比较落后偏僻的农村中，文化层次稍低一些的夫妻间，当面称名仍不大习惯，两口子还没孩子，就用“嗳、喂”之类词语，有了孩子，就用“孩子爹/妈(娘)”或“他(她)爹/妈(娘)”或“××他爹/妈”。当着外人提及自己的配偶时，常用“我们家那口子”“我掌柜的”“我当家的”“我屋里的”之类的词语。称谓可以按是否表示亲属关系分为亲属称谓和社会称谓两大类。但是在汉语中，两类称谓的界限不很分明。比如在同事、同学之间，甚至在生人之间，汉族人当要表现得亲近一些，往往使用大叔、大爷、大娘、大婶、姨、姐、妹、大哥、老弟等亲属称谓，而不像西方人用名字或名字的表爱形式来称呼。这体现了汉族人推重血缘宗亲关系的传统观念。社会称谓也可用于亲属之间。比如在封建社会的宫庭中，父亲是皇帝，父子之间须以君臣相称；在当代中国，“同志”这一社会称谓在正式场合也可用在夫妻、父子或其他亲属之间。在港、台和大陆南方城市，“先生”可以用来称呼丈夫。

总之，人的社会关系至为复杂，这些社会关系体现在特定的交际场合中，又表现为特定的交际角色、交际环境，交际心理，由此产生了形形色色的称谓词。研究这些称谓词语所包含的丰富的语义内容，不仅可以透视一定社会的文化制度、文化风貌和文化心态，更可以体察到作为文化符号的称谓词语建构和传承文化的功能。

第二节　亲属称谓和婚姻制度

亲属称谓是一定的婚姻制度所产生的文化符号。一般说来，有什么样的婚姻制度，就会产生什么样的亲属称谓的体系。在原始社会的早期，所谓婚姻是一种杂交婚，实际上并无婚姻规例和家庭。氏族内的每一个女子属于每一个男子，每个男子也同样属于每一个女子。在这种状况下，建立在婚姻和家庭关系基础之上的称谓系统难以形成。不过现代人已无法观察到这一阶段的具体情形，所以这方面的材料比较缺乏。

现代人所能观察到的，是母系社会晚期的婚姻状态。云南永宁纳西族实行一种叫做“阿注婚姻”的对偶婚姻制度。男女相识，彼此有意，互赠礼品，就结成阿注关系。男女双方互称阿注，但并不组成一个家庭，没有共同的经济基础。男方夜晚去女方家住宿，白天回母家。男女双方都有一个主要的长期的阿注和几个次要的阿注。女阿注所生儿女留在母亲家庭中，她的姐妹同时也要尽抚养的责任。

在这种婚姻家庭制度下，形成了以下几个奇特的称谓①：

e^2v^2　母亲的阿注、自己的生父和舅舅这三个概念同用这一个称谓词。这是由于不是一夫一妻制，孩子的生父往往无法确定而形成的称呼。

e^2mi^2　母亲和母亲的直系或旁系的姐妹。这种共同的称谓的背景是母亲和她的姐妹都生活在一个家庭中，大家都把下一代看成自己的孩子而共同尽力抚养。所以孩子对长辈女性都用这同一称呼。

zo^2　自己的儿子及兄弟所有的儿子。

mv^1　自己的女儿及兄弟所有的女儿。

解放前罗常培在云南滇缅边境的山头、茶山、浪速等地调查，发现当地人的称谓中舅父和岳父是一个词，舅母和岳母也是一个词②：

	山头	**茶山**	**浪速**
舅父、岳父	kə˧ tsat˩	juk˧ p‘ɔ˨	jauk˧ p‘ɔ˦
舅母、岳母	kə˧ ni˩	juk˧ mi˩	jauk˩ mi˧

这种称呼是当地人实行以娶母亲的兄弟的女儿为妻子的婚姻制度的反映，在这种制度下，舅舅和丈人是同一人，舅母和丈母也是同一人，所以不需加以分别。

汉族有文字可考的历史中，已不存在这种婚姻制度，虽然事实上也有姑舅表亲结婚的，但一般都看做例外，叫做“亲上加亲”。在上古时形成的词典《尔雅》中，亲属称谓分别很严格：

> 父为考，母为妣。
>
> 男子先生为兄，后生为弟；男子谓女子先生为姊，后

---

① 参见周振鹤、游汝杰《方言与中国文化》，上海人民出版社 1988 年。
② 罗常培《语言与文化》，语文出版社 1989 年，第 82 页。

生为妹，父之姊妹为姑。

父之考为王父，父之妣为王母（注：加王者，尊之也）。

母之考为外王父，母之妣为外王母。

母之昆（昆，兄也）弟为舅。

母之姊妹为从母，从母之男子为从母昆弟，其女子为从母姊妹。

妻之父为外舅，妻之母为外姑。

妻之姊妹同出为姨。

女子之夫为婿。

男子谓姊妹之子为出，女子谓昆弟之子为侄。

谓我舅者，吾谓之甥也。

这些分别，说明以一夫一妻制为主体的婚姻制度已经确立，实行的是父系承袭制、族外婚。

第三节　古代称谓和礼仪习俗

一般社会在基本的称谓之外，还有一些与礼仪有关的称谓。中国周代实行礼制，目的是为了维护等级制度，使“尊卑有别，贵贱有差，长幼有序”。后来周礼虽然废驰，但其影响深远。表现之一就是在亲属和社会交往中讲究礼仪，相沿成为习俗，形成了一系列带有礼貌性质的自称、对称和他称的称谓。在自称中要有谦逊的意味，对称中要有敬重的意味。但很多称谓词反映了封建伦理观念。

1. 自称词语

中国古代自称词虽有第一人称代词，但在尊长面前少用，用则有不敬意味。在尊长面前用表示自己身分的词作自称，有承认关系和强调自己卑下身分的意味，因此有逊己的作用。

男子对父母常自称男、儿子、孩儿、小子，对其祖父母称孙、孙儿，对其舅父母称甥、外甥，对其伯叔或父辈称侄、小侄，对其姑父母称内侄，对其姨父母称姨甥，对其妻夫母称婿、小婿，都有逊己之意。女子在父母面前则称女、女儿、小女。

姻亲之间，初结婚之家，长对幼自称眷生，幼对长自称眷晚生，平辈间称眷弟。

对老师、师父自称学生、生、弟子，对师辈或上司自称晚、晚生，后辈学子对辈行在前者自称晚学、侍生。科举考试及第者对主考官自称门生、门下，对业师之妻称门下生。应考生员（秀才）之试者不管多大年龄皆称“童生”。

在君主面前，有官职者自称臣、下臣、臣孽、陪臣、老臣、微臣、儿臣（限于皇子）。在上司面前，地位卑微的官吏自称末官、小官、小吏。下级军官对上级自称卑职、末将、卑吏、卑末。没地位的百姓对上自称小民、小人、小的。仆人对主人或权贵者，常自称小人、小子、小的、奴才、小奴、老奴、男女（“男女”也用于平民对官吏自称）。这些称谓，都带有严重的封建等级观念，缺乏平等意识。

有的谦称由形容词转化而成，如愚、鄙、敝等，意为无知的、粗蠢的、鄙陋的，常与其它成分合成复合称谓，如愚意、愚见、拙见、鄙意。用作自我谦称的有愚蒙、下愚、愚下、鄙人、鄙夫、下鄙、敝人、卑人。还有仆、走、下走、牛马走、不才、不佞、不肖等。

朋友之间，自称弟、小弟、愚弟、兄弟、小可、某。

对妻子则谦称小子、小官、小人，多见于小说戏曲中。

僧、道谦称用贫僧、贫道。

女性自称用得较多的是奴、奴家、妾。据《宋史·陆秀夫传》：“杨太妃垂帘，与群臣语，犹自称奴。”年轻妇女常用小妇、小妇人、小女（子），老年妇女常用老妇、老妾、老妪、老婢。

古代唯有天子自称“朕”，这是专用代词，又有朕躬（“我亲自”

之意)、寡人、予一人、不谷等。

2. **对称词语**

古人称呼对方时,如对方是尊长者,用表示尊长身份的词语称呼,有承认其地位的作用,故有敬重意味。

对老师称师、老师、师长、师傅、先生、座师(主考官)。

对长者称老丈、丈丈、丈者、长者、叟、老爹、大爹、阿爹、老伯、世伯。对父母称堂上、高堂、椿萱。

平辈男子间称兄、尊兄、贵兄、仁兄、老兄、贤兄、长兄、兄长、师兄、恩兄、世兄。因称兄有尊重意,因此有时并不严格序年齿。对幼于己者如表示亲昵时,则称仁弟、贤弟、师弟、老弟、兄弟、吾弟等。对平辈友人称“足下”,显得较庄重。平辈女性间一般按年齿称姐妹。

夫妻间妻对夫称君、君子、夫主、夫君、夫婿、官人、相公、良人(上古)。上岁数的称老头、老头子、老官、老官儿、阿老。夫对妻称夫人(有身分者)、贤妻、娘子。宋代有称大嫂、大姐的,带有地方性。爱称用卿、卿卿(帝王用“卿家”)。

对僧人称长老、法师等。

对道人称真人、上仙、大仙、老神仙等。

由于封建社会中妇女地位低于男子,反映在称谓上,已婚妇女称呼宗族内的人需把自己的辈份降一辈,于是形成妇女专用的“从儿对称”和“指儿对称”。“从儿对称”即与儿辈用一样的对称词,如称丈夫的弟弟为“叔叔”。“指儿对称”即在“从儿对称”前加一个“他”字,如儿媳称呼公婆用“他爷爷”“他奶奶”,这种称谓在现代社会仍有一定残留。

3. **对人称说自己的亲属**

对人称说自己的亲属,基本原则也是要谦抑。主要有以下几类:

家类

"家"有谦恭平常之意，又有"我的"意思在内，故其前不再加代词：

父——家父、家君、家公、家严、家大人。

母——家母、家慈。

岳父——家岳。祖父——家祖。兄、嫂——家兄、家嫂。

舍类

舍（寒舍、敝舍、舍间、舍下）指自家，本有谦意。又用来谦称幼于己者，如舍弟、舍妹、舍侄、舍亲（无舍儿、舍女）。

先、亡类

"先、亡"含有怀念哀痛之意，指已死者。如：

先父、先人、先公、先考、先君、先君子、先府君，指已故的父亲。

先母、先妣，指已故的母亲。

先祖指已故祖父，先兄指已故的兄长。

先师、先帝，分别指已故的自己的老师、帝王。

亡（用于幼于己者）：亡弟、亡儿、亡妻、亡友。

荆类（用于称妻）：寒荆、拙荆、山荆、荆人、荆妻、荆妇、荆宝、老荆（源自东汉梁鸿孟光"荆钗布裙"故事）。

内、贱类（也用于称妻）：内人、内子、贱内。此外还有贱累、堂客、浑家等。谓之"贱""浑"，含有轻视妇女意。

犬、小类（称子女）：犬子、犬女、小犬、豚犬、豚儿、小儿、小女。

4. **称说对方亲属及有关事物**

称说对方的亲属及与对方有关的事物，通常要用"美称"，以表示尊重之意。主要有以下几类：

令类："令"含有善美之意，又有"您的"之意，其前不必加代词。

称对方父母：令尊、令翁、令母、令堂、令慈。

称对方之妻：令妻、令正、令阃。

称对方的兄弟姐妹：令兄、令弟、令姐、令妹。

称对方的儿子：令子、令郎、令嗣、令似。

称对方的女儿：令爱、令嫒、令媛。

称对方的女婿：令婿、令坦。

尊贤类：含敬重意，包含“您的”之意。如：

尊祖（称对方祖父）。尊父、尊公、尊君、尊侯、尊大人、尊大君＝令尊。

尊母、尊堂、尊上＝令堂。尊夫人指对方妻子。

称同辈对方长者：尊兄、尊姐。

称住宅：尊府、尊门、府上。

“贤”用于指对方叔父以下者：贤叔、贤友、贤从、贤侄、贤兄、贤弟、贤姊、贤妹。

贵、玉、宝类：指和对方有关系的、属于对方的。如：

贵兄、贵姓、贵庚、贵体、贵土、贵门、贵同乡。

玉女（对方女儿）、玉婘（对方家眷）、玉体、玉貌、玉容、玉音、玉札。

宝眷、宝号、宝斋、宝地、宝舟、宝唾（“宝唾”敬称对方优美的谈吐）。

高、大类：称呼与对方有关的。如：

高见、高论、高寿。

大札、大作、大著。

上述礼仪用语有的已过时，显得陈腐、封建，但有些仍有生命力，若使用得当，仍能在今天的交际上显出礼貌意味。

第四节　社会称谓的变化和新式称谓的建设

1. 旧称谓的消亡和新称谓的产生

称谓既然是人际关系的文化符号，它就必然要随社会文化的不断发展变化而改变自己的形式和内容。从宏观总体角度而言，社会形态从原始社会到奴隶制，从奴隶制到封建制，到资本主义、社会主义，每一次大的社会形态的变革必然导致社会结构的变动，人际关系的变动，随之而来的就是人们的思想意识和观念的变化和彼此间的称谓的变化。就是在每一社会形态阶段内，随着时代的不同和观念的变化，也会有称谓的相应变化，不过这一变化较因社会形态变化而导致的称谓变化幅度要小。但因社会文化的变革既有批判成分，又有继承因素。表现在称谓变化中，是旧称谓既有被彻底废止的，也有沿用和继承的。同时，新的社会结构、人际关系和新观念的产生，也促使一些新称谓的形成和流行。其中有些新称谓是创造的新词，有的则是将原有旧称谓赋予新的含义与功能。于是新旧称谓的消长常常出现错综复杂的局面。

称谓词语中最稳固的是基本亲属称谓，如父母、祖孙、夫妻、兄弟姐妹之类，最不稳固的是社会称谓，如上节所举的含有封建等级意味的社会称谓，现在大多已经退出社会交际了。又如旧社会的职务称谓马夫、伙夫、车夫、堂倌、听差、侍应生、邮差等分别被饲养员、炊事员、司机、服务员、邮递员等代替。社会上一般称谓，解放后是"同志"。

旧式称谓保留形式、赋予新内容的如太太、先生等。"太太"起源于汉代。《汉书·文帝纪》注：

> 汉哀帝尊祖母定陶公王太后傅氏为帝太太后，后又尊为皇太太后，此妇人称太太之始也。古者妇女称太最重，故列侯夫人，非子复为列侯，不得称太太。

可见“太太”一称谓当初含有特别尊重之意，必须由朝廷赐予方可。明代放宽限制，不需朝庭赐予，但仍须官宦之妻方可称太太。清末民初西方文化东来，受西人尊重妇女的风尚影响，“太太”称谓逐渐流入一般家庭，但限于城市知识分子、政府官员家庭、乡村绅士家庭。解放后，此称谓因被认为带有剥削阶级色彩而一度消失，但“老太太”一词仍保留。近几年，南方有恢复“太太”称谓的趋势。但已失去原先贵族和上层妇女的色彩。

与“太太”情形类似的是“先生”这一称谓。“先生”起源颇早。《论语·为政》:“有酒食，先生馔。”这里的“先生”为长者之意。后来又增加了“有学问”之意。《孟子·告子下》:“先生将何之?”注谓:“学士年长者，故谓之先生。”《韩诗外传六》:“古之谓知道者曰先生，何也?犹言先醒也。不闻道术之人，则冥于得失，眊眊乎其犹醉也。”由于有这一层意思，“先生”一词最常用的意思是“老师”，然后又扩大到指医生。再进一步泛化，成为社会上对男性有身分者的尊称。后来连下九流者也可称“先生”了，如风水先生、算命先生。解放初因“先生”缺少革命色彩而一度少用，改革开放后又重新流行开来，在演艺界、知识界、实业界均有较高的使用频率。

2. 新式称谓的建设问题

社会称谓由于容易受到政治、经济制度和文化观念的影响，所以容易发生变化。在社会发生迅速深刻变化的年代，社会称谓的变化就更快一些。中国80年代以来实行改革开放政策，社会生活急剧变化，人与人之间的关系以及人们的思想观念也发生了巨大的变化，在原有体制下使用得很好的一些社会称谓，在新体制下人们就感到有些不大适用了。如在革命战争年代在革命队伍中使用的“同志”这一称谓，在解放后曾经成为普遍性的社交称谓，它既有革命、政治、庄重的色彩，又有尊重、亲切的意味，人人乐于使用。由于使用频繁，还派生出了男同志、女同志、老同志、小同志等系列性称谓。一个人不被视为同志，就有被一体化的政治社会当作异己分子的感觉，以至惶惶不可终日。改革开放以后，社会体制、人与人之间的关系以及人们的思想观念都趋向于多元化，原来在一体化革命政治的价值取向下非常适用的“同志”，在许多人际关系和交际场合就显得缺少变通性，不大切合实际了。比如业主和雇员之间、主人和保姆之间、房东和房客之间、商贩和顾客之间，互称“同志”就显得很生硬；演员对观众、电台和电视台播音员或主持人对听众或观众，称呼“同志”也显得缺少亲切意味。于是老板、先生、女士、太太、夫人、小姐、朋友等称谓又逐渐流行开来。但是，这些重新被启用的称谓仍然难以应付千变万化的社会交际情景，在具体交际场合仍然常常出现不知怎样称呼对方的尬尴局面。陈建民把这种现象叫做“社交称谓的缺环”。他列举了六个方面的“缺环”现象：(1)如何称呼不知姓名的同辈的“爱人”，前辈的“爱人”，老师的“爱人”？(2)“老师”和“大夫”无所不包——如何称呼学校里的行政人员和医院里的护理人员？(3)住高层楼房的人互相之间该如何称呼？(4)如何称呼婚姻状况不明的女性？(5)能否对异性朋友使用带友情的称谓？(6)如何写信封上的称谓？陈建民提出的这些问题确实存在。其中第(1)个问题曾引起过讨论，但并没有得出能为大家认可的结论。陈建民建议语言学工作者应该重视和研究这些问题。[①] 但是迄今为止，语言学界对这些问题重视得还不够，有关文章发表得还不多。仅有的数篇文章，多是描写性和分析性的，而不是规范性和建设性的。但是这类问题仅仅止于描写和分析显然是不行的。语言学家不仅要观察记录人们在怎样使用语言，而且应当告诉人们应该怎样使用语言。完全听任群众的自发性，放弃了语言

① 见陈建民《语言社会文化新探》，上海教育出版社 1989 年。

学家指导语言实践的责任，就不容易纠正群众使用语言中的错误和混乱，不容易使群众运用语言的水平获得提高。称谓问题也是这样。比如信封上的称谓，有的人故意把收信人姓名后的“老师”“先生”等称谓写得比姓名小一些，或者用括号把它们括上，这是很不得体的，实际上显出不够尊重对方的意味。可是长期以来不见有人提出纠正。这种情况也说明我们学校的语言教育在这类问题上也是有“缺环”的。称谓的建设和称谓的得体使用关系到精神文明的建设问题。看来要想把这方面的问题搞好，语言学家和教育工作者还要做大量的工作。

第十三章　语言的变化和文化的变化

世界上没有始终孤立自生、一成不变的文化。任何社会的文化内容和文化结构都处在不断变化的过程中，这种变化通常称为文化变迁(culture change)。引起文化变迁的原因，除了自然环境的变迁以及重大的发明发现之外，就是文化接触和文化传播。文化接触指两种或两种以上文化之间的互相交流和影响。如果这种接触是局部性的或规模有限的，其结果一般表现为不同文化体系之间文化要素的采借和传播；如果这种接触是全面性的，其结果就可能表现为不同体系的文化的融合。另外，经过整合的文化共同体仍然会因地域、阶层、职业、性别等等原因分化成一些互相联系又有所区别的亚文化群体。作为文化的重要表现形式和重要载体的语言，其发展变化势必要受到文化上这一系列变化的影响。文化的变化尽管仅是语言变化的外部原因，但是无论宏观的还是微观的许多语言变化(不是所有变化)都能从文化的变化方面找到背景性的或推动性的原因。在很多场合，文化变迁的原因同时又是语言变化的根本性原因。

第一节　语言接触和文化接触

通常认为，语言接触是文化接触的先导，比如把外来词比喻为“异文化的使者”就是基于这一看法。这一比喻的好处是形象地说明了语言在文化交流过程中的媒介作用，不过它不能说是很贴切的，因为在民族交往中可以先派出使者作为媒介，而在文化交流中显然不能先把词语打发到对方的文化中去。实际上，文化接触必须以语言接触为手段，而外来词作为语言接触的一种结果，在本族语中引起的语言变化与因文化接触所引起的文化变迁往往具有时间和空间上的一致性。能够说明语言接触和文化接触之间的关系的典型实例之一，是日本的语言和文化。

日本是个岛国，受海洋包围，在语言和文化两方面都有相对的封闭性，不易与外民族的语言与文化相接触。历史上的日本确实也很少受到外民族的侵扰。在语言学的谱系分类上，日语至今未能确定系属。因此有人认为“日语是一种孤立的语言”，“是无依无靠的天涯孤儿”，并概括出“日语＝日本人的语言＝日本通用的语言”这一等式，意谓在日本不通行外族语，在国外也不流行日语。① 但是这并不意味着日本的语言和文化没有受到外族语言和文化的影响，是地地道道的和族的语言与文化。相反，在日本的语言与文化中，外来的成分相当浓厚。外来文化对日本文化影响最大的先是中国，后是西方，与此相对应，在语言上也是汉语和西方语言（主要是英语）的影响最为深刻。日语的形成、发展和变化过程同日本本土

① ［日］金田一春彦著《日语的特点》（中译本），外语教学与研究出版社 1985 年。

文化与外族文化接触的过程具有相当大的一致性。

日本在两千年以前只有语言，没有文字。大约公元1世纪的汉代，中国的汉字经由朝鲜传入日本，是为日本有文字之始。公元286年，朝鲜古国百济的学者王仁应邀赴日，携去《论语》十卷、《千字文》一卷，献给日本应神天皇，是为日本有汉籍之始。三国时吴国人陆续东渡日本，又带去大量汉文典籍。公元607年以后，日本不断派“遣隋使”和“遣唐使”来中国，直接与当时的隋朝和唐朝进行文化交流。日本的古代文化受中国古代文化影响非常深刻。佛教也是通过中国传入日本的，中日两国的文化接触也对日语的面貌产生深刻的影响。

在文字和书面语方面，大约公元3世纪起，日本直接采用汉字、汉语，形成了早期的书面语。日本最古老的历史著作《古事记》（公元712年）和《日本书记》（公元720年）以及平安时期（公元794—1192年）以前的正规文体都是用汉文书写的。完成于奈良时期的日本最古老的和歌集《万叶集》，大量使用汉字标记日语语音（即所谓“万叶假名”），为后来日语假名的书写开创了道路。平安初期（公元794—899年），日本僧人在听讲佛经作记录时，把某些汉字简化为偏旁冠盖用作速记符号，创造了片假名。后来由于和歌流行，一些女作家根据某些汉字草体创造了平假名。假名具有音节文字的性能。自假名出现后，日本的书面语一般由汉字和假名混合使用写成。

从词汇的构成上看，日语词汇分为(1)和语词、(2)汉语词、(3)外来词、(4)混合词等四类。其中(1)和语词虽然是指日语中固有的词，但也有一部分来自日语创始时期的虾夷语和朝鲜语。虾夷语本是北海道土著民族的语言，其语词已被日语吸收同化，同早期进入日语的朝鲜语词都已不再被视为外来词。但若追本溯源，它们仍不是和语词。至于(2)汉语词又分两类，一类来自古代汉语，另一类是明治维新后日本向西方学习过程中为对译西方词语用汉语的构词材料构成的新词。这两类词都源自汉语，总数占日语词汇的半数以上，可见日语受汉语影响之大。但是由于日本人视吸收汉语词为平常事，反而不把汉语词当作外来词。在日本人心目中，真正的外来词是第(3)类，即模仿“西洋语系”(主要是英语)语词的读音用片假名书写的音译词。如ワイヤ(<wire)是外来词，同义的“電線”(でんせん)就不被看作外来词。第(4)类混合词指由外语词加汉语词或外语词加和语词结合而成的词，如サークル活動(小组活动)、ガスくさい(煤气味儿)。这类词有点像汉语中“芭蕾舞”“尼龙袜”之类，其音、义的主要部分仍是外来的。在上述四类词语中，后三类或全部、或主要来自外语，第(1)类中早期进入日语的虾夷语词和朝鲜语词其实也属外来的。可见日语词汇中外来成分比例之大。就说第(3)类所谓“真正的外来词”，其比例也是相当大的。16 世纪以后葡萄牙、西班牙、荷兰等西洋语相继登上日本国土；明治维新以后，随着日本的迅速西化，与英美两国的交往日益频繁，英语词大量输入；二战以后，外来词像洪水一般猛增，已呈泛滥状态。据统计，日本在明治 22 年(1889)出版的词典《言海》中共有词汇 4 万左右，外来词仅占 1.45%；至昭和 31 年(1956)出版的《例解国语辞典》，收词仍为 4 万，外来词已占 3.5%；而昭和 49 年(1974)出版的第二版《三省堂国语辞典》收词 6 万 2 千，其中外来词约 6 千，约占 10%。外来词的专门辞典收载条目就更多，一般已超出 2 万条。在日常生活中，由于使用频率高，外来词已到触处皆是的程度。一个有趣的例子是：日本东方大学教授香坂顺一在撰写《外来语の问题》时，光摆在桌子上的物件就有 11 个是用外来词命名的，它们是ペン(钢笔)、ボール・ペン(圆珠笔)、ノートブック(笔记本)、ライター(打火机)、コップ(茶杯)、ルーズリーフ(活页夹)、電気スダンド(台灯)、ラジオ(无线电收音机)、テープレコーダー(磁带

录音机)、パンチヤー(打孔机)、クリップ(曲别针)等。[①] 这些源自"西洋语"的外来词在日本的社会生活中传递着欧美文化的信息,使日语的语义体系中增添了大量的来自欧美的语义成分和文化内容。如把"休假"说成レジヤー(<leisure)或べヵンス(<法vacancy),以表示具有郊游或旅游性质的西方度假方式,而不同于传统的消极无聊的ゃすみ(休息、休假)。有的外来词缩小了原来词语的意义范围。如日语中原有"旅馆"一词",现用外来词ホテル(<hotel)专指洋式的可住人的大饭店,"旅馆"(りよかん)一词就仅指日本式的旅馆了。[②]

语音的系统性、民族性比较强,在一般情况下不容易因受到外民族语音系统的影响而产生系统性的变化。但是如果一种语言中外来的词汇成分和语法成分占有相当大的比例,那么语音构成就可能发生变化。古代日语在吸收汉语词汇时,有"音读"和"训读"两种读法。训读法是用日语中原有的词的读音来读汉语的字,有如把汉字"火"读成英语的 fire[faiə],这种读法当然不会影响到日语固有的语音构成。音读法尽管用的是日语的语音材料,似乎并未增加新的语音成分,但却使日语中拨音、促音的比例增加了,还使日语许多单词的读音带上了汉语的风味,不像地道的和语了。音读法的另一个结果是产生了许多同音词,如"機関""器官""氖管""汽缶""軌間""旗艦""奇観""基幹""季刊""期間""飢寒"等词的读音都是きかん[k'ik'an]。明治维新以来,由于大量吸收西洋外来词和力求较准确模拟其读音的结果,日语中又产生了许多新的语音成分。日语语音中本来没有音素[v],假名ヴ就是为标记外来词中的音素[v]而创造的(据说其创造者是著名学者福泽谕吉)。此外,日本人又创造了一些接近西洋语音的拗音,由于它们是日语中固有的拗音以外的,故被称为"仿拗音"。如仿拗音イユ[je]、ウイ[wi]、ギア

① 参见刘视岐编著《日语外来语》,山西人民出版社 1985 年。
② 参见刘德有《现代日语趣谈》,辽宁人民出版社 1983 年。

[gæ]、チュ[tʃe]等等。日本现用仿拗音共有多少，各书所载并不一致。1942年日本音声学会制定《日本语表记用“假名发音符号”案》共列仿拗音达60个左右。1954年日本国语审议会公布的《外来语的标记》中规定仿拗音为22个，1966年日本国语研究所调查的日本报纸上使用的语汇中，则有仿拗音39个。① 仿拗音是一种音节音。如果我们想到纯日本语的音节音不过只有112个的话，那么我们对日语在与西方语言接触中语音构成变化之大就会有更深的认识了。不过，由于这些仿拗音仍具有日语语音的基本特点——单辅音和开音节，所以使人们几乎觉察不到日语语音的变化。

汉语在长期的历史发展中，也一直受到外来文化的影响与推动。周秦以来，中华民族因有的文化传统虽然绵亘不绝，一脉相承，但中华文化在与外域文化的不断接触中，也一直不断地接受了外域文化的冲击和渗入。中外文化具有全局影响的大规模的接触主要有两次：第一次是汉魏至隋唐期间与印度佛教文化的接触，这次接触最明显的结果是改变了中国古代文化传统的格局，使原来主要以儒、道两家对立互补构成的格局变成了儒、释、道三家鼎立互补的格局。第二次是以16世纪末（明万历年间）为开端至今仍在继续进行的与欧美各国（包括受欧美影响的日本）的文化接触，其主要表现是中国传统文化与西方近现代社会思想和科学文化的激烈冲撞，中国文化在这一接触冲撞过程中获得了新的发展动力，最终将建立起中西文化对立互补的新格局。与这两次重大的文化接触引起的文化变迁相对应的是汉语面貌的重大变化。

词汇是语言中反映社会文化最为敏感的部分。佛教文化和西方文化在汉语词汇上的影响都极其深刻。仅就佛教词语而言，近代日本所编的《佛教大词典》收录汉语佛教词语就达3万5千余条，它们都是历代僧众在译经过程中产生的。这些词语极大地充实了

---

① 据李视歧编著《日语外来语》，山西人民出版社1985年。

汉语的词汇家族，有些已经进入汉语基本词汇的系统，甚至成为构词能力很强的根词，比如用“佛”“塔”两个根词构成的复合词或词组就有：

佛土　佛曲　佛牙　佛事　佛经　佛像
佛身　佛骨　佛塔　佛龛　佛家　佛学
佛教　佛门　佛手　佛老　佛堂　佛爷
念佛　拜佛　佞佛　成佛　信佛　活佛　卧佛
如来佛　弥勒佛　欢喜佛　接引佛
塔林　塔庙　塔轮　塔台　塔基　塔身　塔吊
宝塔　灯塔　水塔　炮塔　铁塔　钻塔
杆塔　斜塔　金字塔　跳伞塔　纪念塔　象牙之塔

等等。另一方面，在佛经翻译中吸收外来词时创造的多种造词方式，如音译中为适应汉语特点而采用的音节简化、半音半意译、音义兼顾等方式，既为后来树立了吸收外来词的样板，也丰富了汉语词汇的构造方式；而大量的比喻法造词和通俗化佛教成语的产生，则极大地丰富了汉语的表现力。①

同词汇相比，语法的民族性、系统性更强些，发展的速度也更慢些，但是在语言接触中，民族语言的语法体系也并不是完全自我封闭的，不同语种的语法体系之间并非壁垒森严到毫无通约的可能，而是具有一定程度的互相渗透吸收的可能。当然，对于外民族语法形式乃至语法范畴的吸收，一般都要限制在合乎本民族语法发展趋势的范围内，不能成为对外民族语法的生硬搬用。如果择取得当，这种吸收给本民族语言的丰富和发展是会带来好处的。比如，汉语中本来就存在“阿－、老－”和“－子、－儿、－头”这样的作为构词成分的前后缀，这说明汉语本身已具有形态构词法，只是不够发达。五四以后，由于大量吸收西方文化的需要，“汉语的句法构

---

① 详见以下二书：梁晓虹著《佛教词语的构造与汉语词汇的发展》，北京语言学院出版社 1994 年；史有为著《异文化的使者——外来词》，吉林教育出版社 1991 年。

词法在翻译中受到印欧语的词法构词法(按:即形态构词法)的影响,有一些经常同印欧语的词缀对译的构词成分也逐渐有了词缀化的倾向,如'手''师''者''员''家''主义''性''化'等有了后缀化的倾向,'非''反''超''泛'等有了前缀化的倾向。"[①]对于这类构词成分,赵元任分别称为"新兴前/后缀"和"复合词中结合面宽的语素",吕叔湘称为"类词缀",还有的学者就直截了当地称之为词缀,而各家所判定的词缀范围亦不尽相同。尽管这些构词成分同印欧语言的词缀仍有较大差别,现在全部断定为词缀似乎为时尚早,但这是一种正在发展中的语言现象,其中有相当一部分无疑会成为真正的词缀。它们的出现意味着形态构词法将成为与句法构词法(复合法)相对独立的一种比较能产的构词法。再如近代汉语的第三人称代词"他",在先秦文献和《汉书》、《论衡》中还是个表示"别的"的意思的无定指示代词。汉末已经开始出现专门称人的"他",但用例不多。此后直到南北朝时期,"他"由"别的"演化出了"别人"的意思。初唐以后才正式确立起第三人称代词的语法功能。[②] "他"字意义和用法的这一演变,其根源固然在于口语,但是由于中国古代文人使用仿古的文言,"他"字的这一演变没能在文言中得到应有的反映和推动,只有比较接近口语的佛经译著和佛教文学反映和推动了这一演变,并促成了"他"的用法由旧规范向新规范的过渡,逐渐取代了文言中"其""之""渠""伊"的地位。然而这个人称代词"他"不能标示性别,有时容易发生混淆,导致使用上的不便,于是,在五四以后,受印欧语的启发,有人主张把"他"分化成"他""她""它",并分别读为 ta、i、tuo,以分别代表男性、女性和事物。其结果,区分读音未能获得成功,区分写法却终于成为第三

---

① 见《五四以来汉语书面语言的变迁和发展》,北京师范学院中文系汉语教研组编著,商务印书馆 1959 年。

② 参见郭锡良《汉语第三人称代词的起源和发展》,《语言学论丛》第六辑,商务印书馆 1980 年;俞理明《佛经文献语言》,巴蜀书社 1993 年。

人称代词的新规范，并且连带复数一并分别成了“他们”“她们”和“它们”，给书面语的写作和阅读带来了很大的便利。王力先生把这一过程称为“替代法的欧化”①。此外还有类似动词“体”范畴的“着”“了”等语法成分，在近代汉语中固然是早就产生了，但在五四以前不够完善和稳定，也是在五四以后同印欧语的接触中，才获得了体系性的发展和应用②。

至于句法方面，早在汉译佛经译文中就留下了梵文语法的影响；而在语体方面，白话的发生固然基于口头语言，但白话文在书面语中的出现却以禅宗语录为先。梁启超在《翻译文学与佛典》一文中关于这两方面情况各有一段精采的概括③：

> 吾辈读佛典，无论何人，初展卷必生一异感，觉其文体与他书迥然殊异。其最显著者：(一)普通文章中所用“之乎者也矣焉哉”等字，佛典殆一概不用。(除支谦流之译本)(二)既不用骈文家之绮词俪句，亦不采古文家之绳墨格调。(三)倒装句法极多。(四)提挈句法极多。(五)一句中或一段落中含解释语。(六)多覆牒前文语。(七)有联缀十余字乃至数十字而成之名词。——一名词中，含形容格的名词无数。(八)同格的语句，铺排叙列，动至数十。(九)一篇之中，散文诗歌交错。(十)其诗歌之译本为无韵的。凡此皆文章构造形式上，画然辟一新国土。质言之，则外来语调之色彩甚浓厚，若与吾辈本来之“文学眼”不相习；而寻玩稍进，自感一种调和之美。
>
> 自禅宗语录兴，宋儒效焉，实为中国文学界一大革命；然此殆可谓为翻译文学之直接产物也。盖释尊只有说

① 参见王力《中国语法理论》(下册)第315—323页，中华书局1954年版。

② 见《五四以来汉语书面语的变迁和发展》，北京师范学院中文系汉语教研室编著，商务印书馆1959年。

③ 见《梁启超文选(上)》，中国广播电视出版社1992年。

法，并无著书。其说法又皆用“苏漫多”。弟子后学汲其流，则皆以喻俗之辩才为尚。入我国后，翻译经典，虽力谢雕饰，然犹未敢径废雅言。禅宗之教，既以大刀阔斧，抉破尘藩；即其现于文字者，亦以极大胆的态度，掉臂游行。故纯粹的“语体文”完全成立；然其动机实导自翻译。试读什译《维摩诘》等编，最足参此间消息也。

上面第一段话说的是佛经译文染上的外来色彩。在所列十项特点中，除（二）、（七）、（九）、（十）等项外，其余六项指的都是句法。如果说这种译文由于“犹未敢径废雅言”，其中的外来句法特点仍限于文言范畴之内的话，那么正如第二段话所指出，佛教禅宗语录则成为汉语史上最早的“语体文”（白话文）。如果我们再考虑到唐以后敦煌俗文学中的变文、宝卷等都属于佛教文学的话，那么尽管我们不能说没有佛教文化就不会产生白话文，那么却可以说如果没有佛教文化，白话文的产生和成熟也许要晚几个世纪。

五四时期的新文化运动是近代以来中西文化全面接触的高潮，它标志着中国文化开始进入了现代形态。白话文终于获得了正宗书面语体的地位，由于白话文本身的不够成熟，又由于在大量吸收西方文化过程中产生了大量的翻译作品，也由于少数学者失于偏颇的欧化主张①，当时书面语中出现了大量的欧化的白话文。欧化的严重已到了使白话文脱离群众、违背白话文运动初衷的地步，以至成为 30 年代旨在使白话文更加接近民众的“大众语运动”的发起原因之一。王力在出版于 40 年代的《中国现代语法》和《中国语法理论》中曾专立一章“欧化的语法”来加以讨论。他说：“最近二三十年来，中国受西洋文化的影响太深了。于是语法也发生了不少

① 例如傅斯年在《怎样做白话文》一文中明确主张“取个外国榜样”，“就是直用西洋文的款式，文法，词法，句法，章法，词枝（figure of speech）……一切修辞学上的方法，造成一种超于现在的国语，欧化的国语，因而成就一种欧化国语的文学。”见 1919 年 2 月 1 日《新潮》第 1 卷第 2 号。

的变化。这种受西洋语法影响而产生的中国新语法，我们叫它做欧化的语法。”作者对于所谓欧化语法与汉语固有的白话语法分门别类进行了全面而详尽的比较分析。特别值得注意的是，王力既不像五四时期有的学者那样积极提倡欧化，也不像30年代“大众语”论者那样专门搜集欧化语法的毛病表示深恶痛绝的反对，因为他认为：“对于欧化的语法，用不着赞成，也用不着反对。欧化是大势所趋，不是人力所能阻隔的；但是，西洋语法和中国语法相离太远的地方，也不是中国所能勉强迁就的”，“彻底欧化是不可能的。”“中国原有的语法有时候也发生一种反动力，对于欧化的趋势成为一种平衡锤。”不过对那些显然过于生硬呆滞的欧化形式，他还是作了切中肯綮的批评。在时隔半个世纪后的今天，我们再来读王力当年的那些“欧化”举例，发现其中过于背离汉族人语言习惯的欧化形式固然未能生根，读来仍然觉得生硬拗口，但也有不少居然已经融入汉语，并不觉得有外来语法的味道了。比如模仿英语的无定冠词而译成的“一个、一只、一支、一张、一种”之类，现在不仅在书面语中经常见到，就是在口语中也经常听到，并无生硬赘疣之感了。甚至像这样的例子：

动员民众　　上帝祝福你

我军撤退武昌　　敌军登陆北海

王力当时认为是“欠妥的翻译”，“就中文本身看来是不通的，若译成西方则是通的”，但在今天的汉语中，除“撤退武昌”的说法仍稍感生硬（并非绝对不通）之外，其余三例都已成为新的规范用法了。再如王著中提到那些巧译 action－nouns 的“宾提动前”的“新倒装法”，如“粮食管理委员会”“火柴公卖处”“烟酒统销处”“盐务稽核所”“伤兵疗养院”之类，现在已成为非常能产的格式了，如：

婚姻介绍所　废品收购站　少年教养院

人口调查处　纪律检查委员会

这些事实一方面使我们感到汉语在吸收外来语法过程中具有相当

大的可容性，另一方面也使我们认识到通过语言接触适当地吸收外语语法是丰富和发展本族语法的重要途径之一。

中西文化的接触碰撞现在仍在继续进行着，上述语言接触而导致的语言变化也仍然在不断发生着。我们今天涵泳在与近代汉语相比早已面目全非的当代汉语的汪洋大海中，只觉得弥漫周身的全是汉语之水，除非经过精细的专门研究已不能一一确指其中哪些来自黄河长江，哪些来自恒河印度河，哪些来自泰晤士河、莱茵河或密西西比河了。

第二节 地域方言的文化历史背景

地域方言的形成与民族的文化体制似乎并不存在直接的关联，但与民族的文化历史却有着较为直接的联系。作为交际工具和民族文化重要形式的语言，与说这种语言的民族活体血肉相依。随着时间的推移、民族人口的繁衍和民族活动范围的扩展，在广大范围内所使用的民族语言不可能在语音、词汇、语法等各方面维持相同一致的面貌，其分歧成分在各种复杂原因的作用下就逐渐形成地域方言的个性特征。语言和文化不是完全平行的现象，地域方言的具体特征同个别的文化史实之间的因果关系是一个十分难以说清的问题。但是，语言的历史和民族的历史在很多情况下则是平行的现象。因此，从民族文化史方面考察地域方言的成因不仅可行，而且是一件饶有趣味的事情。

大规模的移民通常是地域方言形成的重要原因。因而移民的历史往往成为方言形成的最为恰切的解释。灾荒、战乱、驻防、屯垦、新区开发、流放、殖民地开拓等等都是造成移民的动因。英、法、葡、西等欧洲语言在世界各地的区域性变体几乎都是在 17、18 世纪的殖民地开拓过程中形成的。以现代英语的最主要的地域变体美国英语为例。17 世纪初，西班牙、法国、荷兰、英国先后相继开始了向北美的殖民活动。1606 年，英国“伦敦”和“普利茅斯”两个殖民公司从英国国王那里获得了向北美移民的特许状。1607 年，“伦敦公司”在现在的弗吉尼亚的詹姆士河口建立了詹姆士城(Jamestown)。1620 年，英国 100 多个清教徒在现在的普利茅斯建立了殖民地。欧洲殖民者大片侵占当地土著印第安人的土地，印第安人或被屠杀，或被驱往内地。各国殖民者为争夺殖民地也展开激烈的斗争。到 1733 年，英国殖民者占据了东起大西洋沿岸，西至阿帕拉契亚山脉的狭长地带，建立了 13 个殖民地。这 13 个殖民地当时通用的基本上是伊丽莎白时代的英语。1783 年美国独立战争胜利，美国开始脱离英国统治。地域的间隔和行政的分离使英、美两国的英语产生分歧，并开始分道扬镳。发展到今天，美国英语和英国英语在发音、拼法、词汇、习惯用法等方面都有不少差异。单词发音上的差异如：

词　　例	**英国**	**美国**
ask(请，要求)	[a:sk]	[æsk]
moss(苔藓，沼泽)	[mɔs]	[mɔ:s]
scurry(急跑，奔忙)	[ˈskʌri]	[ˈskə:ri]
duly(按时地，充分地)	[ˈdju:li]	[ˈdu:li]
leisure(空闲，闲暇的)	[ˈleʒə]	[ˈli:ʒə]
when(什么时候)	[wen]	[hwen]

等等。这些词例都是有规则的发音差异，就是说可以类推，比如由 when 可以推出 what 的发音也有[wɔt]和[hwɔt]的差异。此外还有不少不具规则性的发音差异。

拼法上的差异如：waggon(英)—wagon(美)“货车”、cheque(英)—check(美)“支票”、gray(英)—grey(美)“灰色”、connexion

(英)－connection(美)“连接”、centre(英)－center(美)“中心”、plough(英)－plou(美)“犁”等等。

在词汇方面，与英国英语相比，美国英语具有混杂性。一是外来语多而杂。美国英语在与印第安语接触中吸收了不少印第安语词，如 raccoon(浣熊)、moccasin(鹿皮鞋)、tepee(圆锥形帐篷)等。19 世纪初美国在向西扩展的过程中，又从来自法国、西班牙、荷兰的移民中吸收了不少法语词、西班牙语词和荷兰语词：法语词如 portage(搬运工，搬运)、pumpkin(南瓜)、praline(果仁糖)等；西班牙语词如 mustang(野马)、alfalfa(苜蓿)、taco(一种墨西哥玉米饼)等；荷兰语词如 waffle(华夫饼干)、boss(老板)、patroon(荷兰统治时期在纽约州和新泽西州的大庄园主)等等。此外，还从德国移民和犹太语中吸收了不少德语词和犹太语词。二是俚语多而杂，如 patsy(懦夫，傻瓜，替罪羊)、fuss(追求女性，与女子约会)、fuzz(警察，侦探)、egghead(知识分子)等。有许多俚语来自黑人用语，如 nitty－gritty(真相)、bad mouth (说某人坏话)、sweet mouth (溜须拍马)等等。由于词汇的上述特点，不少英国人对美国英语抱有鄙视态度，认为“粗野、堕落、亵渎神明”，“只能属于野蛮的美国人的方言”。但是，美国俚语也有不少已进入英国，特别是英国青少年在口语中使用美国俚语已成为一种时髦。

另一方面，美国英语由于脱离了英国本土独自发展，也保留了不少词语的较为古老的意义。如 guess 用指“想、认为”和 sick 用指“有病的”等，原是古英语的用法，后在英国被淘汰。bug 在美国英语中仍保留原义，泛指“虫子”，而在英国英语中已缩小为专指臭虫。andiron 一词在美国英语中仍指“柴架”，而在英国英语中此词已被 firedog 所取代。有些词在标准英语中已不用，只限于英国方言中使用，而在美国却成为通用词语，如 shoat(猪崽儿，窝囊废)、drool(开玩笑，滑稽可笑的)、polliwog(蝌蚪)等。在这种保留古词和旧义的同时，美国英语中创造的新词和为旧词增添的新义比英国英语多得多,也更有独创性。

在用词上的差异表现在两个方面。一是同一个词在英美语中表示不同概念,如 billion 在英国表示“万亿”,在美国表示“十亿”;table 在英国表示“将……列入议程”,在美国表示“搁置”。二是同一个概念英美语言中用不同的词表达,如“人行道”:pavement(英)—sidewalk(美)、“汽油”:petrol(英)—gas(美)、“电影”:film(英)—movie(美),等等。

此外,在词语的习惯用法特别是动词的使用方式上也存在不少差异。美国英语倾向于在有些动词后面加上个副词或介词,以短语动词代替单根动词。如:

> He missed out on a chance to take the exam.(他错过了考试机会。)

这句话中的 missed out on a chance,在英语中是不用 out on 的。类似的用法如 drown out,sound out,rest up,pay off,lose out,start up,visit with 等等。①

美国英语和英国英语尽管存在着明显的差异,但是这些差异还没有大到足以把它们看作两种语言的程度。从深层结构上看,它们仍然属于同一语言在不同地域的变体。由于现代交通、通讯的发达和大众传播媒介的普及,由于美国科技文化影响力的强大,美国英语对英国英语的影响也越来越大。不过,两地英语的分歧和差异仍会继续保留下去。

现代汉语七大方言地理格局的形成也同中国历史上的移民有十分密切的关系。上古时期,生活在黄河流域中原地带的商周先民自称“华”“夏”,称中原四周的外族为“蛮”“夷”“戎”“狄”。西周虽然统有“天下”,但是“五方之民,言语不通”,四夷与中原周族通话还

---

① 关于美英两国英语的差异参阅:陆国强《现代英语词汇学》,上海教育出版社 1983 年;[美]加兰・坎农《英语史》(中译本),中国对外翻译出版公司 1987 年;[英]布赖恩・福斯特《变化中的英语》(中译本),辽宁人民出版社 1980 年。

得借助于翻译。大约西周末年，在周王朝所在的王畿成周一带所用方言的基础上形成了一种威望较高的通用语“雅言”。雅言也就是夏言。就语体而言，“雅言”是一种可以代表汉语书面语的较为标准的形式，又是对汉语北方话标准语早期形式的一种称谓。

周秦时代，江南广大地区是古越族的居地，中原居民常以“南蛮”“荆蛮”“蛮夷”称呼古越族。据现存资料看，古越语似不属于汉语系统，因此由古越语不可能直接发展成今天的汉语南方方言。现代汉语的南方方言是在漫长的历史时期中，不断分批南下的北方移民带去的古汉语与当地土著语言融合混杂的产物。由于南下移民源自不同地区，所带的北方汉语的地区特色和时代层次有别，所融合混杂的土著语言又不相同，于是便形成了南方方言的不同类型。①

吴语的源头可追溯到3000多年前先周太伯、仲雍的南迁。《史记·吴太伯世家》：“吴太伯、太伯弟仲雍，皆周太王之子，而王季历之兄也。季历贤，而有圣子昌，太王欲立季历以及昌，于是太伯、仲雍乃奔荆蛮……自号勾吴。荆蛮义之，从而归之千余家，立为吴太伯。”这是关于吴国立国的最早记载，其故地在今常州、无锡、苏州一带。据周振鹤、游汝杰分析：“这个记载实际上暗示着当时有一股北方移民南徙到江南。由于这支移民的原居地（渭水中游）文化比较发达，因此他们带来的语言便在相对比较落后的地区扎下了根，成为吴语的最初基础。”发展到西晋，江南已是吴语的天下。

西晋末年发生了“永嘉之乱”，大约有100多万中原士族和百姓渡江南下，形成中国历史上第一次大规模的移民运动，时间一直延续到南北朝时期。东晋南朝在从建康（今南京）以西至洞庭湖北的大江两岸设立了许多侨置州郡，来安顿这些流民。这次大移民的结果是：进入江西的北方移民所带来的北方话成为客家话的先声；

① 以下所述参见袁家骅等著《汉语方言概要》，文字改革出版社1983年；周振鹤、游汝杰《方言与中国文化》，上海人民出版社1986年。

江西土话与北方话接触融合而形成了赣语的早期形式，吴语和湘语的联系被赣客语地区切断；在宁镇地区，北方方言取代了吴方言，奠定了下江官话的最初基础，从而使吴语区退缩到镇江以东；在洞庭湖北岸出现了西南官话的雏形。

湘语源于古楚语。楚人祖先在殷商时居住在中原，其居地中心就是后来春秋时卫国的楚丘邑（在今河南濮阳西南）。殷末大乱，楚人鬻熊率族人向西南迁至丹阳（今湖北境内），成为南方楚国的始祖。南迁楚人从中原带来的华夏族语言后来演变成楚语。在湖南境内的古楚语后来逐步演化成古湘语。汉扬雄的《方言》里屡次提到的“南楚江湘”的土语，大约就相当于古湘语。西晋末年永嘉之乱造成的北方人民第一次大迁徙也把当时的北方话带入了古湘语区。

爆发在中唐天宝至德年间的安史之乱迫使北方居民再度大规模南迁，形成了中国历史上第二次移民大潮。《旧唐书·地理志》：“自至德后，中原多故，襄邓（豫南鄂北）百姓、两京（长安、洛阳）衣冠，尽投江湘，故荆南井邑，十倍其初，乃置荆南节度使。”这次移民大潮带来的北方话冲击的主要结果是：荆南地区的固有方言被北方方言所取代，从而奠定了西南官话的基础；到达湘资流域下游地带的北方方言与原有的湘语接触交融奠定了今天新湘语的基础，从而使湘语形成南（老）北（新）两片的格局；进入江西地区的北方移民把赣客语推进到了赣南地带。

客家先民本来也是中原一带的汉族居民。其居地北起并州上党，西届司州弘农，东达扬州淮南，中至豫州新蔡安丰。在上述两次移民大潮中，客家方言已进到赣南，但史志中尚无“客”“客家”之称。宋代方志中才开始将北来移民称为“客户”。北宋末年，金兵南侵，宋室和中原宋人南渡避乱，形成了中国历史上第三次移民浪潮。这次移民时间迁延至100多年后的蒙元南侵。南宋灭亡后汉人不堪蒙古人统治，原已迁至闽西、赣南的客户再度南迁至粤东和粤北，形成了不少纯客户县。客家居地集中，又多在闭塞的山区，与周围的“土著”形成相对的封闭状态，这使他们在一定程度上避免了周围“土著”的风俗和语言的影响，保存了从中原带来的文化礼俗和语言传统，汉语客家方言就是在这样的条件下形成的。经到了清朝，一因客地山多田少难以容纳繁衍的人口，二因土客械斗，经政府动员，客家人又陆续从粤东、粤北、粤中和赣南迁徙到四川、台湾、湖南、广西、粤西、海南等地，先后在这些地区形成了许多客家方言岛。

粤方言的源头可以追溯到秦汉。今天的粤方言区在广东中部和西南部、广西的东南部，约一百来县。这一地带上古时是“百粤”（又作“百越”）居地的一部分。但是今天作为汉语方言的粤语并不是古粤语独立发展的产物。秦始皇派任嚣、赵佗平定百粤，占有岭南地区，留下 50 万人戍守岭南三郡。这些守卒所带去的当时的中原汉语才是今日粤语的先声。汉武帝时粤人叛变，武帝平叛后置郡设守，百粤成为中国的一部分，到西汉时粤地已形成越汉杂居的局面。在后来的历次中原战乱引起的移民潮中，都有大量的北方居民到达岭南。此外，岭南还是中土朝廷贬官流放之地。这一批批北来汉人所带来的汉语层层累积，发展成了今天的粤方言。上古的百越语则成为粤方言的底层。

闽语的底层是古吴语。第一批汉人从北南下入闽时代是西汉末年，当时中原政权设了在福建的第一个县冶县（今福州）。但是这批移民数量不大，对闽语形成不起作用。从汉末三国至晋初的百年间，浙北汉人分别从陆路经浦城入闽，从海路经福州入闽。沿海地带相继新设了罗江（福鼎）、原丰（神州）、温麻（霞浦）、东安（泉州）四县。在闽西北出现了汉兴（浦城）、建安（建瓯）、南平、建平（建阳）、邵武、将乐六县，形成了古闽语的基地。这时的福建方言就是当时的吴语。西晋末年发生了永嘉之乱，中原居民大批南迁，据史书记载，当时入闽的有“衣冠八族”。唐五代时又有数批中原人士南迁闽地，其中较有影响的是唐初陈政、陈元光父子入闽镇畲和唐末王潮、王审知兄弟入闽据乱所带的中原士卒。到宋代，闽语扩展到了广东潮汕地区。两宋的末年由于金元侵迫，大批皇室人员及随从将士南下避乱，其中不少进入福建。史书记载南宋末年入闽保驾的北方军兵 70 万，民兵 30 万，这些军民后来都留居在闽粤一带。台湾的闽南话是明末郑成功入台抗清时从闽南带去的兵士留下来的。海南岛的闽南话，据《琼州府志》等文献记载，当是明、清时由闽、粤的闽南话区来岛的移民带入的。

作为汉语主体方言的北方方言，在两汉时期的主要范围只限于长城以南和长江以北。现代汉语北方方言的分布范围则已扩大了数倍，包括从东北到西南，从西北到长江中下游这样一个占全国汉语地区四分之三的广大面积。这个地理格局的变化其主要原因同样也是移民。北方方言包括下江官话、西南官话、西北官话、东北官话、华北官话等次方言。下江官话是在六朝以后中原居民为避战乱而迁吴楚地区形成的。云、贵地区的西南官话和青海的西北官话主要是由明代在当地实行大规模的军屯形成的。东北官话的基础是在历代出关谋生的华北汉人和被流放的罪官及其眷属所带去的北方汉语，清末民初河北、山东人民大批“闯关东”，则进一步促进了这一次方言的成熟。

以上所述方言与移民史的关系仅仅是一种宏观的、极为粗略的勾勒。汉语方言之复杂大概可以称得上世界之最，历史上汉族人民颠沛流离、辗转迁徙情况之复杂，在世界各民族的生活史中大概也是少见的。民族语言的历史也就是民族生活的历史。因此，无论是大方言区、小方言片还是更小的方言点，它们同移民史的关系都包含着非常丰富的内容，然而年代的久远和史料的不足则又使详细的考察和具体的论证成为一件并不轻松的事情。此外，方言地理的成因并非只有移民一项，还有其他方方面面。就文化史方面而言，人文地理、交通地理等也都是不可忽视的重要成因。①

第三节　社会方言和亚文化形态

民族、民族文化、民族语言都是总体概念。民族是由不同的社会群体构成的集合体，这些社会群体可能由阶级、阶层、职业、年龄、性别上的差异造成。在由不同民族或种族组成较复杂的文化共同体中，社会群体还包括民族或种族的类型。这些不同群体是构成民族或国民的一个个亚群，它们既然在一个文化共同体中生活，自然受着共同体的主流文化的统摄，然而作为一个个亚群，它们势必各自带有不同于其他亚群的文化特征。所谓亚文化(subculture)，就是指在一定文化共同体中的某些次级群体中所拥有的一种既包括主流文化的文化特征、也包括某些独特的文化特征的文化形态。语言既然是文化的建构手段和表现形式，那么在构成和表现亚文化方面自然也要发挥相应的功能，于是民族的语言体系或国民的语言生活中必然要产生某些与特定亚文化群体相适应并可以成为该群体的文化表征的语言成分。这些语言成分就是通常所谓的社会方言。从文化语言学角度看，社会方言是民族语言的文化功能变体。考察社会方言的构成和使用情况，可以对语言的文化功能和文化内涵获得更深入的理解。

1. 阶级方言和阶级语言

一个文化共同体(民族或国家)分化为不同的阶级或阶层，不同的阶级或阶层往往拥有各自的文化特征，这些特征包括由地位

---

① 关于这方面情况可参阅周振鹤、游汝杰《方言与中国文化》一书第三章。

和生活的差异形成的思想方式、价值观念、心理活动和行为方式上的不同点。语言本身是没有阶级性的，但是不同阶级或阶层对语言的使用或施加的影响却不可避免带有阶级或阶层的特殊性。这些特殊性是阶级/阶层方言产生的原因，而阶级/阶层方言的存在又反过来对阶级或阶层文化地位的差异发挥着一种维系作用。

在中国封建社会的中后期，文言就是士大夫阶级及其附属的文人阶层所专用的阶级方言。但是这种阶级方言不是口语形式，仅仅是书面语形式。在白话尚未与文言分道扬镳的封建社会早期，口语和书面语之间并没有后来这样大的距离。可是由于民间口语演变速度快，而士大夫阶级及其文人为了显示自己的学问、教养和维护自己的权利、地位和身份，却故意鄙视口语，耻于模写口语，援笔为文必须“征圣”“宗经”，以先秦两汉的古文为规范标准，结果就使得口语和书面语的差距越来越大，形成了“文言”和“白话”两种语体。白话的基础是北方口语，而全国各地的居民无论贵贱从小习得和日常使用的都是当地方言，于是就形成这样一种语言使用状况：不识字的广大民众说方言，文言白话一概不能看，但能听懂用方音的俗讲、说书和唱戏；识字不多的少数民众说方言，能看白话小说和唱本，但不看也不写文言作品；通文墨而无地位的下层文人说方言，主要写白话作品；上层统治阶级及其文人在家里说方言，在社会上说带有乡音的“白话”（“官话”），但不写白话文，只写文言文。文言在中国使用了两千多年，积累了丰富的文化遗产，产生了大量优秀作品，它所构成的汉语文化曾经是中国民族统一融合的重要力量。但到了封建社会的后期，白话文作为一种新生、健康、成熟的语言形式已经成为新兴的进步文化的象征，而文言却泥古不化，越来越脱离群众，病入膏肓，就异化成腐朽、没落、保守的语言形式和文化象征了，其唯一的功能就是充当封建道统的辩护工具和给封建士大夫及其文人们作为身份地位的象征。正因为如此，在五四时期“废文言，兴白话”的狂飙中，除了一些封建遗老外，广大人民群众没有一个出来为文言说好话的。在本世纪初发生的这场由文言文到白话文的语体变革，在时间和空间上恰好与由旧文化到新文化、由贵族文化到大众文化、由古典文化到现代文化的文化变革相一致。这种情形最为有力地证明，语言不仅仅是一般意义上的交际手段，它本身就是一种文化代码，是一定的文化价值的和文化内涵的体现形式。

同上述作为阶级方言的文言文不同的是，在被异族占领的社会中，占领者带入的语言在一定时期可能成为凌驾于被统治阶级的语言之上的“阶级语言”。兹维金采夫认为，在 11 世纪到 13 世纪诺曼人入侵的英国社会中，“诺曼征服者所操的法语在某种意义上可以称为阶级语言。说这种语言的不是一小部分上层英国封建主，而是全部的执政贵族。”因为在入侵初期皇帝的直属诸侯全部是诺曼人；此后，“当盎格鲁撒克逊的贵族逐渐和执政的诺曼贵族融合起来时，他们也学会了法语。”由于当时宫廷和政府用的都是法语，整个社会都以会说法语为荣。贵族子女在摇篮时代就已经开始学着用法语讲话了。如果一个人不懂法语，人们就瞧不起他，但社会地位卑微的人还保持英语，讲他们自己的话。尽管到后来，使用法语的贵族阶级终于没落，在说英语的新兴资产阶级步步进逼下，法语终于溶化在英语之中，但是在此前的 11—13 世纪，法语的确曾是英国上层统治阶级专用的“阶级语言”。① 在古印度戏剧的语言中有一条规则：男人只能说梵语，女人只能说普拉克利特语。叶斯柏森对此评论道：“区别不是由于两性分化的结果，而是基于社会等级，因为梵语是神、国王、大公、婆罗门、国务要人、宫廷贵族、舞蹈大师及其他地位高的男人以及部分具有特殊宗教意义的女人所使用的语言，而普拉克利特语只有社会地位低下的男人——商人、小官僚、澡堂工人、渔民、警察以及几乎全部女人才说它。因此，两

① 参见[苏]兹维金采夫《普通语言学纲要》(中译本)，商务印书馆 1981 年，第 284—285 页。

种语言之间的区别是社会阶级或种姓之间的区别。”①

美国的黑人英语是标准英语的非标准变体，也是一种阶级方言。黑人英语形成的文化历史背景是17—18世纪欧洲殖民者在开发美洲殖民地过程中推行的黑人奴隶制。黑人奴隶是白人奴隶主从非洲贩卖而来的。为了防止被贩卖的黑人奴隶有效地交流思想，白人奴隶主故意将有不同语言背景的黑人放到一起。这些黑人奴隶在美国南方的奴隶主种植园中逐步重建起自己的言语社团，形成了自己的有别于美国主流文化的亚文化层次。尽管后来美国废除了奴隶制，但是长期以来黑人一直处于社会的底层，被剥夺了受教育和掌握文化的机会，他们从小习得的英语是一种流行于黑人社区的非标准英语，只有少数教育程度较高的黑人才说标准英语。黑人英语与标准英语的主要差别不在词汇方面，而在语法方面。最显著的差别有二，一是在某些条件下不使用系动词 to be②：

For a while any way it clear(在形容词前)

She a big woman (在名词性词组之前)

I in a big hurry(在介词短语之前)

But now I here(在副词之前)

It the truth(在填充词 it 后)

二是动词具有繁琐的时态系统。如关于时和体③：

I do see him(我刚刚见过他)刚好在现在时之后，侵入了现在时，因此是“过去表始时”(inceptive tense)。I did see him(我见到他了)的时间略远一些，是“前一现在时”(pre—present tense)。I done seen him(我先前见着

---

① O. Jespersen：Die Sparche. 转引自[苏]兹维金采夫著《普通语言学纲要》(中译本)，商务印书馆 1981 年，第 286 页。

② 转引自[美]加兰·坎农著《英语史》(中译本)，中国对外翻译出版公司 1987 年。

③ 转引自[美]Dwight Bolinger 著《语言要略》(中译本)，外语教学与研究出版社 1993 年，第 511 页。

他了)的时间还要远些,是“近过去时”(recent past)。I been seen him(我早见过他了)的时间更远些,是“前一近过去时”(pre—recent past)。从现在时往前推,假使某人说 I'm a—do it(我马上去做),他大约在 30 秒内就会去做的。这是“最近将来时”(immediate future)。假使某人说 I'm a—gonna do it(我就去做),他不久就会做的,是“后一最近将来时”(post—immediate future)。但是如果他说 I gonna do it(我会去做的),做的时间就可能无限地推延了。

此外,还有省略所有格标记(John—cousin“约翰的堂/表亲”)、省略复数标记(I got five cent.“我有 5 分钱。”)、省略某些前置词(He over to John house.“他到约翰家去了。”)等用法。黑人英语的语音与标准英语也有不少差异。本世纪以来,美国黑人的社会地位有所上升。黑人英语逐渐失去阶级方言的特性,但大多数黑人仍然是较低的社会阶层,黑人英语仍然是美国社会尤其是南方各州英语的一个阶层方言。

2. **行业语和术语**

社会分工是人类社会文化发展的产物。具有共同文化的人类个体,由于社会分工的不同,长期从事于某职业,就逐渐成为在一定程度上专精于某一行业的个体。人是为了谋生而从事职业学习和职业劳动的。人的社会化过程也就是职业化过程,即知识和技能的获得和使用过程。因此在某种意义上说,人的职业化过程也就是人的能力和习惯获得的文化过程。社会分工越是严格细密,社会就业越是充分,人的知识和技能就越带有专业化倾向。一般人不可能兼通或兼做所有行业,大多数人终身从事某一行业,只有少部分人兼通或兼做过几种行业。因此,人总是被限定在一定的行业“圈子”里,而作为文化共同体的整个社会也就被这形形色色的行业“圈子”所分割,形成一个个次级的亚文化社会。行业的分割所造成的不同行业间的语言差异，主要表现在词汇上。各行业特别是知识和技能比较专门的行业，为了概括本行业特有的知识、经验和技术，称说本行业特有的工具、手段、工艺过程和产品，都有适合并通行于本行业"圈子"内的一套词语，其中不少词语由于含义过于专门或过于高深而为外行的人所不懂，于是造成一种所谓"隔行如隔山"的感觉。如一本关于中医护理的书讲解"新针疗法"的好处之一是：

透穴多：可从一个穴位透到另一个穴位或几个穴位，一般在四肢部位常采用透穴的方法。如上肢曲池透少海、下肢阴陵泉透阳陵泉、头面太阳透率谷、躯干鸠尾透中脘等，效果较好。

又如一本关于西医护理的书讲解阿托品救治有机磷农药中毒的效能是：

阿托品能拮抗乙酰胆碱对副交感神经和中枢神经系统的作用，消除和减轻毒蕈碱样作用，对抗呼吸中枢抑制。有机磷农药中毒患者因体内有大量乙酰胆碱积聚，所以阿托品用量要超过一般常规剂量，而且要强调早期、足量、反复给药，直到毒蕈碱样症状明显改善、出现"阿托品化"为止。

上面两段话中加线的词语是行业语，没有加线的词语是普通词语。各个专门行业或学科的知识和技能的表述形式，就是这样一种"普通词语加行业语"的结合体——科技语体。各专门行业的科技论著使用的普通词语和语法规则都来自日常语言，其中的行业语所使用的构词材料和构词规则也没有超出民族语言的范围，它之所以使外行者感到难懂，就是因为其中的行业语所包含的概念和知识超出了读者或听者的知识范围。行业语是标志特定领域内的人们的认识成果和实践成果的一套代码(code),不懂这套代码的外行者是难以与该领域的行家就其专业进行讨论的。行业语作为一种社会方言,所造成的语言隔阂甚至超过地域方言或民族语言。说不同地域方言或民族语言的夫妻可以融洽相处,从事不同行业的夫妻要谈论对方的专业却难免尴尬,于是最好是不触及此类话题。可见作为一种专业代码的行业语,其实正是一种文化代码。

行业语,特别是理论性较强的学科中的行业语,大多抽象难懂,即便是本专业的学习者和工作人员,也并非人人都能理解和使用得很好。然而,一定领域的行业语是建构该领域的知识理论的文化符号,是传授专业经验和专业技能的规范手段。如果没有那么多行业语,我们很难设想能建立起分工明确而又运转自如的一个个亚文化性质的专业群体,能正常地从事生产、社会管理和科学探索。人类社会生产的不断发展、科学理论的不断革新、文化形态不断演进的历史,也就是记载着各行各业的经验和知识的行业语不断发展和不断更新的历史。从事专业学习和专门职业的个人,其主要活动便是掌握和运用相应的行业语,而人们也正是根据他对自己行业的专门用语掌握的情况和运用有关理论解决问题的效果来评判其造诣和贡献的。这种情况正如美国学者 Bross 所说:

> 外科医生是怎样获得人体结构的知识呢?其中一部分来自他长期训练中所得到的第一手经验。然而使这一经验取得成果的都是他的早期训练。在解剖课上传播给他的是一代又一代升华了的前辈的经验。经过数百年和数百万次的解剖,逐步形成了人体结构的详细精确的图画,使外科医师知道从何处开刀。仅是为了描述这一结构,就渐渐形成了一种高度专业化的次语言。在把解剖事实有效地传授给外科医师以前,必须教会他解剖的行话。因而,作为外科医师"有效行动"基础的是一种"有效语

言”。①

行业语固然是学习和从事专门职业的门径，但是并非任何行业都有成套的行业语。劳动有简单复杂之分，知识有粗浅精细之别，学科有层次高低之差。行业语在这些有差异的领域所起的作用不尽相同。简单劳动不可能产生复杂成套的行业语。比如家务劳动即便作为一种职业，也并未见得有多少可以称为行业语的东西。传统农民和手工工匠的劳动比家务劳动要复杂得多，相应的行业语就不仅多，而且有套路体系，但同现代的科学技术领域相比，还是粗糙得多。科学技术领域各行业中那些定义严密、概念精确的成体系的行业语，就是通常所谓的科技术语或科技名词。自然科学由于建立在逻辑实证主义哲学和实验方法的基础上，所表述的知识客观性、世界性较强，不易受意识形态的影响，有统一的需要和可能。世界上许多国家都有统一审定科技术语的国家级机构，中国在1985年成立了由中国科学院、国家科委共同组建的“全国自然科学名词审定委员会”，负责科技名词的审定与统一工作，其目标是实现科技名词标准化、规范化。与自然科学相比，社会科学（包括人文科学）更容易受国家、民族、种族、宗教、学派、政治意识形态以及个人见解等等因素的影响，所表述的知识容易带上主观性，缺少自然科学知识的客观性，因而对术语的定义和理解常常产生分歧。比如对于“人权”“共产主义”等概念的解释，中国和西方之间一直存在分歧，有时还因此引起政治上和外交上的争端。社会科学的术语不容易统一和规范，根本原因在于其中包含的概念是人们的社会意识的理念化，社会意识是由人的社会存在决定的，而不同的人们的社会存在绝不可能完全相同。对于这类分歧和争端，我们可以寄望于通过对话以增进理解和消除偏见，却不必希图消弭差异而定

① Bross I. D. J. 1973. “Language in Cancer Research”（《癌症研究中使用的语言》）。转引自［美］Dwight Bolinger《语言要略》（中译本），外语教学与研究出版社 1993年，第516页。

于一尊。因为差异本身可以成为探索和进步的动力，它未必就是坏事。

3. 隐语

隐语又称“秘密语”，是某些专门行帮或秘密社团为了保护行业或团体的利益创造出来用于内部联络或交谈的一种暗语。按照创造和使用者的情况，隐语可粗分为两类：一类可称为行业隐语，指那些被社会认为是正当职业的行帮所使用的隐语，如商号隐语、工匠隐语之类；第二类可称为江湖隐语，指那些社会认为是非正当行业或具有反社会作用的社团所使用的隐语，如娼妓、赌博、乞丐、盗匪和走私贩毒等行业中所用的隐语，这类隐语通常被贬称为“黑话”。但职业正当与否，不同社会有不同标准。有的社会法律不禁娼，娼妓隐语有时近于行业隐语。不过社会道德一般认为娼妓并非正业，所以把它归为后一类。（至于军事、刑侦、间谍等部门使用的密码，其性质尤为特殊，不在此处讨论。）

隐语的功能可以概括为：1. 认同，即通过隐语确认同伙；2. 排外，不会同类隐语即使同行也不能认为同伙；3. 保密，指使用隐语可以防止外人听懂话语内容。隐语作为一种秘密符号，其生灭兴衰与社会环境密切相关。旧中国社会环境复杂险恶，成为隐语孳生的特殊条件，那时三教九流、五行八作都有自己的一套隐语，隐语的别称曾有多种，如市语、方语、锦语、俏语、切口、声嗽、春典（“典”又作“点”）、杂话、行话等等。民国年间，吴汉痴曾编辑出版了一本《切口大词典》，收录隐语近万条，按行业分为 18 大类 376 小类，冠之以“切口”这一总名。解放以后，资本主义工商业和手工业受到改造，那些畸形变态的行当如娼妓业、赌博业、巫卜星相业等也都经过了整顿和革除，许多隐语一度失去了生存的土壤，成了历史的陈迹，但并没有完全消失。改革开放以来，人们有了更多的择业自由，社会价值取向和人生价值观念都多元化了，个体工商业和市场经济都得到了恢复和繁荣，但不少曾一度消失的对社会有消极危害作用的江湖行当也乘时“复兴”起来，据熹葆所撰的纪实文学作品《当代江湖黑话骗局大曝光》[1] 看，在当代江湖这个亚文化圈子中，不仅江湖势力所从事的反社会活动相当猖獗，而且江湖隐语（黑话）也已卷土重来，成为当代中国黑社会中相当发达的社会方言和极为有效的功能性语体。比如其中所叙 1982 年某日江西向塘火车站小广场上两个黑道人物碰面时的对话：

“老先生，买卖好啊？这场挑汉，捞烂头不少吧？”[2]

“混混啃罢了？请问相客贵姓？”[3]

“免贵，姓汪。跑海人[4] 叫我‘长沙汪’。”

“哦！‘长沙汪”！我招子不亮，失敬了！早知您是份老买卖啦。来，抿星条吧！”[5]

又如下列隐语，皆出自上述该文，多系新近流行，而为旧时所未见：

同相（江湖同行）	棺材头（提包）
老相（江湖老大）	小霸（干部）
圈子（城里）	大霸（大干部）
隔子（山村）	彩神（女人）
窖子（酒店）	朵花子（姑娘）
公窖（馆子）	拖汉（假药）
痞空子（假江湖客）	中拖（上当）
方子（钱包）	放腥（露假、出事）
接地（走路）	理大腥（全是假的）
挂线（打电话）	尖钢（全是真的）
抓飞点（抓过路人看病）	抿火山（喝酒）
掏老鼠洞（偷人衣兜的钱）	抿串（喝醉）

① 见 1989 年第 5 期《浔阳江》。
② 挑汉：卖跌打损伤药。捞烂头：赚钱。
③ 混混啃：混碗饭吃。相客：同行朋友。
④ 跑海人：跑江湖的人。
⑤ 招子：眼睛。是份老买卖：是位跑江湖的老手。抿星条：抽香烟。

骑马(偷自行车)　　　　合皮(嘴巴)

放血(骗钱)　　　　游魂(流氓)

作为一种社会方言,隐语并没有创造一套自己独有的语音体系和语法体系,使用的仍然是当地语言的语音系统和语法系统。隐语之所以晦涩难晓,是因为隐语的构成主体是一些特殊的词语,这些词语把日常语言符号的能指和所指关系割断,代之以另外的能指。这"另外的能指"有的是本有所指,而非隐语的所指,圈外的人按照原来的所指去理解,就产生了解码过程的干扰,解码所得的语义不合言语情景,就感到不知所云了。如说隐语的人说到"掏老鼠洞",一般人还按字意义去理解,当然想不到指的是掏兜偷钱的意思。还有一些隐语是日常语言中并不存在的、随意杜撰出来的名称和说法,外人听起来感到特别陌生,自然也就不知所云。如以"拖汉"指假药、"中拖"指上当,一般人头脑中的语言系统从未有过此类语码,偶尔听到自然就无从解码了。但是在说隐语的圈子内部,隐语的能指和所指的关系仍符合语言符号的规定性和约定俗成性。

隐语再隐晦,也要与现实发生联系,因此现实情景是圈外人破译隐语"密码"的门径。比如我们听到"抿星条",初时不懂,但见到说话人递烟抽烟,就可猜到是指抽烟;听到"抿火山",又见到说话人走向酒馆,就可以推测是指喝酒。再加以分析,可知"抿"指"吸、喝"一类行为,"星条"指烟卷儿,"火山"指酒。使用隐语的行帮和秘密团体,本身就是社会的一部分,不可能完全与社会隔绝,因此尽管有不得外传隐语的帮规,有些隐语还是流传了开来。隐语的构造,或形象生动,或奇特怪异,这本是隐语创造者为了使其便于记忆而有意为之的,但这种特点可以满足一般人追求新奇言辞的心理,因此隐语一旦传到圈外,往往流传迅速,甚至为全民语言所吸收。比如"挂彩"(受伤)、"休克"(晕厥)、"四梁八柱"(骨干成员)等都是旧时盗匪黑话,现已成为普通词语。又如"一张"(十元)、"一棵”(百元)、“一吨”(千元)、“一方”(万元)等本来带有隐语性质,现在作为生意场中的俗语已几乎无人不晓。有的隐语流传到社会上后改变了含义。如“下海”原指入贼道,又指票友正式从艺,但近几年来指在改革开放的经济潮流中弃行从商。“走穴”,旧时指无固定团体的艺人临时搭班子、拉场子或“撂地”演出,近几年指各种演艺人员脱离原来团体参加以赚取外快为目的的演出。“大哥大”原系港澳地区黑社会对团伙头目的敬称,现在大陆上成为移动电话的俗称。“跳槽”本指嫖客疏弃甲妓另择乙妓,现指各类从业者脱离原职另择新位。有些隐语是通过文学作品而得到流传,成为通用词语的。隐语流入社会,就失去了保密作用,需要创造新的隐语来替换,所以隐语总在不断花样翻新。

行业隐语与行业语的共同特点是难以为外行的人所知晓。但是外行人之难以知晓的原因,隐语和行业语是不同的。外行人不懂某行的行业语是因为不了解该行的业务和知识,并不是该行的人故意隐瞒;而隐语则是该行的人为隐瞒情况、封锁技艺而故意采用的迂曲说法。比如长刨、短刨、平刨、圆刨、沟刨、刳刨等是木工的行业语,而旧时木匠把刨子称为“光子”,这“光子”就属于行业隐语了。由于旧时很多行业都有自己的一套隐语,因而是隐语又被称为“行话”。“行话”这一名称作为语言学的术语,容易与“行业语”混淆,是一个不甚恰当的名称。侯精一《山西理发社群行话的研究报告》[①] 收列了约200条“理发行话”,按意义分为理发、身体、亲属、人物、饮食、服装、居住、动作、性质等九类。其中“理发”类仅30条,如磨茬儿(理发)、扯茬儿(剃光头)、偏圪亮(分头)、后圪亮(背头)、赶木耳(刮耳朵)、赶碟子(刮脸)、磨子(推子)、夹子(剪子)、隔山照(镜子)等等。其余八类如沙包(肚子)、灰子(媳妇)、嚎天的(警察)、抓不住(鱼)、臭窑儿(厕所)、片板凳儿(生孩子)等等,虽与理发业

① 收载于《语言·社会·文化》一书,语文出版社1991年。

务无直接关系，却占了“理发行话”的绝大比例。关于这种“行话”的功用，文中说：“旧时，理发社群的社会地位相当低，……经常受到官府、黑势力的欺压，为保护自身，求得生存，需要一种社群外的人听不懂的话。”“旧时的理发社群可以说是一个乡帮结合体，带有相当大的排外性。行话是入门的必修课，是正规从师学艺的标志。……如果不会行话，手艺再好，同行还是不承认，被视为‘柳生手’（半路学艺的人），为此还要拜师学艺，补学行话。”可见这种“行话”的功能不是用以传授技艺，而是用来保密和排外，而保密和排外正是隐语的功能。正因为传授技艺不必隐语，所以当50年代中国大陆实行经济体制改造以后，社会环境得到了改善，行业之间、人与人之间的关系明朗化了，各种职业团体尽管依然存在，但作为隐语的那些“行话”已无存在的需要，就迅速萎缩并走向消亡。不过，局部残留的行业隐语偶尔尚在使用。比如文中述及，当有顾客来理发时，徒弟不知是否熟人或当地头面人物，不知该不该收钱，就会问师傅：“卡把不卡把？”师傅如果回答“不卡把”，徒弟就会告诉顾客：“不必掏钱了，下次再说吧。”像这类“行话”，还是称为“隐语”为好。

4. **性别方言**

顾名思义，性别方言似乎是指语言（或方言）中同标准系统相对而言的由性别差异造成的变体，并由此可以推断出存在男性的和女性的两种性别方言，但是实际上多数语言学家在谈到性别方言时所针对的都是女性语言的特点，并把具有这种特点的语体称为“女性语体”或“女性语言”。由于女性语言的特点是同男性语言相比较后概括出来的，这个比较似乎隐含着这样一个观念：男性语言是可以作为标准的、中立的语言。于是语言学中的“性别方言”几乎成了“女性语言”的同义语。

诚然，由男女两性构成的社会文化可以划分为既相联系又有所区别的两性文化，有史以来的人类文化又几乎一直都是男权中心文化，男女两性的语言也确实存在不少明显的差异，然而如果在性别方言的研究中以为男性的语言具有中立的价值，把男性语言作为比较研究的标准，却不免要犯先入为主的偏见性错误。本世纪60年代，美国语言学家舒伊(Shuy)、沃尔弗勒姆(Wolfram)、赖利(Riley)、法索德(Fasold)、拉波夫(Labov)、勒文和克罗克特(Levine and Crockett)等人的研究都证明："如果把年龄、教育水平和社会阶层等等变异因素都考虑在内，妇女使用的语言形式通常要比男子更接近于标准语，或是更接近于那些具有较高声望的形式。"勒文和克罗克特的研究还证明：在美国的一个地区，"社会的言语形式向全国的标准靠拢，是由青年、特别是中层阶级的中年妇女带头的"。英国语言学家彼得·特鲁杰(Peter Trudgill)在1972年发表的一项研究报告，用大量实证的材料说明诺里奇市的英国英语的性别差异，从而支持了上述美国语言学家的研究结论。特鲁杰的研究还证明，尽管标准英语具有公开的声望，而工人阶级的非标准英语则具有潜在的声望，诺里奇市的男子，甚至是一些地位较高、有文化的男子在自己的言语中宁愿放弃标准语的形式，而采用非标准语的形式。①

至于导致上述男女两性语言差异的原因，看来比较合理的解释也是在文化方面。首先是地位感的问题。标准的语言有点像标致的容貌和讲究的服装，容易使拥有者获得社会的尊重和良好的评价。在以男子为中心的文化体制中，妇女的社会地位总的来说低于男子，也不如男子稳固；男子的地位可通过职业、收入或其他能力来衡量，而对大部分妇女却不能用职业或事业上的成就来衡量，主要还是看她们外在的其他标志，其中包括她们的语言。因此，与男子相比，妇女可能更需要在语言上和别的方面(如容貌、服饰)来表明和保障他们的社会地位，她们也可能更强烈地意识到这类标志的重要性。第二是气质归属的问题。男人们普遍有一种"男子

---

① [英]彼得·特鲁杰《性别、潜在声望和诺里奇市英国英语的变化》，收载于祝畹瑾编《社会语言学译文集》，北京大学出版社1985年。

汉”意识，即使坚决主张男女平等，比较尊重女性的男子也未能免除这种意识。甚至还在少年时代，男女两性的语言就开始发生差异，其中有些歧异是故意坚持造成的，比如当有的说话方式、腔调、词语被女孩子们普遍使用，男孩子们就有意识地避免使用，以免被人笑为“女孩子家家”（女孩子味儿）；同样，女孩子也不大使用在男孩子群体中广泛流行的说话方式、腔调和词语，不然会被大人斥为“像个野小子”。在成人社会中如果一个男子说话“娘娘腔”，人们不过觉得滑稽有趣；如果一个妇女说话像男人，那就会遭到男人和妇女共同的侧目。男人说话无妨粗豪，而女子说话则必须文雅——这实际上已成为现代社会男女共同认可的双重标准。当“文雅—女人味儿—标准语特征”和“粗豪—男子气质—非标准语特征”这样两个心理链条在人们心目中形成时，男人们为了表现自己的男子气质，就宁可使用粗豪的工人阶级所说的非标准语。这就是为什么诺里奇市连那些地位较高的有文化的男子也宁愿放弃标准英语形式的原因。

造成男女性别方言差异的原因是复杂的，性别方言的表现特征也是多种多样的。美英等国部分地区的标准英语同女性语言、非标准英语同男性语言的联系并不具有公式性。在我国 20 世纪 30 年代已被发现，80 年代依然存在的北京“女国音”，即把［tɕi］、［tɕ‘i］、［ɕi］分别念成［tsi］、［ts‘i］、［si］的现象，就是非标准的性别方言形式，但这正是女孩子专用的，男孩子一般不用。这种发音是由于女孩子在青春期追求发音上的娇美效果造成的，她们觉得后一种发音比前一种尖细好听，为了求美而放弃了标准形式。另外笔者还曾发现，在北京和黑龙江，有一部分青少年女性把部分合口呼的零声母字音开头的［u］读成清化的［v］，如把“王”读成［vaŋ］、“外”读成［vai］、“为”读成［vei］、“问”读成［vən］等。这种偏离标准现象的原因尚未明了。

大概正是由于男女两性之间存在着这种自发的语言差异有利

于等级制度的维护，所以在古代封建制度下的许多国家，往往有意识地固化甚至扩大这种差异，用以巩固男子对女子的统治。中国古代的礼教有不少关于男女之别的规定，其中包括对男女语言教育的规定。如《礼记·内则》谓："能言，男唯女俞。"这是说在孩子刚会说话，教应对之辞时，要教男孩子说"唯"，教女孩子说"俞"，"唯之声直，俞之声婉，故以为男女之别。"(《礼记集解》)《礼记·内则》还特别强调："女子十年不出，姆教婉娩听从。"《礼记正义》谓："婉谓言语也，娩之言媚也。"女子言语必须柔婉，对男子必须听从，这是古代对女子教育的基本原则。作为封建妇德核心的"三从四德"，"三从"都是听从男子，既要听从，在言语上自然不能不婉顺，而"四德"中又专有一德为"妇言"，要求妇女在言语上必须作谦卑的表现。其结果是古代中国女子除了行动上要服从男子外，在自称时也须再降一等，一般均称"小女、小女子、妾、奴、奴家"等。在中国南方有些乡村，至今仍通行一种妇女用的"从儿称谓"，即已嫁妇女在对称时取儿辈使用的称谓，如称丈夫的兄、弟为"大伯""叔叔"，其余均照此类推。不过尽管有这些现象，如果同日语相比，汉语中男女用语的差别就不算十分突出了。

日本的男女不平等有甚于中国，在把这种不平等保留至今这一点上更为世界所少见，因此日本男女言语差别之大也十分令人瞩目。其差别主要表现如下：

1. 人称代词。第一人称，男性用ばく，女性用あにし；第二人称，男性用きみ，女性用あなた。2. 终助词、感叹词。男性专用的终助词有ぜ、ぞ、な等，女性专用的终助词有わ、わよ、わね(わねえ)、て、てよ、こと、ことよ、の、な等；男性专用的感叹词有ほう、おい、なあ、いよう、やい、くそ等，女性专用的感叹词有あら、まあ、ちよいと等。3. 汉语来源的词，男性使用较多，女性使用较少。这是因为历史上人们认为使用生硬、艰涩的"汉语"词的女性不像女性，从而促使日本女性喜欢使用风格较为柔和的"やまとことば"(日本

固有的语言)。4. 女性有专门的“女房ことば”(女房词)。这种“女房词”起源于宫廷,是宫中女官为表现得文雅,故意把一些普通词语改变说法而形成的,如把“米”叫做うちまき、把“酒”叫做ささ、把“水”说成ひやし、称“便所”为“御不净”(ごふじよう),日本女性用这些“女房词”来回避那些她们认为粗野、庸俗、下流的语言。5. 妇女比男性使用敬语多。同样的话,男性说“おもしろい话”“どんな话”,女性则往往说成“おもしろいお话”“どんなお话”;夫妻之间,妻子说话用“です调”,丈夫则用“だ调”。由于有以上这些差别,在日语书面语的人物对话中,即便不标明哪一句是谁说的,读者也能正确判断出说话人的性别。如果男性说女性的话,或者女性说男性的话,就会使人莫名其妙。① 而如果把日语中的人物对话译成汉语或其他语言,其中明显的男女差别则因无从表现而消失。日语中迥异于男性语言的女性用语被称为“女らしさ”(女性语)。美国语言学家 Dwight Bolinger 说:“特征鲜明的女性言语很难保持下去,除非它能不间断地再创造出来;由于传统上妇女照看孩子,就把他们的言语特点传给了男性后代。”② 这一说法似乎不适用于日语。不仅日语中的“女らしさ”至今仍然特征鲜明,而且这些特征显然是不能传给男性后代的。日语中男女两性的语言特点似乎是分别通过男性社会和女性社会而世代相承的。

如果说,性别方言尽管男女有别,毕竟还使用于男女之间的话,那么性别文字则因其使用于各自的性别范围而充分体现了性别文化的睽违。纯粹的性别文字极为少见,流传在湖南江永县上江圩乡一带的“女书”是有代表性的一种“女性文字”。由于历史上当地女性被剥夺了识字权利,方块汉字被妇女称为“男字”,为了适应妇女内部交际和娱乐的需要,当地妇女创制了一套“女书”。“女

---

① 参见刘德有著《现代日语趣谈》,辽宁人民出版社 1983 年,第 113—142 页。

② 见 Dwight Bolinger《语言要略》(中译本),外语教学与研究出版社 1993 年,第 507 页。

书”字符约1000个，单字呈斜菱形，代表当地土话的300多个单音节，可完整地记录话语、歌谣和故事。从现已发掘整理出的近20万字的“女书”作品看，其内容多系对当地妇女生活及思想感情的反映，而尤以表现妇女在男权为中心的社会中所承受的苦难生活为多。“女书”只在当地妇女中流传，当地男人既不认识，也不过问，可以说是一种地道的“性别文字”，其作品可称为“女性书面语”。这种“女书”和“女性书面语”是当地独有的女子“歌堂文化”的产物。①

第四节　语言的融合和文化的融合

语言的地域分化和语言融合尽管是方向相反的两种变化，但实际上往往是语言发展变化中正反相依、不可分割的两种表现形式。在本章第二节中我们已经看到，在中原汉语向周边地区扩布而分化成各种地域方言的同时，就伴有当地土著语言融入汉语（方言）的情况；而汉语方言之间巨大差异形成的原因，除了来自中原汉语的年代和途径不同之外，还有一个重要原因，就是被融合而成为底层的土著语言也是互不相同的。概而言之，语言分化的过程中有局部的融合，分化正是在这种局部融合的过程中得以实现的。周边地区的土著语言之所以能被汉语融合，其主要原因在于汉语所代表的中原文化是一种具有强大同化力的优势文化，在语言融合的过程中伴有文化上的同化和融合。然而，尽管在历史过程中文化的融合与语言的融合具有时空上的一致性，在逻辑上语言的融合则势必以文化的融合为前提。

---

① 参见邱璇《“女书”中蕴含的文化意义》，收载于陈建民、谭志明主编《语言与文化多学科研究》，北京语言学院出版社1993年。

不过，上述这种由中原汉语向周边地区推移扩布发展的“分化—融合”模式，只能用于描述周秦以后汉语演变的历史过程。由于有文字可考，特别是有移民史料可据，按照这一模式对汉语发展史特别是汉语方言形成过程的解释具有一定的说服力。然而这一模式有两点不足：一是不能说明史前汉语发生的情况，二是对其他语种在汉语形成过程中的作用估计不够充分。关于史前原始汉语起源问题，借助于考古发现、体质人类学研究和历史比较语言学的研究成果，近几十年间学术界已经提出一些不同的看法。李葆嘉综合各家的研究成果，提出了一种“华夏汉语三元混成发生”的观点，其主要看法是：在新石器时代存在于中华大地上有三大考古文化系统——一为东南的湖泽水耕文化，考古学上称青莲岗文化，动物纹饰以鸟(凤)形为主，其创造者为原始夷越人，操太古夷越语即原始南岛语；二为西北的河谷旱耕文化，考古学上称仰韶文化，动物纹饰以鱼形为主，其创造者为原始氐羌人，操太古氐羌语即原始藏缅语；三是北方草原游牧文化，考古学上称北方细石器文化，动物纹饰以龙形为主，其创造者为原始胡狄人，操太古胡狄语即原始阿尔泰语。与这三大考古文化系统相互证发的是历史传说中的伏羲氏太皓(夷越人始祖)、神农氏炎帝(氐羌人始祖)、轩辕氏黄帝(胡狄人始祖)这三大氏族系统。以黄帝为最后胜利者的三次大规模的原始战争促成了三大文化系统的交融汇合，造成了三大语系的多种不同语言的混成聚合，奠定了原始华夏汉语和原始华夏民族的基础。就是说，原始华夏汉语是在多种来源的语言文化的混合交融中产生的。据此作者提出一种“混成发生·推移发展”的理论模式，认为：周秦以前中原地区的语言发展主流是因交替换用而出现的混成，与华夏民族的融合形成相一致；周秦以后汉语的发展主流是因北方民族进据中原，中原士族南迁而出现的推移，表现为中原北留汉语的阿尔泰化或阿尔泰语的汉化，和南迁汉语的南亚化或南亚语的汉化，与汉民族和汉文化的进一步发展延伸相一致。①。

李葆嘉提出的这个理论模式不仅对于汉语的起源和发展以及汉语方言的现状都具有较强的解释力，而且可以进一步印证我们关于语言融合与文化融合的关系的见解——语言融合是在文化融合的过程中实现的，而后者往往是前者的推动性因素。

当然，"三元混成"的理论还有不尽如人意之处，主要是作为依据的考古研究和历史比较语言学的研究成果还不够充实，因此这一理论还有待于丰富完善。但是，"三元混成"理论的优长之处在于它可以促使我们在汉语方言的研究中改换一种视角和方法，从而揭示出"一元分化"理论模式的研究中被忽视、掩盖了的语言事实，并给这些语言事实以新的、更合理的解释。比如，在以往"一元分化"模式的研究中，人们往往过于强调汉语的统一性和汉语方言对于共同语的从属性，于是就产生了这样一些缺陷：1. 偏重于语音描写研究而忽略词汇、语法的调查；2. 方言语音研究主要是作方言与普通话语音对应规律的描述，用以验证南方方言作为中原汉语的分支的属性，而对于双方在语音上不能对应、难以用"一元分化"的理论解释的部分往往忽略不计，不作深究；3. 南方方言与北方方言在词汇、语法、语义、风格等方面的丰富而深刻的差异被轻描淡写，于是一方面南方方言中作为底层现象的古夷越语的异质特征未能得到应有的重视和揭示，更看不到其与南岛语系的同源性质，另一方面则是对北方方言的阿尔泰化估计不足，对其中的有些语音、词汇、语法现象的起源也未能作出合理的解释。这些缺陷都可望在"三元混合"观念指导下的研究中得到弥补。

文化融合、语言融合不同于文化接触、语言接触。融合必须通过接触，但接触不一定导致融合。历史上中印、中西、中日之间的文化和语言都曾有过程度相当深入的接触，但从未达到融合的程度。

---

① 见李葆嘉《华夏汉语三元混成发生论》，收载于戴昭铭主编的论文集《建设中国文化语言学》，《北方论丛》丛书 1994 年。

中国受印度文化的影响仅限于宗教、哲学和艺术层次，受西方文化的影响主要限于科技、文学和意识形态领域。就连古代日本受到汉唐文化全面而深刻的影响，也不能说已达到文化融合的程度。因为这种范围有限的文化接触，远未达到由文化思维决定的文化模式的全面整合和改换，而这种全面的整合和改换则是达到文化融合的关键步骤。要走到这一步，必须具备一个充分条件，这就是民族杂居局面的形成。正因为没能具备这一充分条件，所以文化融合和语言融合均未能实现。而中华大地上却从远古时代起就不断地通过战争、征服、迁徙而达到了民族或部族的混杂，并由这种混杂相处而调整改换了各自的部分文化要素，重新整合成了以杂有多种图腾动物的图腾龙为共同象征的华夏汉文化，因此尽管区域文化和区域方言异彩纷呈，但这种差异只能成为融合统一的汉文化和汉语言的地域特征，并作为汉文化和汉语言表现形态的多样性丰富性而存在下来。

然而，正是由于汉文化和汉语言起源于“三元”（甚至“多元”），其融合统一带有“混成”的性质，所以除了方块汉字真正具有融合统一的象征资格之外，南北之间、南方各区域之间在文化、语言上由历史传承而带来的天然差异，虽已经历数千年而犹未能被融合统一的大文化传统所消弭。汉语的方言差异远远超过了欧洲的许多民族语言的差异，以致常使西方语言学家感到惊奇。尽管国家有推行全民族共同语的标准语普通话的政策和措施，尽管全民普通话的普及程度可望随着文化教育水准的提高而相应提高，但是语言是文化的代码，是民族精神的体现，地域方言亦复如是，中国人自古以来根深蒂固的乡土地望观念使他们把地域方言作为文化认同的标志、乡情乡风的旗帜，认为只有本地土话才能充分表现他们与别地人不同的精神、气质、情趣和韵味，以致以异地方言为基础方言的普通话哪怕有再高的公开声望和通用价值，也难以在南方方言区扎根。所以，在可望的将来，在南方方言复杂地区推广普通话的最大可能和最好前途，只能是造成一种普通话和地方话并行的“双言”局面。

在语言融合的问题上一种流行的观点是：两种语言发生融合，只有一种语言能取得胜利，另一种语言趋于消亡，而不可能产生第三种语言。这一断言过于绝对化，不尽符合语言融合的实际情况。尽管语言融合中有不少一胜一负的例证，但是，正如游汝杰所言，“大量的调查研究表明，事实上世界上有许多这样的第三种语言，包括已经不用的和正在使用的。”① 游氏把洋泾浜语(Pidgin)和混合语(Creole)都看作这种“第三种语言”，并举了许多语言实例。不过，即使把洋泾浜称为“第三种语言”，它也只能看作是语言接触的产物，而不是语言融合的产物。语言融合是语言接触的进一步发展。到了语言融合的阶段，所产生的“第三种语言”应该是混合语，而不是洋泾浜。尽管有的洋泾浜可能发展成混合语，但一定要在文化接触深化到文化融合阶段、洋泾浜被作为母语来学习时才能实现。洋泾浜语一般是殖民文化的产物，而混合语则不一定来自殖民文化，也可能由其他原因引起的民族杂居、文化融合而形成。如果上述关于华夏汉语“三元混成”的李氏观点能够成立，那么就是说连远古的“汉语”也是一种混合型语言。日本学者桥本万太郎认为，整个北方汉语都一直受到阿尔泰语系的影响，北京话也不例外。② 这一论断是比较合乎汉语发展史的实际的。只是由于历史语言资料的缺乏，加上不表音的汉字和不记录口语的文言又掩盖了汉语变化的实际情形，以致我们今天要描述北方汉语在历史上受阿尔泰语影响的具体情形已十分困难。据陈炜的一项报告，现在尚存于甘肃省的河州话，是汉语和阿尔泰语混合而成的一个有代表性的实例。

河州是甘肃“河湟地区”回族文化中心，历史上有“中国麦加”

① 见游汝杰著《中国文化语言学引论》，高等教育出版社 1993 年，第 63 页。
② 见桥本万太郎著《语言地理类型学》(中译本)，北京大学出版社 1985 年。

之称，其地在兰州西约100公里处。河州人的祖先是中亚人。13世纪初成吉思汗西征，大批阿拉伯人、波斯人来到中国，当时他们所操语种为闪含诸语；在中国定居、繁衍成为回民后，其语言曾与蒙古语融合，大约与东乡语相似。河州人在长达数百年与汉族人的密切交往中被汉化，其语言变成“基本上是汉语但又不是完全意义上的汉语的混合语言”。与此同时河州话又影响了兰州话，使兰州话也带上了一定程度的混合语的性质。比如语序：

普通话	**兰州话**	**河州话**
你吃饭呀	你把饭吃吵	你饭(哈)吃
你喝不喝茶	你茶喝哩不	你茶(哈)喝哩不
我去广州	我广州去哩	我广州(哈)去哩

兰州话、河州话都与阿尔泰话语的语序SOV一致。但兰州话O前有时用“把”(可用可不用)。两地相比，河州话的阿尔泰化程度更深。如河州话说“我大学生(哈)不是”，兰州话则与普通话一样说“我不是大学生”。又如河州话有后置词“拉”，相当于普通话的“用、拿、和、跟”等：

你冰水拉洗(你用冷水洗)

你兄弟拉睡(你和弟弟一起睡)

你他拉饭(哈)吃去(你跟他去吃饭)

把上列句子的后置词“拉”去掉，换上前置的介词“连”，就成了兰州话。陈炜论述了兰州话和河州话的关系后，认为二者都属于混合语，是定型的，有一个稳定的文化认同做基础，区别只在于混合成分的比重不同而已。①

两种或多种差异较大的方言通过居民混杂、长期接触，在文化融合的背景下，也能形成一种新的混合型方言。杭州话是北宋王朝南迁时带来的北方话与当地的吴语融合而成的，所以既不像北方

① 陈炜《兰州话、河州话两种混合语及其关系——兼谈西北话的阿尔泰化》，收载于深圳教育学院深港语言研究所编《双语双方言》，中山大学出版社1989年。

话，又不像吴语，既有北方话的成分和特点，又有吴语的成分和特点，在吴语区中别具一格。福建的邵武话是宋代江西人带来的赣语和当地当时的闽北方言“交配”成的一种“非驴非马的新方言”①。广东的潮州、汕头一带的方言属闽南方言系统。改革开放以来，由于广州、香港一带发达的经济、文化的影响，当地的潮汕话已受到粤方言的强烈冲击。笔者曾于1993年到汕头作调查，据当地人告知，当地青少年颇以会说粤方言为荣，潮汕话有向广州话靠拢的趋向。不过笔者以为，由于潮汕方言与粤方言有系属上的距离，同时潮汕与穗港又有空间上的距离，尽管受到粤方言的冲击，也不至于被“战败”。潮汕地区在方言区划上位于闽南方言区的南端，在行政区划上属广东省，粤方言容易建立较高的公开声望，随着粤方言势力的进一步渗入，未来的潮汕话也许可能变成一种新的混合型方言。②

台湾推行国语五十年，目前虽然已称国语普及全省，但是据台湾学者的研究报告，台湾广大民众中说的国语也并不是标准的国语，而是一种混入了不少“台语”成分的新型“国语”，他们称之为“台北国语”。所谓“台语”主要指原来通行于台湾的由漳州、泉州、厦门三地土语混杂而成的台湾“闽南语”。受这种台语影响所致，“台北国语”在语音上卷舌音、儿化音与轻声已日趋退化，语法也有日渐台湾化的趋向（如把“他来过吗”说成“他有来过吗”）。至于词汇，国台语相互融合的新生语汇就更多了，例如（括号内为普通话词义）：

A类：由台语“转读”（意译）而来的：

漏气（泄气）　菜鸟（新兵）　齿毛不爽（心情不好）

---

① 见游汝杰著《中国文化语言学引论》，高等教育出版社1993年。

② 又据潘家懿研究报告，目前汕尾市已“由一个闽南方言区变成了一个道道地地的闽粤双方言区”。见《开放以来汕尾市语言的变化》，收载于深圳教育学院深港语言研究所编《双语双方言》，中山大学出版社1989年。

牵拖(推诿过失)　摇摆(得意洋洋的样子)　按怎(怎么样)

铁齿(固执己见)　鸡婆(多管闲事的人)　五四三(没有用)

B类:由台语"拟读"(音译)而来的

哈草(吸烟)　赌烂(极度反感不快)　撇轮子(搭便车)

憨憨(神志不清)　好羌(卑鄙无耻)　阿达(头脑僵化)

鸡歪(做事不干脆)　无三小路用(没有用)

这些新生词语,据说多系因青少年追求语言的趣味而造成,故活跃于青少年的口语中,也有不少已进入书面语。① 几十年中,台湾当局对台语采取禁制政策,尚且产生这些非台非国的融合性语言成分,目前台湾当局对于本地台语已放宽限制,今后台语在台湾的语言生活中将更趋活跃。有鉴于此,可以预计台湾国语将进一步受到台语的渗透,双方将进一步混合成一种新型的汉语方言。

① 参见臧汀生《台湾地区国台语融合词汇浅探》,收载于深圳教育学院深港语言研究所编《双语双方言(二)》,彩虹出版社 1992 年。

后 记

作为一名语言研究者，我向来视语言文字为工具，即所谓形而下之“器”。尽管不敢认为其中没有学问，但总觉得是一种“雕虫”式的学问，孔老夫子所谓“辨言”者是也。而我从事于兹，却因未得门径，连“不下席”之乐也未尝到，以致时有去之之意。80年代中期国内“文化热”之际，我开始思考语言与文化的关系，涉猎了一些文化学和哲学著作，一方面改变了以往自画雷池、自我封闭的状况，另一方面又改变了对语言文字的器具观——原来语言文字不仅其中亦有道，而且本身简直就是道呢。这一心得提高了语言研究在我心目中的意义和价值，也增强了我的研究兴趣。此时文化语言学在国内已成沸沸扬扬之势，于是从1988年起我也凑了个热闹，尝试着把有得于心的一点儿东西陆续写成了几篇文章，居然有些好评。但总的来说，我在文化语言学这一领域着手既迟，创获也不多。

1990年春，我开始给本校中文系高年级学生讲文化语言学专题课，学生的反应是“大开眼界”，“居然语言研究可以这样搞”。由于受到鼓励，这门课就坚持开设下来了。又曾给来此就读的日本留学生讲授，反应也不错。现在呈献给读者的这本书，就是在上述课程讲义的基础上修改而成的。

本书既然名之为“导论”，就有一个理论立足点问题。文化语言学一兴起，理论见解便有了分歧。如前所述，我一开始便把自己的思考角度定在语言与文化的关系上，所以当以申小龙为代表的本体论派的理论提出后，我一方面觉得申氏提出了许多可给人以启迪的深刻见解，不宜轻易否定，应当给予支持，同时也对他的一些偏颇提法和粗疏失当之处提出了批评。但我本人仍持关系论的立场。对于语言学界对申氏理论的许多非议，我总觉得既然谁都不可能穷尽真理，世上也没有颠扑不破的理论，我们也就不必苛求申小龙。况且申小龙提出的不少理论见解不仅无损关系论派的立场，还可以丰富充实关系论派的理论体系。我对于文化语言学内部发生的理论分歧的性质不仅看得并不严重，而且对于双方融合的前景比较乐观。在书稿修改过程中，我也酌量吸收了申氏的不少见解。至于这样的立场和做法是否恰当，当然还要靠大家来评鉴。此外，本书还参考和援引了不少前辈和时贤的论著，皆随文以脚注标出，既以表示谢意，又以表示未敢掠美之意。

回想 1982 年秋离开复旦，告别导师之际，胡裕树先生对我的殷切期望和嘱咐，现在面对这本书稿，内心真有愧对先生之憾。我不知先生会否有收获跳蚤之感，仍然惴惴而又冒昧地求先生赐序。感谢先生的宽厚仁慈，不仅没有批评，而且不辞高龄多病之躯欣然垂允，更给予许多的肯定和慰勉。我在愧领之余，只得在内心祈望老人家对我这不肖子弟的原谅。本课题立项研究时，得到黑龙江大学科研处的支持和黑龙江省教委八五规划科研基金的项目资助；当学术著作出版如此艰难之际，语文出版社不避亏损风险，使此书得以顺利面世。在此一并致以衷心的谢忱。

作者 1995 年 3 月于黑龙江大学